우리가
살아가는
하루하루가
기적이다

우리가 살아가는 하루하루가 기적이다

초판 1쇄 발행 2016년 7월 30일

지 은 이   이승희
발 행 인   권선복
편   집   김정웅
교   정   천훈민
기록정리   심현우
디 자 인   이세영
마 케 팅   권보송
전 자 책   천훈민
발 행 처   도서출판 행복에너지
출판등록   제315-2011-000035호
주   소   (157-010) 서울특별시 강서구 화곡로 232
전   화   0505-613-6133
팩   스   0303-0799-1560
홈페이지   www.happybook.or.kr
이 메 일   ksbdata@daum.net

값 15,000원

ISBN 979-11-5602-405-7   03340

Copyright ⓒ 이승희, 2016

도서출판 행복에너지는 독자 여러분의 아이디어와 원고 투고를 기다립니다. 책으로 만들기를 원하는 콘텐츠가 있으신 분은 이메일이나 홈페이지를 통해 간단한 기획서와 기획의도, 연락처 등을 보내주십시오. 행복에너지의 문은 언제나 활짝 열려 있습니다.

우리가 살아가는 하루하루가 기적이다

이승희 지음

도서
출판 행복에너지

| 목 차 |

지렁이도 밟으면 꿈틀한다는 속담이 있다. 그러나 북한에서는 꿈틀거릴 수도 없고 아무런 저항도 할 수가 없다. 지금 북한의 주체사상 체제의 현실이 그러하다. 어떤 소년은 너무 배가 고파 소똥에 묻혀있는 옥수수 5알을 주워서 옷에 닦아 먹었다고 한다. 얼마나 배가 고팠으면 개똥 속에 있는 호박씨를 물에 씻어 먹은 사람도 있다. 김일성·김정일은 백성들의 것을 강탈해서 배불리 먹고 있는 순간에도 저들이 말하는 "어린이들은 나라의 보배입니다."의 아이들은 배가 고파 소똥이나 개똥 속에 있는 옥수수나 호박씨를 주워 먹으면서 죽지 못해 살아가고 있다.

1

왜 탈북을
선택해야 했을까

대대로 물려받는
노예제도

나의 과거는 결코 바꿀 수 없지만
오늘 내 행동을 바꿈으로써 내 미래를 바꿀 수 있다.
나는 오늘 당장 나의 행동을 바꾸겠다.
- 솔로몬 왕

북한은 12년제 의무교육을 받는다. 탁아소어린이집, 유치원, 인민초등학교, 중학교 과정의 교육을 받는다. 인민학교 4년, 중학교 6년 과정을 졸업하면 대학 수능시험을 보게 된다. 수능시험에서 정해진 점수를 받으면 대학에 입학할 수 있는 자격이 주어진다. 하지만 아무리 성적이 우수해도 출신성분 때문에 대학에 가지 못하는 경우도 있다.

북한에서는 출신성분이 나쁘면 대학에 갈 수 없다. 양부모 중에 한 사람이라도 당원이 되어야 대학에 보낼 수 있는 조건이 된다. 부모 중 한 사람이라도 당원이 아니면 그 집 자녀들은 대학에 갈 수 없도록 법적으로 제도화되어 있다.

할아버지는 6·25때 월남을 했다. 할아버지의 출신성분 때문에 아버지는 20대 시절에 비행사 모집에서 탈락이 된 아픔을 가지고 있었다. 뿐만 아니라 출신성분이라는 족쇄 때문에 걸리는 문제가 한두 가지가 아니었다. 그와 반대로 어머니는 혁명열사 가족이어서 어려서 길림초 등학원에서 공부하다가 14살에 중국에서 북한으로 돌아왔다. 그러다 사범대학과 김일성종합대학 1기를 졸업하고 교사로 일하였다.

할아버지 출신성분이 자식들의 앞길에 누를 끼칠까 봐 두려웠던 아버지는 할아버지의 출신성분을 고치기로 마음을 먹었다.

북한은 서류가 종이로 되어 있어서 바꿔 놓으면 되는데 그것도 아 는 사람이 없으면 하기 힘들었다. 다행히도 우리 집은 어머니가 서류 관리를 하는 사람이라서 그것이 가능했다.

자식들을 대학에 보내고자 아버지는 출신성분을 고치고 1983년 3 월 10일에 조선민주주의인민공화국 로동당에 입당하였다. 아버님은 자식들을 어떻게 하나 막노동을 시키지 않으려고 많은 고생을 하셨 다. 그런 아버지의 노력 덕분에 우리 형제들은 모두가 대학에 갈 수 있었다.

오빠가 중학교를 졸업할 때의 일이다. 오빠는 학교에서 아이스하 키 선수로 3년을 활동했다. 오빠가 중학교 6학년 때 아버지가 체육선 생님을 찾아가 "아들을 대학에 보내야 하니 운동을 그만두고 공부를 시키겠다"고 말했다. 체육선생님이 오빠에게 체육부에 나오라고 몇 번을 부탁했는데도 오빠는 공부를 한다고 거절을 했다. 오빠는 1년 후 대학 수능시험을 보았고 대학 입학 통지서를 받았다.

어느 날 학교에서 사로청지도원 선생님이 오빠를 부르더니 "너는 군 입대를 신청해서 대학에 못 간다"고 이야기했다. 그러면서 군에 나가야 된다고 덧붙였다. 오빠는 "나는 군 입대를 신청한 일이 없다"고 이야기를 하고 나왔다. 오빠가 집에 와서 아버지께 말씀드리니 아버지는 깜짝 놀라신다. 어떻게 그런 일이 있을 수가 있을까? 아무리 생각을 해도 알 수가 없었다. 다음날 아버지가 지인을 통해 확인한 결과 체육선생님이 한 행실로 드러났다. 체육선생님은 오빠가 운동을 하다가 그만둔 것을 못마땅하게 생각하고 오빠가 졸업할 때 미리 군 입대 신청서를 냈다고 한다. 아버지는 할 수 없이 체육선생을 잘 아는 사람을 통해 다시 오빠의 군 입대 신청을 취소하게 해달라고 부탁을 했다.

2년 후 내가 학교를 졸업할 때도 오빠와 같은 과정을 겪게 되었다. 중학교 6학년이 되면서 내가 운동을 안 하고 공부를 하겠다고 체육선생님께 말씀 드리니 체육선생님은 1시간 넘게 나를 세워놓고 설득한다. 그래도 나는 공부를 할 것이라고 하니 체육선생님은 마지막으로 집에 가서 잘 생각을 해보고 내일 보자고 말한다. 내가 집에 와서 아버님께 말씀드리니 아버님은 체육선생님의 보복이 두려워서 운동을 계속 하라고 이야기하신다.

오빠와 달리 나는 대학시험에서 점수미달로 대학에 가지 못하게 되었다. 나는 삼 일을 울었다. 그러면서 속으로 일 년을 다시 공부해서 대학에 가리라 결심했다. 어느 날 아버지는 내 앞에 청진시 상업학교 통지서를 내놓으면서 아버지는 "네가 이 학교에 가서 붙으면 대학교 열 개 나온 것보다 더 기쁘겠다"고 말씀하신다. 나는 중학교를 졸업하는 해 청진시 상업학교 재단과패션디자인과에 입학했다.

중학교를 졸업하고 대학에 가지 못하면 사람들은 군대에 가고 군대에 안 가는 경우는 사회에 진출한다. 사회에 진출할 때는 부모의 직업에 따라서 진출하게 된다. 부모가 탄광에 다니면 자식도 탄광에 배치되고 부모가 농민이면 농장에 배치 받는다. 부모가 탄광이나 광산, 곡산공장, 제지 그리고 농장에서 일을 하면 그 자녀들도 똑같이 하게 된다. 각종 부모의 직업에 따라서 자식들은 태어나면서 탄광이나 광산 그리고 농장에서 평생 동안 일하도록 문건이 공식화되어 있다.

　언니는 회령시 식료전문학교 3년 과정을 졸업하고 유선탄광에 배치되었다. 은덕 석탄단과대학교 4년 과정을 졸업한 오빠도 유선탄광에 배치 받았다. 나는 중학교를 졸업하고 청진시 상업학교 패션디자인학과 2년 과정을 졸업하고 1992년부터 회령시 편의협동관리소 양복점_{양장점}에서 일하였다. 편의협동관리소는 각종 서비스 업종_{이발소, 시계수리소, 도장 등}이 배치된 곳이었다.

　아버지는 나에게 이렇게 이야기하셨다. "너는 우리 집 아이들 중에서 제일 큰 도시에 가서 제일 큰 학교에서 공부를 한다"고 말이다.

　나는 청진시 상업학교를 졸업하고 아버님의 노력으로 탄광에 가지 않고 편의협동관리소에서 일을 하게 되었다. 당시 편의협동관리소는 보통 사람들이 못 들어가는 곳이었다. 때문에 여자 직업으로 양장점에서 일을 하는 것은 최고의 직업이라고 할 수 있었다. 우선 일이 깨끗하고 먹고사는 데 별 어려움 없이 살아갈 수 있기 때문이다.

　북한에서는 아무리 하고 싶은 것이 있어도 당에서 하지 말라고 하면 할 수가 없다. 하지만 내가 아무리 하기 싫은 일도 당에서 하라고 하면 해야 된다. 이것이 김일성이 만들어 놓은 공산주의 주체사상의 법칙이었다.

출신성분이라는 족쇄 때문에 아무리 공부를 잘해도 대학에 갈 수 없어 수많은 사람들이 일찌감치 공부의 길을 포기하고 학교를 졸업하자마자 부모의 뒤를 따라 탄광, 광산으로 가 천길 지하막장에서 사회생활을 시작한다. 수천 길 지하 막장에서 삽과 곡괭이로 석탄을 캐야 하는 그들의 운명이었다. 그렇게 자기의 재능을 한 번도 피워보지 못하고 억울하게 탄광이나 광산 농촌에서 일을 하는 사람들이 수없이 많다.

북한의 탄광이나 광산 일은 얼마나 고역스러운 중노동인지 모른다. 환경은 열악하고 더 말할 수 없이 처참하다. 말 그대로 지옥이 따로 없다. 열악한 환경 속에서 일을 하는 것도 억울한데 갱이 무너지면서 죽지 않으면 불구장애가 되는 사람도 많다. 일하다가 사고를 당해도 당에서는 아무런 책임도 지지 않는다.

1987년에 한창 직장에서 3대 혁명소조 운동이 있었다. 내화물직장에서 일하던 박○○는 32살의 아가씨였다. 박○○는 입당한다고 들떠서 일주일 내내 24시간 동안 쉬지 않고 일을 했다. 일을 하던 중 박○○는 기계 앞에서 깜빡 잠이 들었다. 박○○가 하던 일은 용광로에 보내는 벽돌을 만드는 일이었다. 벽돌을 찍어내는 일을 하다가 기계 앞에서 잠깐 잠이 들었는데 아차 하면서 눈을 떠보니 오른쪽 손목이 절단되어 있었다. 손이 절단되면서 피를 너무 많이 흘려서 수혈을 받아야 했다. 그런데 병원에서는 수혈을 받을 수가 없었다. 그러다 보니 직장에서 노동자들을 상대로 피가 ○형인 사람들은 병원에 가서 피를 뽑으라고 한다. 그러나 노동자들은 "피 한 방울을 흘리면 계란 1개를 보충해야 하는데." 하면서 누구도 피를 뽑지 않았다. 결국은 사고를 쳐서 손이 절단된 박○○만 낙동강 오리알 신세가 되고 말았다. 박○○는 입당도 못 하고 직장에서 일도 못 하게 되었다.

우리 아버지하고 절친인 아저씨가 있었다. 그 아저씨 집안도 월남자 가족이었다. 그 아저씨도 형제 없이 혈혈단신으로 혼자 북한에서 살았다. 아버지는 그 아저씨하고 공통점이 많다 보니 아주 친하게 지냈다. 그 아저씨는 월남자 가족이라는 것 때문에 자녀들이 아무리 공부를 잘해도 대학에 보내지 못했다. 아저씨는 자녀가 4명이었는데 아저씨는 출신성분이 나쁜 데다가 당원도 아니라서 더욱 자녀들을 대학에 보내기 어려운 조건이었다. 그 집 큰아들은 대학이라는 것은 꿈도 못 꾸고 공부하는 것을 미리 포기했다고 한다. 월남자 집안의 자손으로 소중한 꿈을 빼앗기고 말았다. 공부도 하지 않고 당에서 가라고 하는 곳에 가서 일을 했다.

월남자 가족, 인민군포로귀환병, 국군포로, 월북자 대상들은 노동당에서 그들을 종파분자로 낙인찍고 처벌하도록 하였다. 당시 이런 사람들을 아오지 탄광으로 많이 보냈다. 이런 사람들은 영원히 이곳에서 벗어나지 못하게 제도화되어 있었다. 출신성분이라는 족쇄의 막장에 갇힌 사람들의 운명이었다. 북한에서 모든 사람들은 주어진 환경에서 벗어나지 못하고 그곳에서 평생 죽을 때까지 살아야 한다.

우리 가족은 회령시 창태리로 추방됐다. 창태리로 가서 우리 가족은 자동으로 농민으로 살아가게 되었다. 옷이나 만들던 내가 농장에서 농사일을 하다 보니 어려운 것이 한두 가지가 아니었다. 무엇보다먼저 농민들의 일하는 시간은 노동자들의 일하는 시간보다 더 길었다. 농촌에서 겨울에는 아침 7시에 출근을 하고 퇴근은 6시에 한다. 여름에는 아침 7시에서 저녁 8시까지 일을 한다. 그리고 밤 10시까지 강연회 김일성 공부를 한다.

나는 창태리에 올라가서 살면서 앞으로 북한에서 결혼은 하지 않으리라 결심했다. 창태리로 추방돼 왔으니 좋은 남자가 내 앞에 나타나 나를 데리고 갈 일은 없을 것이고 더욱이 앞으로 태어날 자식들을 평생 농장에서 일을 시키고 싶지 않았다. 옛날 아버지가 우리를 막노동을 안 시키려고 우리를 어떻게든 공부를 시키려고 애쓰신 것이 생각났다. 내 자식이 한평생 농장에서 살아야 한다고 생각하니 끔찍했다.

농민들의 삶은 참으로 고달프기 그지없다. 일 년 365일 하루와 같이 밭에 나가 살아야 하고 언제 한번 예쁜 옷 입고 어디 나갈 데도 없는 것이 농민들의 생활이었다. 북한에서는 모든 것을 김일성이나 김정일이 만들고 요구하는 것만 배워야 했다. 오직 김일성과 김정일에 대한 의식 그리고 김일성과 김정일이 말하는 대로 하는 것이 주체의 혈통이고 김일성과 김정일이 요구하는 주체사상의 충신인 것이었다. 독일 속담에는 이런 말이 있다.

"진리는 짧게 답한다. 그러나 허위는 길게 변론한다."

발명품과 바꾼
연필 한 자루

부는 수단이요, 사람들은 목적이다.
우리가 국민들에게 폭넓은 기회를 부여하는 데 부를 사용하지 않는다면
그것은 아무 소용이 없을 것이다.
– 존 F. 케네디

　아버지는 늘 우리에게 "나는 아버지 제대로 된 나라에서 살았으면 백만장자가 되었을 것이다."라고 말씀하셨다. 아버지는 유선탄광에서 4·25기술혁신부대 반장으로 몇 십 년을 일해 오셨다. 탄광에 갱도 들어가 거기에서 필요한 기계를 만들거나 기계가 고장이 났을 때 수리도 하는 직업이었다. 아버지는 북한에서 평범한 노동자였음에도 불구하고 연구 사업까지 하였다.

　당신이 다섯 살 때 처음 북한에 없는 기계를 발명하여 인민대학습당에 가서 북한에 한다하는 박사들 앞에서 자신이 발명한 제품을 발표하고 받은 상이 3등을 했었다고 말씀하신다. 그때 발명한 제품은 3등상을 받았는데 그에 대한 상품이 북한에서의 모란봉시계 하나였다.

그 시기에 나는 너무 어려서 모란봉시계에 대해 잘 알지 못했다.

내가 일곱 살 때 할머니 환갑_{회갑} 날에 사진을 찍으면서 아버지가 갑자기 손목의 시계를 벗으시더니 오빠 손목에 시계를 걸어주시는 것이었다. 나는 오빠의 손목에 시계가 너무 멋져 보여서 내가 할 거라고 오빠 보고 시계를 달라고 하면서 떼를 쓰기 시작했다. 오빠는 안 준다고 우기고 나는 안 준다고 떼를 쓰다가 급기야 내가 울음을 터뜨리자 앞에 앉아 계시던 할머니가 무슨 일인가 하고 물어보신다. 나는 훌쩍거리면서 오빠 손목에 있는 시계를 가리키며 "내가 하고 싶은데 오빠가 안 준다"고 했다. 그러는 나를 보고 할머니는 웃으시며 할머니 손목의 시계를 벗어서 내 손목에 걸어주신다. 그제야 우리는 가족사진을 찍게 되었다. 그때는 그 시계가 어떤 시계인지 몰랐다. 시간이 흘러서야 나는 아버지 발명품과 바꾼 시계라는 것을 알았다.

아버지는 연구 사업을 멈추지 않았고 1980년에 또 다른 연구 사업을 시작했다. 몇 년을 하루와 같이 발명품에 모든 것을 다 바쳤다. 아버지는 밤낮으로 상 위에 종이를 펴놓고 계속 설계만 했다. 하루는 아버지가 하도 직장_{회사}에 출근을 하지 않고 집에만 계시니까 직장에서 세포 비서가 집에 찾아왔다. 아버님이 상 위에 무언가 그렸다 지웠다를 계속 반복하시는 것을 보더니 그분이 하시는 말씀이 "산 밑에 가는 그림을 그리느냐?_{공동묘지 가는 그림을 그리느냐}"라고 물어본다. 그렇게 아버지는 두 번째 제품을, 5년이란 세월에 걸쳐 또 하나의 기계를 발명해서 국가에 발표하게 되었다. 그때 평양으로 가면서 우리들에게 이번에는 꼭 천연색 텔레비전_{색 TV}을 받아올 수 있다고 말씀하셨다. 그

우리가 살아가는 하루하루가 기적이다

때 아버지가 발명한 기계는 갱 안에 먼지가 너무 많아서 앞을 볼 수가 없을 때 갱 안의 먼지를 잡아 주는 공기청정기였다. 그때 아버지가 발명한 제품이 1등을 하였다. 발명품에 대한 상금은 공책 한 권, 줄자20cm 한 개, 볼펜 한 개, 이 세 가지를 받아 오셨다.

U.S Steel의 사장이 된 찰스 슈와브는 말한다.

"성공한 사업가들은 언제나 인재로 키워질 수 있는 사람에 대한 관찰과 접근을 게을리하지 않는다."

아버지의 피와 땀이 숨어있는 발명품을 북한이라는 나라에서는 한낱 종이로밖에 보지 않았던 것이다. 아무리 좋은 것을 발명을 해도 아버지에게 차려지는 것은 아무것도 없었다. 아버지는 우리들 앞에 공책, 줄자20cm, 볼펜을 내놓으시면서 하시는 말씀이 "어린이들 달리기 시합을 해서 1등 하면 상품이 이것보다 낫겠다"고 하신다. 제대로 된 나라 같으면 아버님은 평생 먹고살 돈을 받았을 것이라 말씀하신다.

나는 어려서부터 운동을 좋아하다 보니 인민초등학교 3학년부터 운동선수로 발탁되었다. 운동선수로 활동하던 시기에 많은 선물을 받았다. 나는 선물을 받을 때마다 아버지가 받은 선물이 생각났다. 그때마다 느낀 것이지만 몇 년을 연구하고 또 연구해서 받은 아버지의 발명품과 바꾼 상품보다 나는 더 좋은 선물을 받았고 선물의 양도 훨씬 많았다. 중학교 5학년 때에는 회령시내 모든 중학생들이 참가하는 스케이트 경기시합에서 1등을 해서 통기타를 선물 받기도 했었다.

그 당시 조선중앙 TV에서 전국노래자랑 프로그램이 방영되었다. 당시 노래자랑에서 1등을 하면 TV를 선물로 주었다. 아버님은 노래 자랑에서 1등 한 사람에게 TV를 주는 걸 보면서 "과학자들을 한낱 노래하는 사람보다 못하게 여기는 나라가 어떻게 발전하겠는가."라 고 말씀하신다.

북한은 경제에 신경을 쓰는 것이 아니라 당장 눈앞에 보이는 이익 을 추구한다. 경제는 신경을 쓰지 않고 예술단이나 스포츠 같은 곳에 만 신경을 쓴다. 예술인들은 외국에 나가 돈을 벌어오게 하고 체육인 스포츠들은 선수권대회에 출전시켜서 메달을 따오게 한다. 선수권대 회 출전해서 금메달을 따면 인민영웅칭호를 주고 자가용까지 준다.

북한에서는 인재를 알아주지 않고 한낱 노래자랑에서 노래를 부 르는 사람보다 못하게 여기니 무슨 경제가 살아나겠느냐고 하신다. 김일성은 조선민주주의인민공화국을 창건하면서부터 해마다 신년 사에서 자국민들을 고래 등 같은 기와집에서 이밥쌀밥에 고깃국을 먹 게 해주겠다고 연설을 했다. 그런데 지금까지 옥수수도 없어서 못 먹 고 있다고 이야기한다. 해방 후부터 현재까지 삽과 곡괭이가 없으면 건설이 안 되는 나라다. 그렇다. 북한은 21세기인 지금도 사람의 머 릿수를 늘려서 건설을 하려고 하고 일하는 도구는 삽과 곡괭이가 없 으면 건설이 안 되는 나라이다.

속도전청년돌격대에서는 해마다 일할 사람이 부족하여 갓 학교 졸업하는 졸업생들과 사회인들도 자원해서 속도전청년돌격대에 나올 것을 호소한다. 건설현장의 일은 고역스럽고 말 그대로 지옥이다. 모든 것을 사람의 손으로 해야 한다. 시멘트나 벽돌 같은 것은 사람의 등에 지고 올라가야 한다. 그러다 발이라도 잘못 디뎌서 미끄러지면 바로 위에서 추락한다. 높이 올라갔다가 추락해서 죽는 사람들이 있다. 그래도 북한당국은 아무런 책임도 지지 않고 보상도 해주지 않는다.

21세기인 지금도 사람의 힘으로 도로를 건설하는 건 북한밖에 없을 것이다. 북한 정권은 "당이 결심하면 우리는 한다.", "당은 청년들을 믿습니다."라는 구호를 내놓고 청년들을 노예처럼 부려먹고 있다. 건설현장에서 청년들은 이런 구호를 외치면서 일을 한다.

"청춘들이여! 자기가 살아온 한생에서 가장 아름다운 청춘시절을 어머니 조국에 바치기 전에는 조국을 사랑한다고 하지 말라!"

"자연에는 계절이 있어도 불타는 청춘들의 심장에는 계절이 있을 수 없다."

고속도로 공사장에서 일하는 것이 너무 힘들어 어떤 이들은 일을 못 하겠다고 집에 돌아오는 경우가 있다. 당에서는 이런 사람들을 당의 뜻을 거역했다는 이유로 죄를 씌워서 감옥에 가둔다. 김정일은 "당이 힘들 때 같이 힘들어하지 않고 당이 어려울 때 같이 어려워하지 않는 자는 배신자입니다."라고 했다. 당이 어려울 때 인민들이 같이 어려움을 같이해야 한다고 하는 당국이 인민들이 먹을 것이 없어서 굶어죽고 있는데 눈썹 하나 까딱하지 않고 인민들의 고통을 외면하고 있다. 김일성의 말교시, 김정일 말말씀을 불평하거나 거역하면 민족 반역자로 바로 정치범수용소로 끌려가고 투쟁 대상이 된다.

그 후 아버지는 또 다른 연구 사업을 하셨다. 몇 년을 연구하시던 발명품을 이번에는 발표하지 않으시고 설계도를 농 안에 넣어두신다. 세월이 흘러 오빠가 대학교를 졸업할 때 아버님이 연구하시던 발명품을 오빠에게 주면서 대학을 졸업할 때 졸업 작품으로 발표하라고 말씀하신다. 그 이후 아버지는 연구 사업을 더 이상 하지 않으셨다. 북한에서는 아무런 가치나 의미가 없다고 하신다.

김일성과 김정일이 만든 공산주의 체제는 어버이수령님에 대한 충성심이라는 그늘 아래 백성들을 노예처럼 부려먹고 있다. 김일성 一家는 저들의 권력과 정권 유지를 위해 인민들을 희생양으로 삼고 있다.

1970년 11월 북한의 노동당대회에서 중노동과 경노동의 차이를 없애고, 공업노동과 농업노동의 차이를 줄이며, 여성을 가정의 힘든 일에서 벗어나게 한다고 하였다. 경제 생산에서 북한당국이 기계화·자동화 실시를 정책화한 것은 3대 기술 혁명을 사회주의 공업화가 실현된 다음에 수행되어야 할 높은 단계의 기술 혁명과업으로 보고 강조하였기 때문이다. 공업 분야에서의 기술 혁명의 기본은 기계화와 자동화, 전기화, 화학화 및 선진기술 공정과 최신 과학기술 성과의 도입에 있으며, 농촌 기술 혁명은 수리화, 전기화, 기계화, 화학화에 있는 것으로 제시하고 있다. 북한의 기술 혁명은 말로만 기술 혁명을 외치고 있다. 말로만 기술 혁명을 한다고 외치는 북한과 달리 한국에서는 사람들의 삶을 더 편리하고 쾌적하게 해줄 기술을 개발하고 있다.

삼성전자의 기술 혁명은 한국을 넘어 세계로 뻗어나가고 있다. 다양한 기술을 창조해 실생활에서 훨씬 빠르고 쉽게 사용할 수 있게 발전하고 있다. 의료 분야에서는 휴대용 초음파 기계와 휴대용 혈압 검사기 등 편리하고 유용한 의료 기구들이 새롭게 출시되고 있다. 또 세계적인 증시를 한눈에 볼 수 있는 증권 거래 모니터를 통해 실시간으로 우리에게 알려주고 있다.

이제는 터치 하나로 이루어지는 시대이다. 우리는 스마트한 시대에 살면서 사이니지로 누구보다 쉽게, 빠르게 쇼핑한다. 한국은 날마다 자고 일어나면 새로운 기술로 발전하고 있다. 해방 후 남한보다 북한이 더 잘살았다. 21세기인 지금 북한은 해방 후보다도 더 못살고 있다. 지금 남한은 북한보다 엄청난 속도로 발전하였다.

목숨 걸고 탈북한
가장 큰 이유

할머니가 살아 계실 때는 우리 집은 살아가는 데 별 어려움이 없이 잘 살았다. 할머니는 70세라는 연세에도 함경남도 함흥에 화학섬유공장에서 인수원 일을 하셨다. 할머니는 함흥에서 나오는 특산물을 회령에 가지고 와서 팔고 회령에 왔다가 함흥으로 가실 때는 회령에서 나오는 특산물을 함흥에 가지고 가서 팔곤 하였다. 보위부나 안전부 기관에서 페인트가 필요하다고 하면 할머니는 화학섬유공장에서 투명 페인트를 가져다 해결해 주시곤 하셨다. 할머니는 회령시에서 장사로 유명한 분이셨다.

한번은 동네에서 우리 할머니가 장사를 한다고 누군가가 회령시 안전부에 고발했다. 그런데 우리 할머니는 통제를 받기는커녕 안전부에서는 오히려 고발한 사람을 욕을 하고 "그 할머니는 장사하게 놔 두어라"고 이야기했다고 한다. 안전부에서 할머니를 장사 못 하게 하면 안전부에서 필요한 물건들을 구하기가 힘드니 할머니가 장사를 해도 눈감아 주는 것이었다. 할머니는 회령에서 혼자 사시면서 쌀 한 알 바닥에 떨어져도 그냥 지나치는 법이 없었다. 쌀 한 알 떨어진 걸 보면 주워서 쌀독에 넣으시며 절약하고 아끼면서 모아서는 우리에게 가져다주신다.

국가에서 배급을 할 때 한 달을 상순·하순으로 나누어서 주는데 한 번에 식량을 줄 때 15일분을 준다. 15일분이라고 주는 식량을 받아서 먹으면 일주일밖에 먹을 수가 없다. 나머지는 본인들이 알아서 해결해야 하는데 할머니가 우리를 많이 도와주었다. 할머니는 장사를 하며 우리 집에 쌀이 떨어질세라 쌀도 보내주시고 옷도 보내주시고 우리에게 필요한 모든 것을 보내 주셨다. 할머니 덕분에 우리는 어려움 없이 잘살았다.

그런 할머니가 1988년 5월에 심장병으로 병원에 한 달 동안 입원해 계셨다. 병원에서는 의사선생님이 아버지에게 할머니의 심장이 삼분의 이는 멎었으니 더는 가능성이 없다고 퇴원을 하라고 한다. 할머니는 우리 집에 오셨다. 퇴원을 해서 우리 집에서 일주일 계시다 할머니는 끝내 일어나지 못하시고 돌아가셨다. 1988년 6월에 할머니가 돌아가시고 1990년부터 나라에서 배급을 제대로 공급하지 않으면서 우리 생활도 점점 가난해지기 시작했다. 돈이 아무리 많아도 밑빠진 항아리에 물 붓기였다. 그래서 아버지는 어머니에게 일을 그만두고 가축을 키우면서 집에서 살림하기를 권하셨다. 집에 먹을 것이 떨어져 가도 어머니는 오직 회사 일밖에 신경 쓰지 않으셨다.

아버지는 배급을 제대로 받지 못하면서 1990년에 하모니카 같은 집에서 나와 개인주택으로 이사를 했다. 마당은 100평가량 텃밭이 있었고 집은 90평짜리 독집개인 단독주택이었다. 전 집주인이 집을 잘 거두지를 않아 집은 보잘것없었다. 하지만 아버지는 그 집을 다시 재건축을 하여 새집으로 만들었다. 아버지는 그 집에서 닭도 키우고 염소도 키우고 강아지도 키우셨다. 낮에는 회사에 나가 일을 하시고 아침저녁으로 집에 들어오셔서는 산에 올라가서 염소 풀을 해다 주고 그렇게 1년이 지나 우리는 염소젖을 먹고 닭이 낳은 계란을 생활에 보태곤 하였다.

염소와 닭을 키워서 생활에 보탬을 하는데도 먹고사는 문제를 완전히 해결할 수는 없었다. 우리 집에는 은행에 저축한 돈이 많은데도 은행에서 돈이 없다고 돈을 주지 않으니 식량이 떨어져도 식량을 살 수가 없었다. 어쩌다 한 번씩 은행에 돈이 들어오면 은행 직원이 우리 집에 연락을 해준다. 은행에 돈이 들어왔으니 찾아가라고 이야기해준다. 그것도 많이도 안 되고 북한 돈으로 2,000원 이상은 주지 않는다. 그 당시 옥수수 1kg에 나쁜 것은 70원 정도 하고 좋은 것은 90~100원까지 했다. 쌀은 1kg에 150원이었다. 그러니 2,000원을 가지고 쌀을 사면 얼마 되지도 않는다. 그 쌀을 가지고 우리 가족 5명이 살기에는 턱없이 부족하였다. 채근담에는 이런 말이 있다.

"늘그막에 생기는 질병은 모두 젊었을 때 불러들인 것이고, 쇠한 뒤에 생기는 재앙은 모두 성했을 때 지어놓은 것이니라. 군자는 그런

까닭에 가장 성했을 동안에 미리 조심해야 하느니라."

이사해서 2년밖에 못 살았는데 김일성이 밭 가운데 주택을 철거하라고 한다. 마치 배급을 제대로 못 주는 것이 밭 가운데 집 때문인 것처럼 말하며 집을 철거하고 밭을 만든다고 한다. 다른 집을 주어 해결해 준다든지 아니면 그만한 보상을 해줘야 하는데 그런 것은 눈을 씻고 찾아보아도 어디에도 없고 무조건 집을 내라고 한다. 그래서 우리는 다시 독집개인 단독주택을 사서 이사를 했다. 이번에는 텃밭이 200평가량 되고 집은 100평이 조금 넘는 집으로 이사를 했다. 이 집에 와서는 전에 키우던 염소와 닭 그리고 돼지까지 키웠다. 아무리 굶지 않으려고 가축도 키우고 텃밭에 곡식을 심어서 생활에 보태도 오늘 먹고 나면 항상 내일 먹을 것을 걱정해야 했다. 아버지는 우리 가족의 생존을 위한 몸부림을 치기 시작했다.

1994년 가을에는 텃밭에 심어 놓은 마늘을, 내일이면 가을걷이를 하려고 했는데 그날 저녁 누군가가 와서 하나도 남김없이 다 뽑아가지고 갔다. 다음 날 밖에 나가 보니 마늘은 온데간데없고 밭은 텅 비어 있었다. 가을철이 되면 우리 집뿐만 아니라 다들 긴장을 한다. 애써 한 해 농사를 지었는데 조금만 관리를 잘못 하면 다 잃어버리고 만다. 그러기에 돼지 굴에도 쇠창을 달고 아주 큰 열쇠를 잠가 놓는다. 도둑들은 150kg 되는 돼지를 도둑질하는 시간이 불과 3분밖에 안 걸린다고 한다. 워낙 사람 먹을 것이 부족하다 보니 돼지에게 줄 먹이가 부족해서 맨 풀만 먹이니 돼지도 크지를 못한다. 거기에다 설상가상으로 염소가 병이 나서 죽었다. 다시 염소를 사려고 은행에 가서 돈을 달라고 하면 은행에서는 돈이 없다고 주지도 않는다. 돈을 벌지 않고 쓰기만 하니 집에 있는 돈마저 금방 바닥이 날 것은 강 건너 불 보듯 뻔한 일이다.

언니는 먹고살기 위해 회령에서 청진을 오가며 수산물생선 장사를 해보지만 장사가 생각만큼 잘되지 않아서 먹고 살기도 빠듯한 형편이었다. 나는 집에서 양장점을 운영했는데 가공전이 너무 싸서 생활에 보태기 힘들었다. 옥수수 1kg에 70~90원을 하는데 옷을 한 벌 만드는 가공전 가지고는 옥수수 500g도 못 사는 수준이었다. 먹고살기 힘든 상황에서 어머니 병 때문에 하루도 조용한 날이 없었다.

아버지는 중국 용정에서 태어났다. 아버지가 8살 때 두만강을 건너 북한에 들어온 걸 많이 후회하고 계셨다. 6·25때 할아버지가 월남하시면서 남쪽에 가서 자리 잡으면 사람을 보내겠다고 하시고 남쪽으로 가셨다고 하셨다. 그러다 3·8선이 생기기 전에 할아버지가 북한으로 사람을 보내왔었다고 하신다. 그리고 3·8선이 생겨서 다시 할아버지가 북한으로 사람을 보내어 할머니와 아버지를 모셔가려고 했는데 그때는 아버지가 너무 어린 탓에 정치를 잘 몰라서 그냥 북한에 남겠다고 하고 사람들을 보냈다고 하신다. 아버지는 그때 아버지에게 정치에 대해 조금만이라도 이야기해 주는 사람이 있었더라면 북한에 안 남았을 거라고 말씀하셨다. 그때는 정치를 너무 몰라서 북한이 더 빨리 발전할 줄 알았다고 이야기하시면서 할아버지가 사람을 보냈을 때 같이 가지 않은 것이 너무 후회된다고 한다. 그러시면서 이 나라는 잘사는 날이 오지 않을 것이라고 말씀하신다.

아버지는 나라에 없는 기계를 발명해서 국가에 발표해도 먹고사는 데 아무런 도움도 되지 않았다. 아버지는 우리에게 "자유도 없고 먹고살기도 힘들고 앞으로 희망이 없고 점점 살기는 더 힘들어질 게다."라고 이야기하신다.

　어머니의 정신질환 때문에 하루도 조용할 날 없던 해 여름1995년 8월 어느 날 아버지는 나에게 작은 소리로 물으신다. "네 엄마가 다른 환경에서 살면 혹시 병이 낫지 않을까?" 아버지 말씀을 듣는 순간 나는 아버지의 눈빛을 보고 아버님이 지금 무슨 생각을 하고 계시는지 알 수 있었다. 그래서 나는 아버지께 혹시 다른 환경에서 살면 어머니가 괜찮아질 수도 있을 것 같다고 말씀을 드렸다. 그때 아버지는 나에게 이렇게 말씀하셨다. "나는아버지 이젠 다 살았다. 하지만 너희들은 이 세상을 어떻게 살아가겠는가. 먹을 것이 없어서 배낭 위에 배낭을 메고 다니는 모습을 차마 눈 뜨고 볼 수가 없구나."라고 말씀하셨다. 북한에는 교통수단이 없다 보니 모든 것을 손수레 아니면 사람의 등으로 지고 다닌다. 그 후 며칠 뒤 우리 가족이 모두 모여 앉아 탈북에 대해 이야기를 나누었다. 다행히 그 누구도 반대하는 사람 없이 탈북하기로 의견을 모았다. 피맺힌 사연 없다면 그 누가 목숨을 건 길에 나서겠는가? 하지만 이것이 우리 가족의 비극이 시작이었다.

"괴로울 때 돌격해 나아가라." - 고리키

잔혹한
북한의 현실

진실로 위대한 사람은 약한 자를 짓밟지 않고,
강한 자에 굽실거리지도 않는다.
- 벤자민 프랭클린

북한은 현재 인민들이 굶어 죽을 정도로 심각한 식량난을 겪고 있다. 김일성시대부터 심각하던 전력난 때문에 기차는 수시로 멈추어 운행이 중단된다. 가정집 전깃불과 수도난도 정말 심각하다. 수돗물 공급도 중단된 지 오래되었다. 그러다 보니 집집마다 물이 언제 나올지 몰라서 수도꼭지를 아예 틀어놓고 생활한다. 많은 사람들이 먹지 못해 영양실조에 걸리거나 굶어죽고 있다.

1990년대부터 시작된 식량문제 해결은 점점 더 미궁으로 빠졌고 그로 인해 사람들의 의욕은 떨어질 대로 떨어졌다. 북한에서는 농사철만 되면 발등에 불이라도 떨어진 것처럼 농민이든 직장인이든 이 땅에 사는 모두가 떨쳐나서서 농촌지원 전투에 참가한다. 남녀노소

불문하고 밥을 먹는 사람이면 누구나 가리지 않았다. 제외대상은 군, 당, 보위부, 안전부, 행정위원회, 검찰서에 종사하는 노동당 간부들과 심지어 그 자녀들도 제외대상이었다.

1992년 편의관리협동조합에 다닐 때의 일이다. 농사철이면 국가에서는 농장 밭을 아예 회사직장별로 분담을 준다. 그러면 직장에서는 작업반별로 또 나누어서 분담해준다. 농사철이면 우리는 직장에서 일을 하지 못하고 농장 밭에 나가서 농사일을 했다. 모내기부터 시작해서 김매기철 그리고 가을걷이하기 전까지 밭에 나가 살아야 했다. 농장에 비료가 없다 보니 일인당 퇴비거름를 몇 킬로그램씩 가져다가 우리 작업반이 분담 받은 밭에 퇴비거름도 주어야 했다. 심각한 식량난으로 지치고 힘들어도 지긋지긋한 삶은 계속되었다.

우리 집 쌀독은 텅텅 비어서 거미줄이 슬어 있고 풀에다 옥수수 가루를 조금 넣고 멀건 죽을 끼니로 때운 지도 벌써 열흘이 가까워온다. 나와 언니는 허기진 배를 끌어안고 일하러 나가곤 했다. 심각한 식량난은 우리 가족의 생존권을 시시각각으로 위협했다.

언제 죽을지 모르는 불안 속에서 사람들은 땅 위에 돋아나는 풀이란 풀은 다 뜯어 먹기 시작했다. 사람들은 풀이 파릇파릇 돋아 올라오기 무섭게 뜯어 먹기 시작했다. 누구나 다 땅의 풀을 뜯어 먹고 살다 보니 그런 풀도 먼 산속으로 들어가야 뜯어 올 수 있었다.

내가 알고 지내는 언니는 산으로 올라가 산과 들에 돋아나는 풀이란 풀은 다 뜯어 먹으면서 생활을 유지했다. 그 언니는 풀을 먹고 풀독이 올라서 죽다 살아났다. 독이 온몸에 퍼지면서 눈이 보이지 않을 정도로 온몸이 부어있었다. 손과 발은 빵처럼 부어서 움직이지 못하고 있다. 그 시기에 그 언니뿐만 아니라 많은 사람들이 풀을 먹고 풀독이 올라 죽을 고생을 하다 결국 목숨을 잃는 사람들도 많았다. 그 언니는 다행히도 풀독은 가라앉았지만 얼굴에 풀독으로 인한 상처가 생겨났다. 예쁘던 얼굴은 온데간데없이 사라지고 흉악한 얼굴의 다른 사람으로 변해 있었다. 그 언니는 흉악한 자신의 모습을 보면서 가슴을 치며 통곡을 한다. 마치 공산주의 주체사상 체제 속에 살아가는 사람들과 당에서 죽으라면 죽어야 하는 북한 백성들의 삶을 한탄하는 절규같이 보였다. 우리는 온몸으로 삶의 역경을 헤쳐 나가야 했다.

마틴 루터 킹 목사는 자신의 자서전에서 이렇게 말했다.

"공산주의에서는 개인은 국가의 부속물에 불과하다. 마르크스주의자의 주장에 따르면 국가는 계급 없는 사회가 출현하면 소멸될 '잠정적인' 실체이다. 하지만 국가가 존재하는 한 국가는 목적이 되고 인간은 그 목적을 위한 수단에 불과할 뿐이다. 국가 목적에 방해가 되는 인간의 권리나 자유는 간단히 일소되고 만다. 표현의 자유나 투표의 자유, 원하는 정보들의 자유나 읽고 싶은 책을 선택할 자유는 제한된다. 공산주의 사회에서 인간은 국가라는 톱니바퀴 속에서 인간으로서의 존엄을 잃은 톱니에 불과한 존재로 취급된다.

개인의 자유가 이런 식으로 무시되어서는 안 된다. 나는 과거에도 그랬지만 지금도 인간은 신이 창조한 존재이므로 수단이 아니라 목적이라고 확신한다. 국가를 위해서 인간이 만들어진 것이 아니라 인

간을 위해서 국가가 만들어진 것이다. 인간에게서 자유를 빼앗는 행위는 인간을 일개 사물의 지위로 떨어뜨리는 것이나 다름없다. 인간은 국가라는 목적에 종속되는 수단으로 취급되어서는 안 되며 어떤 상황에서도 목적이어야 한다."

집에 먹을 것이 없어서 농장 가지밭에 갔다. 가지를 따기 시작한 지 얼마 지나지 않아 갑자기 옆에서 버스럭 하는 소리가 나서 가지밭에 납작 엎드렸다. 나는 숨을 죽이고 가만히 있었다. 경비원들이 밭을 지킨다고 순찰하고 있었다. 잠시 후 다시 경비원이 가고 없었다. 나는 놀란 가슴을 쓸어내리면서 다시 가지를 따기 시작했다. 그래도 그날은 운 좋게 가지를 한 자루를 따가지고 왔다. 딱히 먹을 것이 나올 데가 없다 보니 농장 밭에 매달리는 방법밖에 없었다. 먹고 살기 힘들다 보니 사람들은 저마다 훔치고 도둑질해 먹는 세상이 되었다. 그러다 보니 사람들은 벽에 구멍을 뚫고 들어가 물건을 훔쳐가기 시작했다. 창고를 털 때에는 열쇠를 밖으로 걸어놓고 집주인이 나오지 못하게 하고는 창고를 털어가는 사람들도 있었다.

1992년 가을에 우리는 여느 때와 같이 집 문을 안으로 걸어 잠그고 잠이 들었다. 잠결에 나는 딸각 하는 소리를 듣고도 그냥 우리 식구 중에 누가 볼일 보러 가면서 불도 켜지 않고 나갔다 오는가 싶었는데 내가 일어나서 불을 켜고 보니 식구들은 다 잠이 들어 있었다. 그런데 현관문을 보니 열려 있었다. 급히 아버지를 깨웠다. 아버지가 일어나시면서 무슨 일이냐고 묻는다. 그날 마지막 잘 때 내가 문을 잠그고 잤는데 문이 열려 있다고 말을 하니 아버지는 일어나서 밖으로 나가 보신다. 그러는 사이 언니가 집안을 둘러보더니 "야, 록음기카세트가 없어졌다"고 한다. 그리고 보니 이불 위에 시커먼 발자국이 찍혀져 있었다. 아버지는 집을 한참 둘러보시고 처마집 천장 밑에 걸어놓은 잎담배도 없어지고 강아지도 없어졌다고 하신다. 아버지도 많이 속상하셨을 텐데 "우리 집 물건이 안 되려고 그런가 보다."라고 하시면서 우리 보고 집에 들어와서 "사람을 해코지사람을 다치게 안한 게 다행이다."라고 말한다.

사람들은 살기 위해 수단과 방법을 가리지 않는다. 그러다 보니 가축들도 밖에서 키우지 못하고 집에서 키운다. 부엌에서 돼지를 키우고 신발 벗는 마룻바닥에서 개나 토끼를 키우기 시작했다.

먹고살기 위해 장마당에서 몸을 파는 여성들도 있었다. 하루 자고 나면 어떤 집은 집 식구가 자살해 죽었다. 또 누구네 집 아이들 오누이가 배고픔에 시달리다 결국은 둘이서 가마를 끌어안고 굶어 죽었다는 소리도 들려왔다. 심지어 굶주림을 이기지 못해 인육을 먹고 파는 기이한 일까지 발생되었다.

고난의 행군 시기에 아사자들이 많이 생겼다. 회령시에서 하루에 사람들이 100명이 넘게 죽어나갔다. 굶어죽는 사람의 시체가 길가에 널려 있었다. 당시 불과 몇 년 안에 300만의 무고한 사람들이 무참히 굶어 죽었다. 사람들이 하도 많이 죽어나가니 관을 만들 널빤지도 없어서 이불에 둘둘 말아서 땅에 묻었다. 사람들은 저승과 이승을 넘나드는 삶을 살아가고 있다. 그야말로 북한은 살아 있는 시체들의 땅이었다. 가난에 허덕이다 최후를 맞는 그들을 과연 누가 구제하겠는가.

이모네 집으로 가다가 보니 한 곳에 사람이 죽어 있었다. 그걸 보는 순간 나도 언제 죽을지 모르겠다는 생각이 내 마음을 서럽게 한다.

시장에서는 꽃제비 아이들이 약한 아이들이나 아주머니 ᵃ²아줌마들이 음식을 먹는 기회만 보면 두세 명이 달라붙어 뺏거나 덮쳐서 가지고 달아난다. 그렇게라도 먹고 사는 꽃제비 아이들은 그나마 오래 살아가는데 땅에서 주워 먹고 빌어먹는 꽃제비 아이들은 얼마 못 살고 배고픔에 시달리다 죽고 만다. 꽃제비 아이들의 살기 위한 몸부림이었다. 기차역에서는 꽃제비들이 죽으면 짐칸에 모아 놓았다가 어디론가 가져간다. 그 당시 사람들은 살아 있는 사람도 아니고 죽은 사람도 아니고 산송장이었다.

한 번은 회령기차역에서 기차를 타려고 나가는 군관에게 도둑이 붙어서 군관의 옷 주머니를 면도칼로 자르고 지갑을 훔치려다가 군관에게 잡혔다. 군관은 그 도둑을 평생불구로 만들어 놓았다. 군관은 자기 옷을 면도칼로 베 놓았다는 이유로 도둑의 팔을 부러트려 놓았다. 순간 도둑은 부러진 팔을 안고 자지러지는 소리를 낸다.

이렇게 비참한 현실에서도 김정일은 자기 가문의 영광을 만대에 길이 전하겠다고 억만금을 들여 기념비들을 세우고 있다. 안 그래도 먹고살기 힘든데 당에서는 봄철에는 고사리부터 시작해서 외화벌이 과제를 준다. 봄에는 고사리나 솔ᵃ²소나무화분을 뜯어다 바치라고 하고 송이철에는 의무적으로 한 사람 앞에 2~3kg씩 캐서 바치라고 한다. 가을철이면 이번에는 도토리를 몇 십 kg씩 바치라고 한다. 어떤 사람들은 크게 말은 못 하고 "송이는 좋은 거라서 백성들 못 먹고 도토리는 나쁜 거라서 못 먹고 그러면 백성은 도대체 무얼 먹고 살라고." 하면서 중얼거리기도 한다. 까딱 입을 잘못 놀렸다가는 감옥에 갈 수도 있으니 두려워서 제대로 말도 못 하고 속으로만 혼자서 중얼거린다. 사람들은 감옥에 가는 것이 두려워 겉으로 말은 하지 못해도 속으로는 공산주의 주체사상 체제에 대한 불만을 가지고 있다. 지금 북한에서는 굶어죽는 것이 일상이 되었다.

백성들은 먹지 못해서 굶어 죽어나가는데 김정일은 금수산기념궁전에 김일성을 안치하기 위해 8억 달러 이상을 쏟아 부었다. 그러면서 국가 재산이 텅 비었다는 이유로 그 책임 일꾼들을 수없이 정치범 수용소로 끌어가고 총살하였다. 2009년 11월에 실시한 화폐개혁은 목적을 이루지 못하고 실패로 끝났다는 이유로 북한당국은 노동당 계획재정부장 박남기에게 죄를 씌워서 그를 처형했다.

전 재산을
당에서 몰수하다

내가 어렸을 때 북한에서 화폐교환을 하였다. 화폐교환을 하면서 북한에서는 한 사람당 교환할 수 있는 액수를 북한 돈 2,000원으로 제한했다. 우리 집은 집안 친척들과 지인들에게 부탁을 하였지만 우리 집에 있는 돈을 전부 다 교환하기에는 역부족이었다. 아버지는 가슴을 치며 바꾸지 못한 돈을 버려야 했다. 아무리 억울해도 어디에 하소연할 곳이 없다. 김일성은 자기 권력의 유지와 돈벌이를 위해 수단과 방법을 가리지 않았다. 내가 어렸을 적에는 북한에서 김일성이 국민들에게 집에 있는 금을 다 국가에 바치라고 한 적도 있었다. 그때 많은 사람들이 금과 금반지 같은 것을 국가에 바쳤다.

1990년도부터 시작된 식량난에 아버지는 하모니카 같은 집에서 나와 개인 주택을 사고 독집으로 이사를 했다. 식량난으로 가축도 키우고 텃밭에 옥수수라도 심어서 식량을 해결하고자 독집으로 1990년에 이사를 했다. 그런데 1992년 당에서 식량난으로 밭 가운데 개인집을 철거하라고 한다. 살아보려고 이사를 한 지 고작 2년밖에 안 되는데 강제로 집을 허물어 버린다니 얼마나 기막힌 노릇인가. 화폐교환을 한다는 명목으로 백성들의 돈을 뜯어내더니 이번에는 밭을 늘린다는 명목으로 개인집을 강제로 허물어버리고 거리로 내쫓고 백성들은 눈 뜨고 재산을 빼앗겨도 어디에도 신고할 데가 없다. 가슴속에 맺힌 설움 그 어디에도 하소연할 곳이 없다.

김일성 공산주의 체제는 사회주의라는 듣기 좋은 이름아래 강탈과 몰수도 서슴지 않는 강도와 다를 바 없었다. 말로는 인민을 위해 헌신한다고 하면서 백성들을 짓밟고 자기 야욕을 채우는 그런 탐욕스런 요부이다.

입에 풀칠이라도 하려고 아무리 애를 써도 우리 집 생활은 쪼들리기만 한다. 우리는 집에서 할 수 있는 방법을 다 해보아도 식량난을 해결할 수가 없었다. 학교에서는 툭하면 꼬마과제철, 토끼털, 구리, 파지를 내라고 하고 김일성연구실 꾸리는 데 필요한 돈을 학생들에게 요구했다. 학생들뿐 아니라 직장인들도 고철과 여러 가지 과제물을 해야 한다.

김일성·김정일 탄생일에는 어린이들에게 줄 사탕과자를 만들어 주어야 하는데 사탕과자를 만들 재료가 없어서 집집마다 계란, 설탕 등 다섯 가지세 가지는 생각이 안남를 내라고 한다. 우리는 추방돼 당장 입에 풀칠할 것도 없는데 인민반장이 계란, 설탕을 걷으러 왔다. 우리 집 사정이 이러니 없어서 못 낸다고 하면 정치적으로 또 문제가 생긴다. 우리는 어쩔 수 없이 동네를 돌아다니면서 다섯 가지 중에 몇 가지라도 내야 했다. 김일성 때도 그러더니 김정일 시대에도 또 이런 일이 생긴다. 참으로 뻔뻔스럽기 그지없다. 어찌 백성들의 것을 걷어다가 자기 이름으로 명절에 선물을 준단 말인가. 그런 것도 북한 어린이들은 "아버지 김일성 장군님 고맙습니다." 하면서 눈물을 흘리며 받아먹는다.

내일을 위해서 오늘 분수를 지키는 것이 현자의 도리이다. 세르반테스는 이렇게 말한다.

"모든 사람은 자기의 분수를 지켜야 한다. 분수 안에서 사는 자는 도를 행하고, 분수 밖의 것을 탐내며 재물을 모으려 애쓰는 자는 남의 물건을 빌어 파는 장사꾼과 같다. 분수에 넘친 생각은 한낱 정신만 상하게 할 뿐이요, 망령된 행동은 도리어 재앙만 불러일으킨다. 임금이 임금답고 신하가 신하다우면 나라의 상하가 다 태평하고, 남편이 남편답고 아내가 아내다우면 집안이 다 경사롭다. 덕이 적으면서 지위가 높고, 지혜가 없으면서 도모하는 것이 크다면 화를 당하지 않을 이 드물리라."

일하고 노임을 받지 못해도 어디에 말할 수 없는 세상이다. 굶어 죽으면서도 오직 김일성·김정일에게 대를 이어 충성을 다해야 한다. 한평생 당에 입당하리라는 생각만 하며 밤낮을 가리지 않고 자신의 모든 것을 바쳤지만 돌아오는 것은 조직비서의 일방적인 강제해임이었다. 어머니는 결국 정신질환자 진단을 받게 된다.

어머니의 정신질환으로 언니는 시집간 지 8개월 만에 시어머니의 반대로 파혼을 당하고 집으로 돌아왔다. 언니가 결혼할 때 우리는 사돈집에 어머니에 대한 설명을 충분히 드렸다. 그때는 형부가 되는 사람과 그 아버지가 괜찮다고 해서 결혼을 했는데 결국 언니는 이혼이라는 아픔을 겪어야 했다. 그 당시 언니가 이혼을 한다는 소식을 듣고 어머니의 제정신이 돌아왔는지 언니를 데리고 사돈집을 찾아갔다. 어머니는 사돈들께 제발 이혼만 막아달라고 부탁을 했다. 우리 딸의 0.001%의 잘못이 있으면 그것은 본인어머니의 잘못이라고 말씀하셨다. 그래도 사돈집에서는 아들부부를 이혼 시켰다. 언니는 이후 집에 들어오지 않고 혼자 장사를 하면서 살아갔다. 언니는 아무리 장사를 해도 먹고사는 일이 풀리지 않고 장사를 하면 할수록 빚만 늘어갔다.

집에서는 먹고살기가 힘들어서 오빠는 밤마다 농장 밭에 들어가 시금치를 훔쳐 오기도 했다. 집에서 아무리 돼지를 키우고 닭을 키운다 해도 우리 집 식량을 해결하기가 어려웠다.

논밭 가운데 집을 없애고 밭을 만든다고 강제로 철거 시켜서 개인재산을 빼앗아가더니 이번에는 탈북했다는 이유로 집과 땅 그리고 은행에 있는 돈까지도 다 몰수한다. 백성들은 굶어죽어도 눈썹 하나 까딱하지 않고 자기 잇속만 차리는 김일성·김정일의 그늘아래 숨죽인 인권으로 짐승보다 못한 삶을 살아가고 있다.

우리는 우리가 살던 집으로 갈 수가 없었다. 당에서는 우리 집과 우리 땅을 주지도 않고 몰수하고 우리를 창태리로 추방했다. 우리가 살던 집에 가서 집을 내놓으라고 말도 못 한다. 그리고 은행에 가서 돈을 찾으려고 해도 이미 국고납부가 되었다.

충성이라는 말로 인민을 꾀며 보다 나은 삶을 살아가려는 국민의 욕망을 통제하고 억누르는 폭력집단이나 다름없다. 김일성·김정일이 만든 공산주의 체제는 어머니 당이라는 명목으로 백성들의 자유와 권리를 통제하고 백성들의 재산을 약탈하면서도 눈썹 하나 까딱하지 않는다. 강을 건넜다는 죄로 사람의 목숨을 앗아가고 그것도 모자라 우리들 재산까지도 강탈하는 이런 당을 어머니 당이라 믿으라고 하니 이것이 궤변이 아니고 무엇인가.

고난의 행군시기에 북한당국에서 한 농장에 아편을 심으라고 했다. 그곳 농장 일꾼들은 분배가 모자라 제대로 먹지 못하는 형편이어서 아편 심는 일을 반기지 않았다. 그러나 북한당국에서 하라고 하니 어쩔 수 없이 아편농사를 하게 되었다. 그해 아편농사 잘하면 국가에서 직접 배급을 책임져 준다고 했다. 아편농사는 대풍작을 이루었다. 한 해 농사가 끝나고 북한당국에서 아편을 다 끌어간 다음 농민들에게 배급을 주지 않았다. 백성들 중에는 북한당국에서 언제쯤 먹을 것을 주려나 믿고 기다리다 죽은 사람들이 얼마나 많은지 모른다. 당국의 말만 믿고 다른 농사를 짓지 않은 농민들이 굶어 죽기 시작했다. 가을철이면 당국에서는 한 해 곡식을 다 걷어간다. 그렇다 보니 농민들은 여름 내내 밭에 나가 일하고도 분배를 제대로 받지 못한다. 농민들에게 12월에서 다음해 1월 사이에 분배를 주는데 1년 식량을 받아도 4월이면 식량이 다 떨어진다. 그 다음부터 먹을 것이 없어서 어떤 집들은 다음 해 분배를 미리 가져다 먹는다. 다음 해는 분배를 받을 것도 없다. 그러다 보니 농민들은 한 해 농사를 지어도 분배를 받지 못한다.

북한당국의 강탈은 외화벌이로 외국에 나가 일하는 사람들에게도 이루어졌다. 북한노동자들은 해외에 나가 일하고 월급을 받지만 그곳에서도 북한당국에게 착취를 당한다. 해외에서 일하는 북한 사람이라면 그 누구도 예외 없이 충성의 외화자금을 바칠 것을 요구한다. 이것은 북한당국이 만들어 놓은 법칙이었다. 해외에 나가 일을 했던 김 씨는 이렇게 말했다.

충성의 외화자금 명목으로 김일성·김정일 생일 꽃바구니 값, 북한 영화 테이프 값, 백두산 혁명전적지·사적지 건설 지원 자금, 김정일 花 온실비품 값, 가축 및 남새채소 종자 값, 장군님김일성·김정일 만수무강 식품비용 등이다. 그러다 보니 외국에 나가 일하는 사람들도 죽지 못해 일을 한다. 북한 사람들은 인간이 아니었다. 오직 김일성一家를 위해 일하는 동물이었다.

> *금동이에 담긴 맛있는 술은*
> *천 사람이 흘린 피와 같고,*
> *좋은 상 위에 놓인 음식은*
> *만 사람 백성의 기름과 같다.*
> *생일잔치에 밝힌 촛농이 떨어질 때마다*
> *백성들의 눈물이 떨어지고,*

김정일은 인민들의 피와 땀으로 마련된 자금으로 가는 곳마다 기념비를 억만금으로 세우고 전국 곳곳에 휴양지들을 꾸몄다. 그것도 모자라 상어 지느러미, 칠갑상어 알 등 고급요리만 차려 먹었다. 김정일은 조니워커 스윙과 프랑스 헤네시 코냑이나 마시며 매일 밤낮 없이 술과 담배 그리고 기쁨조를 두고 방탕한 생활을 하였다. 하룻밤 먹는 와인과 위스키를 비롯한 외국제 술값이 한 병에 수천 달러나 한다. 이 세상 좋은 것을 다 먹으며 여자들을 끼고 흥청거리며 놀고 있는 순간에도 인민들이 먹고 살려고 장사를 하면 자본주의를 따라하는 행위를 한다며 다 빼앗아 간다.

없는 살림에 먹고살려고 하는 것마저도 다 빼앗기고 나면 가난에 찌들어 살아간다. 굶어 죽지 않으려고 도둑질하다 잘못하면 정치범으로 몰려 감옥에 끌려가기도 했다. 고난의 행군이 시작되니 인민들의 한숨소리는 구석구석 잦아만 갔다. 한 해만 고생하면 끝나려니 또 한 해만 가면 끝나려니 하고 기다리고 기다려도 고난의 행군은 끝이 없었다. 수난에 찬 백성들의 아우성소리가 점점 더 높아졌다. 누가 위기에 빠진 백성들을 구할 것인가?

짐승보다
못한 인생

살아도 살아도 살 곳이 없는 것이 북한의 생활이었다. 북한에서의 삶은 삶도 아니고 죽음도 아니었다. 말 그대로 짐승보다 못한 인생이었다. 정치범수용소에서의 삶은 더욱 비참했다. 수용소에서 우리는 개, 닭도 안 먹는 그런 밥을 먹어야 했다. 수감자들에게 썩은 옥수수 가루로 죽을 쑤어 주는데 그것은 고약한 냄새가 나서 도저히 먹을 수가 없는 죽이다. 그런 죽도 수감자들은 더 먹겠다고 난리다.

보위원들은 굶어죽지 못해 탈북했거나 자유를 찾아 북한을 탈출한 우리들을 짐승처럼 다루었다. 보위원은 그들을 향해 옷을 다 벗으라고 소리친다. 처음으로 그곳에 들어오는 여성들은 멈칫거린다. 보위부 감방에 20대 여자애가 들어왔다. 그런데 그 여자애는 중국에 가서 머리 염색을 노란색으로 하고 잡혀왔다. 보위원들은 "이 간나는 머리를 노랑대가리로 해왔다"고 얼마나 두들겨 패는지, 여자애는 건지도 못하고 질질 끌려 감방으로 들어왔다. 미국 사람들의 머리가 금발머리라서 북한에서는 노랑머리를 하면 안 된다.

우리 가족은 정치범수용소에서 나와 종성역으로 왔다. 기차는 도착 예정시간보다 6시간이 지나서야 들어왔다. 전기가 부족해서 기차가 연착이 되면서 기차 안은 수많은 인파로 붐빈다. 며칠에 한 번씩 들어오는 기차다 보니 열차 안에는 사람들이 콩나물시루처럼 꽉 차있다. 열차 안에서 볼일도 볼 수 없어서 선 자리에서 해결을 할 수밖에 없다. 그러니 열차 안은 비위생적이며 역겨운 냄새가 풍긴다. 열차 안은 더 말할 것도 없고 열차 바구니 위에까지 사람들이 올라가있다. 얼마나 위험천만한 일인지 모른다. 잘못하면 목숨을 잃을 수도 있다. 그런데도 사람들은 기차를 놓치면 기차가 또 언제 들어올지 알 수가 없으니 기차가 들어오면 너나없이 무조건 타려고 힘을 쓴다. 열차 안에서는 수많은 인파가 한꺼번에 많이 몰리다 보니 사람들에게 밟혀서 죽는 사람도 있다. 사람들은 사람이 죽어도 누구 하나 쳐다보는 사람이 없다. 서로가 자기 삶이 힘들다 보니 옆에 사람이 죽어도 별로 신경을 쓰지 않는다. 우리는 회령에 도착했다. 몇 달 뒤 도착한 회령시민들의 생활은 더 어려워졌다. 가는 곳마다 꽃제비가 보이기 시작했다.

한번은 친구하고 식당에 들어가 밥을 먹는데 내 뒤로 어떤 남자가 오더니 갑자기 내 머리 수건을 잡아채고 달아나는 것이었다. 그래서 나는 밥을 먹다 말고 수건을 가지고 달아나는 남자를 향해 달리기 시작했는데 몇 발자국을 못 가서 넘어지고 말았다. 내 머리 수건을 훔쳐간 사람은 혼자서 한 것이 아니라 몇 사람이 무리를 지어서 하는 것이었다. 달려 나가는 나를 다른 사람이 보다가 내게 발을 걸어서 넘어지게 만든 것이다. 나는 다시 일어나서 도둑이 간 방향으로 뒤쫓아 가보았지만 도둑은 이미 사라지고 없었다.

한번은 시장에 나가다가 한 아주머니가 지갑을 도둑맞고 그 도둑을 쫓아가는데 도둑은 아줌마가 거의 쫓아오면 다른 사람에게 지갑을 던져준다. 아줌마는 그러면 지갑을 받은 사람을 또 쫓아간다. 도둑들은 자기들끼리 주거니 받거니 여러 번 반복하니 아줌마는 나중에는 지갑이 누구 손에 있는지 몰라서 아무 사람한테 가서 지갑을 내놓으라고 한다. 그러면 도둑들은 히죽히죽 웃으면서 없다고 한다. 그런 불의를 봐도 누구 하나 도와주려 하지 않는다. 너 나 할 것 없이 도둑질을 안 하면 굶어죽어야 하니 눈을 뜨고 있어도 코를 베가는 세월이었다.

사람들이 자기 딸을 어찌 100원에 파는가 욕을 하며 수군거리기 시작한다. 한 여인이 딸을 백 원에 판다고 글을 써서 목에 걸고 시장에 앉아 있었다. 암이라는 죽음의 선고 앞에서 여섯 살 난 딸을 팔아서라도 아이를 지키고자 하는 엄마의 안타까운 심정도 모르고 시장에서 구경하던 사람들은 어쩌면 어미가 돼서 딸을 백 원에 판다고 수군댄다. 사람들의 수군대는 소리에 어린 딸은 사람들을 향해 "우리 엄마 욕하지 마세요!"라고 소리 지른다. 어린 딸을 험악한 세상에 혼자 남겨두고 가려니 아기 엄마는 백 원에 팔아서라도 딸을 지키고 싶었던 것이다. 하지만 너 나 없이 굶어죽는 세상에 딸을 사가는 사람은 없었다.

회령역에서 한 아줌마가 배낭을 잃어버렸는데 한 사람이 도둑질하는 사람을 보고 배낭 주인에게 말해 주었다. 한참 뒤 도둑이 누구인지 가르쳐준 아줌마가 얼굴을 싸쥐고 소리친다. 순간 사람들이 모두 아줌마를 쳐다보는데 아줌마의 얼굴에서 피가 줄줄 흐르고 있었다. 도둑들이 아줌마가 배낭 주인에게 말하는 것을 멀리서 지켜보고 있다가 아줌마에게 보복을 가한 것이다. 도둑들은 면도칼로 아줌마의 얼굴에 난도질을 해놓았다. 현실이 이렇다 보니 도둑들이 물건을 훔쳐가도 말도 못 한다.

당국에서는 일주일이 멀다 하고 사람들을 처형한다. 장마당시장에서 사람을 총살하는 것을 보았다. 그날 5명을 20m 안팎의 거리에 세워놓고 안전원들이 지휘자의 "쏴." 명령과 함께 총을 난사한다. 한 사람 얼굴 한쪽 면이 뚜껑처럼 열리더니 머릿속의 뇌수가 땅바닥에 몽땅 쏟아지더니 머리 한쪽 면이 다시 제자리에 덮였다. 총살당한 사람들은 소를 잡아먹은 사람, 사람을 잡아먹은 사람, 쌀을 훔친 사람, 동을 훔쳐 밀수한 사람도 있었다. 심지어 쌀을 훔쳤다는 죄로 어린아이까지도 총살한다. 죽은 시체를 가마니에 넣어서 트럭에 싣고 간다.

도스토옙스키는 이렇게 말한다.

"인간의 위대함은 그가 자기의 비참함을 알고 있다는 점에 있다.

나무는 자신의 비참함을 알지 못한다. 그러므로 자신의 비참함을 깨닫는 것이나 한편으로는 자신이 비참하다는 것을 깨닫는 것은 위대한 일이기도 하다. 아무리 많은 고통에 직면하더라도 나는 존재한다! 내가 비록 고문대에 올라앉아 있다 하더라도 나는 존재함에 틀림없다! 또한 내가 비록 쇠사슬로 묶이는 한이 있더라도 나는 목숨을 유지하여 태양을 바라볼 것이며, 내가 태양을 못 본다 하더라도 그것이 있다는 것만은 내가 알 수 있는 것이다!"

김정일 정권의 최후의 발악인 것 같았다. 조금만 잘못해도 죄를 씌워서 사람들을 총살하고 정치범수용소로 끌고 간다. 사람을 죽이는 일을 일개 파리 죽이는 것보다 더 쉽게 한다.

지렁이도 밟으면 꿈틀한다는 속담이 있다. 그러나 북한에서는 꿈틀거릴 수도 없고 아무런 저항도 할 수가 없다. 지금 북한의 주체사상 체제의 현실이 그러하다. 어떤 소년은 너무 배가 고파 소똥에 묻혀있는 옥수수 5알을 주워서 옷에 닦아 먹었다고 한다. 얼마나 배가 고팠으면 개똥 속에 있는 호박씨를 물에 씻어 먹은 사람도 있다. 김일성·김정일은 백성들의 것을 강탈해서 배불리 먹고 있는 순간에도 저들이 말하는 "어린이들은 나라의 보배입니다."의 아이들은 배가 고파 소똥이나 개똥 속에 있는 옥수수나 호박씨를 주워 먹으면서 죽지 못해 살아가고 있다.

북한은 해방 후 6·25 그리고 21세기까지 고난의 행군을 계속해 왔다. 지독한 식량난과 경제난으로 군에서는 군인들을 먹여 살릴 만한 식량이 충분하지 않았다. 국가사정이 이러하다 보니 김정일은 "군인들에게 죽을 먹이라"고 지시했다. 군인들도 식량사정이 좋지 않았다. 극심한 식량난으로 군에서는 병사들을 먹여 살릴 만한 식량이 충분하지 않아 군인들도 병영 바깥으로 내보내 알아서 끼니를 해결하게 했다. 그리고 군인들에게 휴가를 주면서 먹을거리를 군 밖에서 해결하라고 했다.

군인들은 무리를 지어서 농장 밭이나 개인 밭이나 가리지 않고 도둑질을 하기 시작했다. 도둑질을 하지 않으면 군인들도 굶어야 한다. 가을철이면 밤마다 군인들이 마을로 내려와 하룻밤에 옥수수 이삭 1,000개씩 뜯어서 소대 하루 식량을 마련해야 한다. 군인들은 그날 먹을 식량을 해결하지 못하면 밥을 주지 않았다. 군인들은 무서운 게 없다. 군인들이 도둑질을 해도 군인들을 욕하는 사람은 아무도 없다. 군인들을 잘못 건드렸다간 괜히 본인들 입장만 곤란해지기 때문이다. 군인들은 마을에 내려오면 닥치는 대로 훔쳐간다. 옥수수며 돼지, 개, 닭 등 눈에 보이는 것은 닥치는 대로 가져간다. 그러다 보니 군대 내에서도 영양실조로 죽어가는 사람들이 생겨나기 시작했다.

나의 친구인 류○○ 남동생도 군에 입대한 지 2년도 안 되어 영양실조로 죽었다. 인민들을 보호해주어야 할 군인들까지도 강도가 되어 사람들에게 고통을 주고 있다. 윗물이 맑아야 아랫물이 맑듯이 북한은 당국에 이어 군인들까지도 힘없는 백성들을 못살게 굴고 있다.

공산주의 주체사상 체제인 북한에서 자유가 없었기에 북한의 전체 국민들은 보이지 않는 쇠사슬에 매여서 짐승들처럼 살다가 한 많은 세상을 등져야 했다. 짐승보다 못한 삶을 살아가는 수십만 명의 정치범들과 북한 공산주의 체제를 반대했다는 이유로 잡힌 수많은 사람들이 귀중한 목숨을 잃었다. 북한 주민들은 개, 돼지 짐승보다 못한 삶을 살아가면서도 지금도 김일성·김정일 가문이 세운 공산주의 주체사상 체제에서 노예처럼 살아가고 있다. 북한은 세상에서 제일 큰 감옥이다. 사람들은 철창 없는 감옥에서 온갖 권리와 자유를 유린당하고 있다. 수많은 사람들을 굶겨 죽이고 공개처형해 죽이면서도 김정일이나 그 추종분자들은 눈썹 하나 까딱하지 않는다. 수많은 사람들이 오늘도 삶을 찾아 죽음을 각오하고 두만강이나 압록강을 건너고 있다. 그들은 피눈물을 흘리면서 원한의 고향 땅과 이별한다.

"임금이 악정을 하면 돌담을 높게 쌓아도 백성이 도망가지만 임금이 선정을 베풀면 땅에 금을 그어도 넘어가지 않는다." -동양 명언

해고는 살인보다
더 두려웠다

어머니는 젊은 시절엔 김일성종합대학과 사범대학을 졸업하고 교편을 잡으셨다. 교원교사 활동을 하시던 어느 날 수업시간에 강의를 하시다가 쇼크를 받아 병원에 입원하셨다. 그 계기로 어머니는 교원교사 활동을 그만두시고 중앙은행에서 2년 일을 하시다가 유선탄광에서 25년을 넘게 일하셨다.

내가 유치원 다닐 때 겨울 어느 날 일이었다. 어머니는 그날도 저녁 9시 넘어서 집으로 돌아왔다. 저녁을 해 드시고 밤 11시가 되어서 또 일하러 나가야 한다 말한다. 그때 집에는 아무도 없는데 나를 보며 "자라"고 말씀하시면서 어머니는 다시 일하러 나가신다. 나는 무서워서 엄마의 옷자락에 매달려 "엄마, 가지 마세요."라고 하니 안 된다고 직장에 일이 많아서 나가야 한다고 말하면서 신발을 신으신다. 나는 엉엉 울면서 옷을 찾아 입고 엄마 뒤를 따라 살금살금 발소리를 죽여가면서 걸어가고 있었다. 한참을 가다 어머니는 내가 따라 오는 것을 알고 가던 길을 돌아서 나를 데리고 집으로 향한다.

집에 들어와서 신발도 벗지 않은 채 나는 엉엉 울었다. 방에 올라가 자라고 하는데도 말을 듣지 않고 마룻바닥에 앉아서 어머니가 나가면 같이 가려고 떼를 쓰고 있었다. 어머니는 이러지도 저러지도 못하고 한참을 서 계신다. 나는 시간이 흐르면서 울음을 그쳤다. 나는 어머니 동행을 살피다가 잠이 들고 말았다. 다음날 아침 일어나서 어머니께 어제 저녁에 일하러 갔다 왔는지 물으니 어머니는 못 나갔다고 이야기한다.

그렇게 어머니는 주부로서 해야 할 일은 뒤로 하고 오직 입당을 하리라 누가 보건 말건 누가 알아주건 말건 자신의 모든 것을 바쳐 직장에서 열심히 일을 하셨다. 항상 월말이면 어머니는 직장에서 다 하지 못한 일들을 집에 가지고 와서 일을 하시곤 하였다. 300~400명이 넘는 직장 종업원들의 노임월급계산서를 작성하시고 월급봉투에 돈을 세어서 넣어주어야 했다. 어머니는 혼자서 몇 백 명이 넘는 사람들의 월급을 날짜에 맞춰 주시려면 항상 시간이 부족하였다. 결국 어머니는 월급계산서와 돈을 집으로 가지고 와서 월급봉투에 넣곤 하신다. 내가 어렸을 때는 어머니의 그런 모습을 옆에서 지켜보기만 하다가 13살부터는 어머니의 옆에 앉아 월급계산서를 보면서 돈을 세어 드리면 어머니는 그 돈을 확인하시고 월급봉투에 넣곤 하셨다.

그러다 어떤 날은 어머니가 주무시면 나는 일일이 월급계산서를 보면서 돈을 세어서 월급봉투에 넣는다. 그러면 어머니는 다음날 일찍 일어나시어 월급봉투에 있는 돈을 하나하나 꺼내서 확인하신다. 그러시면서 "월급을 조금이라도 많이 받은 사람은 아무 말 없는데 조금이라도 적게 받으면 사람들은 월급이 적게 들어왔다고 말을 한다"고 말씀하신다. 그런 어머니를 보시며 아버지는 늘 불만이셨다. 1990년대에 들어서면서 식량이 부족하니 어머니가 집에서 놀면서 돼지 키우고 살림살이만 하기를 원하셨다.

그렇게 밤낮을 가리지 않고 한평생을 김일성·김정일을 위해 자신의 모든 것을 다 바쳐 일을 해오시던 어머니였다. 그런데 1989년 9월 어느 날 갑자기 당 비서가 찾더니 어머니를 아무 이유 없이 그날로 해고를 하셨다고 하신다. 입당을 하리라 밤낮을 모르며 일해오신 어머니는 그날부터 자리를 펴고 누워서 꼼짝도 하지 않은 채 고민하기 시작하셨다고 한다. 그러던 어느 날 어머니는 머리가 아프다고 하시면서 식사도 거르시고 가족들과는 아무 말도 안 하셨다. 본인은 입당을 하려고 열심히 일만 해왔는데 왜 자신을 해고시키는 건지 이해를 못 하겠다 하시며 자꾸 이상한 행동을 하는데도 우리 가족들은 누구도 이상하게 생각하는 사람이 없었다고 한다. 그런 결과 두 달 뒤에 어머니는 정신병자정신질환자로 진단을 받았다고 한다.

그해 9월 내가 청진시 상업학교에 입학을 하여 집을 떠날 때만 해도 어머니는 정상이었다. 학교 방학이 되어 12월에 집에 오니 어머니는 예전의 어머니가 아니었다. 북한에서는 정신병자정신질환자라고 부른다. 정신병자 진단을 받고 한 달이 지난 어느 날 어머니가 짐을 싸고 있기에 어디 가는지 물으니 김일성 만나러 평양에 간다고 한다. 집을 나가는 것을 보고 내가 기차가 없어서 못 간다고 아무리 이야기를 해도 막무가내로 집을 나가시더니 밤 10시가 넘어서 집에 들어오셨다. 집에 들어오시는 어머니를 보며 나는 이 시간까지 어디에 있었는가 물었다. 그러니 어머니는 기차역에 있다가 왔다고 하신다.

추운 겨울 하루 종일 밖에 계시다 보니 어머니 몸에는 체온이 거의 없었다. 북한의 12월은 남한보다 많이 춥다. 북한은 많이 추울 때는 영하 36도까지 내려간다. 그런 추위 속에서 12시간 넘게 있었으니 몸이 꽁꽁 얼었다. 그 당시는 북한에 석탄이 넉넉하지 못해서 기차가 언제 올지 모르는 상황이었다. 그러다 보니 어머니는 평양에 간다고 기차를 기다리다 손과 발, 온몸이 다 언 채로 집에 돌아오셨다.

다음 날은 평양에 못 가니까 전에 일하던 공장에 일하러 간다고 나간다. 일 간다고 나가신 어머니는 밤 10시가 넘도록 들어오지 않으셔서 우리 가족들은 어머니를 찾아 나섰다. 가 계실만한 곳은 다 찾아보고 아시는 분들 보면 어머니를 보지 못했는가 물어보아도 보았다고 하시는 분이 없다. 애타게 찾아 헤매다가 힘들게 어머니를 발견한 곳은 아무도 가지 않는 석탄재를 버리는 산이었다. 어머니는 그곳에 혼자 계셨다. 내가 처음 발견하고 달려가서 "어머니, 여기서 뭘 하고 있어요?" 하니 어머니는 내 물음에는 신경도 안 쓰고 혼잣말로 "모두 왜 이렇게 일을 하는지 모르겠다"고 혼자 중얼거린다. 어머니를 모시고 산에서 내려오는데 한 아주머니가 나에게 "통계원회계원이 왜 이렇게 딴 사람이 됐어? 통계원회계원을 보면 무서워."라고 말한다. 이렇게 어머니 병세는 날마다 점점 더 심해져 갔다.

어느 날은 퇴근해 오시는 아버지를 보더니 도끼를 들고 와서 아버지를 죽이겠다고 난리치신다. 어떤 날은 자신의 옷이며 사진이며 자신이 쓰던 물건을 모두 불에 태워 버린다. 또 어떤 날은 하루 종일 울고만 계신다.

하루는 퇴근을 하고 집에 돌아오니 집에 진열해 놓은 단지를 다 돌려놓아서 단지의 꽃이 하나도 안 보이게 진열해 놓았다. 어머니에게 저 단지들을 왜 저렇게 했는지 물으니 어머니가 단지들이 자기_{어머니}를 놀려서 꽃이 안 보이게 돌려놓았다고 말씀하신다. 며칠 뒤에는 어항 속에 금붕어가 보이지 않는다. "금붕어는 어떻게 했어요?" 물으니 이번에도 역시나 붕어도 어머니를 놀려서 죽였다고 한다. 그런 어머니를 위해 아버지는 좋다는 방법은 다 해보신다. 누군가가 묏자리가 안 좋아서 그렇다고 하니 할머니 묏자리를 좋다고 하는 자리에 옮기셨다. 또 다른 이는 방토를 하면 된다고 하니 방토도 해보시고 또 누군가 여우머리뇌가 좋다고 하는 이야기를 듣고 여우머리도 구해오셔서 직접 손질해주신다. 이렇게 좋다고 하는 방법은 다 해보아도 어머니의 병엔 아무 소용이 없다.

하루는 내가 퇴근을 하고 집에 들어서는데 어머니는 나를 보시더니 "이 간나_{가시나} 생쥐 같은 간나는 집에 들어와서 아첨이나 하고." 라고 말씀하신다. 어머니가 아무리 제정신이 아니라지만 그래도 나는 어머니 이야기를 듣는 순간 너무 억울했다. 나는 울면서 어머니에게 말씀 드렸다. "어머니, 나는 직장에 나가 직장 상사에게도 아첨할 줄 모릅니다. 그런 성격인 내가 하물며 집에 들어와서 부모님께 아첨을 해서 얻어지는 게 뭐 있겠습니까?" 하면서 엉엉 울었다. "사실 집에 언니, 오빠가 있어도 집에 일은 소 갈 데 말 갈 데 궂은 일 마른 일 가리지 않고 내가 다 하는데 무엇이 잘못된 것입니까?"라고 물으니 어머니는 아무 말 없으시다.

그날 저녁 너무 많이 울면서 잠이 들어서 다음날 내 얼굴은 퉁퉁 부어있었다. 어제 저녁 일로 나는 아직도 화가 풀리지 않았다. 아침을 먹고 출근을 하는데 그날은 아버지가 내 뒤따라 나오시면서 같이 가자고 하신다. 그러시면서 어제 저녁 일은 잊으라고 말씀하신다. 아버지 말씀을 들으면서 나는 눈물을 흘렸다. 아버지는 "니가 말을 안 해도 니 마음을 다 안다"고 이야기하신다. 그렇게 행복하던 우리 집은 어머니의 사직과 함께 찾아온 정신질환으로 우리 생활은 바람 잘 날이 없었다. 김일성·김정일 체제를 받들어 충성심 하나로 한평생을 살아온 어머니에게는 배고픈 설움과 정신병자라는 낙인만 남았다.

자기를 희생하는 사람은 잘못을 저지르지 않는다. 벌워리튼의 말이다.

"양초는 남을 밝게 해주며 자신을 소비한다."

고통스러운
김일성一家 공부

배움이 없는 자유는 언제나 위험하며
자유가 없는 배움은 언제나 헛된 일이다.
─존 F. 케네디

북한에서는 아주 어릴 때부터 세뇌 교육을 시킨다. 어릴 때부터 김일성一家 가정사를 배운다. 탁아소에서부터 시작하여 늙어 죽을 때까지 김일성一家 공부뿐 아니라 김일성이나 김정일의 력사(역사)를 공부한다. 어릴 때부터 배워야 사상이 뼈와 살이 된다는 것이 김일성의 교육정책이었다. 학교에서는 거의 매일 김일성一家 공부를 해야 한다. 하루는 김일성 력사 또 하루는 김정일의 력사 이런 식으로 거의 매일 1시간씩 공부를 했다.

나는 아주 어릴 적부터 어느 누구에게도 얽매이는 것을 좋아하지 않았다. 일도 누가 시켜서 하는 일보다는 누가 시키기 전에 내가 알아서 하는 것을 좋아했다. 그러다 보니 공부도 내가 하기 싫은 공부는 죽어라 하기 싫어했다. 학교에 들어가서부터 제일로 하기 싫은 공부는 김일성이 창시했다는 주체사상이었다.

인민초등학교 다닐 때 일이다. 인민초등학교 2학년 때 김일성의 탄생일을 맞으며 소년단에 입단하는데 김일성의 력사 공부와 소년단 입단선서를 외우지 않아 소년단에 가입을 하지 못했던 일도 있다.

지금 와서 생각해보면 그때부터 김일성 공부에 관심이 없었다. 그러다 보니 중학교 졸업할 때까지 나의 김일성一家 공부는 늘 낙제를 면하지 못했다. 매번 기말고사 때면 학교에서는 김일성 력사 문제를 60~70문제, 김정일 력사 문제를 60~70문제를 내주는데 그 문제를 외워야 한다. 가뜩이나 하기 싫은 공부에 많은 분량을 주니 기말고사 때면 김일성 력사 문제를 외우지 못해서 학교에 남아서 밤 12시까지 나머지 공부를 했다. 시험기간 담임선생님은 문제를 불러주고 술술 외우지 못하면 집에 보내지 않았다. 『김일성의 도록』이라는 36판으로 된 책을 1판부터 36판까지 그것도 역시 외워야 했다. 거기에다 매주 토요일에는 1시간씩 생활총회가 진행된다.

김일성은 자기 가문의 권력을 유지하기 위해 은밀하고 잔혹하게 사람들을 마구 잡아다 학살하였다. 또 자기의 집권을 위해 당시 남한을 지지하는 수많은 사람들을 처단하였다.

김일성一家가 만든 공산주의 주체사상은 거대한 거짓의 세계였다. 김일성의 一家, 김일성 아버지 김형직과 어머니 강반석은 어떤 분이고 어떤 업적을 쌓아올렸다는 것부터 시작해서 김정일 력사에 대해 공부를 한다. 혁명력사에는 경애하는 아버지 김일성 대원수님

의 혁명 활동기 및 친애하는 지도자 김정일 장군님의 혁'녕 활동기 등
이 있다. 이 혁명력사에서 김일성과 김정일이 언제, 어디서, 무엇을,
어떻게 했는가를 시기별, 날짜별, 장_章별, 절_節별로 구구절절 암기해야
한다. 이건 내가 사회생활 할 때 강연회_{김일성−家 공부} 할 때 내용이다.

제목: 불멸의 혁명업적을 만대의 길이 빛낼 데 대하여

1. 조국과 인민 사회와 혁명 앞에 쌓아 올린 불멸의 업적과 그 위대성

《우리 수령님께서처럼 위대한 업적을 당대에 이룩한 령도자는 과
거에도 없었고 앞으로도 없을 것입니다. 우리 수령님의 뛰어난 업적
으로 근위사상 가장 위대한 령도 사상만의 찬사와 칭송을 얻고 있습
니다.》 말씀(김정일 말)

− 위대한 수령님께서 조국과 인민 시대와 혁명 앞에 쌓아 올리신
위대한 업적에서 중요한 것은 무엇인가? 주체사상을 창시하시어 우
리 인민의 자기운명을 빛나게 개척해 나갈 수 있는 혁명의 위대한
지도 사상을 마련해 주시었다.

《주체사상은 수령님을 심호 하고 다방면적인 사상업적은 고귀한
격심이며 주체사상을 창시하시는 것은 수령님께서 이룩하신 혁명업
적에서 가장 빛나는 지지와 찬사를 보낸다.》 말씀

《조국광복과 조선민주주의 번영의 성스러운 위업을 이룩하시고
주체의 혁명업적은 찬란한 앞길을 열어 놓았습니다. 수령님께서 약

속 민족으로 억눌리고 짓밟히던 우리 인민을 조직 령도 하고 강대한 일제와 미제를 몰아내고 승리하심으로써 민족 력사상 전쟁사에 업적과 기적을 창시하시었으며 그처럼 짧은 기관에 폐허를 헤치고 자주, 자립, 자기의 사회주의 강국을 일떠세워 창조의 력사에 길이 빛나는 보업을 창조하시었다.》말씀

제목: 국가 사회 재산을 량비 하는 현상과 강하게 투쟁할 데 대하여

《더우기 오늘 우리의 형편에서 량비를 없애고 전략 제도를 강화하는 것은 특별히 중요한 문제로 나섭니다.》말씀

1. 현 시기 왜 량비 현상을 반대하는 투쟁을 더 힘 있게 벌려야 하는가?

(1) 당의 혁명적 경제 전략을 철저히 관철하기 위해서이다.

《사회주의경제 건설을 힘 있게 다그치자면 당면하여 량비 현상을 없애기 위한 혁명을 강하게 벌려야 한다.》말씀

(2) 인민생활을 더욱 높이기 위해서는

《우리가 국가 사회재산을 잘 관리하고 아껴쓰면 쓸수록 나라는 더욱 더 부강해지고 인민들의 생활은 빨리 높아질 것입니다.》말씀

(3) 제국주의자들과 반동들의 책동을 짓부수고 조국통일을 하루 빨리 앞당기기 위해서이다.

《우리가 미제국주의와 그 앞잡이들의 침략책동을 짓부수고 남조선 혁명과 조국통일 위업을 하루 빨리 성취하자면 남보다 현 시기 량비 현상을 없애고 전략 혁명을 강화하는 데서 중요한 것은 무엇보

다 중요한 임무입니다.》말씀

(4) 원료, 연료, 자재를 망탕 써버리는 랑비 현상을 없애주는 것이다.

　– 무엇보다도 제품 생산에서 물자 소비질을 엄격히 지켜야 한다.

　– 연료, 연료, 자재 보관관리 질서와 규률을 엄격히 세워야 한다.

이런 식의 공부를 사회에서는 2~3일 사이에, 하루에 2~3시간씩 퇴근하고 김일성연구실에서 주체사상 공부를 한다.

『가난한 리처드의 달력』에서 벤자민 프랭클린은 이렇게 말한다.

"스스로 파멸하지 않으려면 가난한 자를 속이지 말라. 제단의 불을 훔친 독수리는 그 불로 자신의 둥지를 태우게 된다."

사회에서도 매주 토요일이면 생활총회는 1시간씩 진행한다. 생활총회는 주로 먼저 교시(김일성의 말)를 인용하고 다음 말씀(김정일의 말)을 인용한다. 다음은 김일성이나 김정일은 어떻게 하라고 하는데 나는 그렇게 못 했다는 식으로 이야기하고 다음에는 그런 잘못을 고치겠다는 결의와 함께 다른 사람의 한 주 잘못한 것에 대한 비판으로 마무리를 한다. 몸이 아파서 진단서를 회사에 제출하고 집에서 쉬는 날도 생활총회가 있는 날에는 생활총회를 참가하라고 한다. 생활총회 시간은 말로는 김일성·김정일에 충성하기 위해서 하는 총회라고는 하지만 일반인인 우리에게는 싸움을 하는 시간이나 마찬가지였다. 잘 못했다고 비판을 하면 누군들 기분이 좋겠는가. 좋아할 사람이 한 사람도 없다. 그렇다 보니 비판을 받은 사람은 당연히 비판을 한 사람을 안 좋아한다. 결국은 김일성이 만들어놓은 생활총회는 백성들이 물고 뜯고 싸우는 시간밖에는 안 된다.

타인에게 온순하되 자신에게는 엄격하라. S.로저즈는 이렇게 말했다.

"남이 나를 정중히 대해주기를 바라거든 내가 먼저 남을 정중히 대해주라. 자신을 좋게 말하지 말라. 그러면 당신은 믿을 수 없는 사람이 될 것이다. 또 자신을 나쁘게 말하지 말라. 그러면 당신은 당신 말대로 취급받을 것이다. 다른 사람을 헤아리려거든 먼저 스스로를 헤아려보라. 남을 해치는 말은 도리어 스스로를 해침이니 피를 머금어 남에게 뿜자면 먼저 제 입이 더러워지는 법이다. 비판을 받지 아니하려거든 비판하지 말라."

어려서부터 그 누구에게도 얽매이기 싫어하는 나는 늘 김일성에 대한 공부나 생활총회 시간은 고역이었다.

우리 집 책장에는 다른 책은 없고 오직 김일성·김정일에 대한 책밖에 없었다. 김일성·김정일에 대한 충성심이 깊다 보니 어머니는 김일성과 김정일에 대한 책을 제일 좋아했다. 우리 집 책장에는 김일성 저작선집, 김정일 선집만 해도 50권이 넘게 있었고 김일성·김정일

회고록, 김일성·김정일에 관한세기와 더불어, 주체사상에 대하여, 인민들 속에서 책 등 여러 가지 책은 50~60권이 있었다. 어머니가 계속 김일성과 김정일에 대한 책을 집에 가져오니 아버님은 어머니에게 말은 못 하고 혼잣말로 "김일성 선집인지 앉은 집인지 밥을 먹여주나."라며 어머니에 대한 불만을 토로하신다.

나는 어려서부터 부모님에 관한 책이나 시를 아주 좋아했다. 그런데 북한에서는 김일성·김정일에 대한 책 외에 다른 책들은 보기 힘들다.

나는 꽉 조여 있는 조직 생활이 너무 싫어서 늘 두만강을 건너 중국을 바라보면서 마음속으로 '나는 언제쯤이면 자유로운 몸이 될 수 있을까? 언제면 그날 오려나.' 하면서 '김일성·김정일 없는 새 세상'을 생각했다.

나는 자유를 갈망했고 김일성一家 공부 안하고 생활총화가 없는 데서 살고 싶었다. 그러나 북한에서 나의 꿈은 망상에 불과했다. 여행증여권이 없으면 어디도 갈 수가 없는 북한에서는 내가 상상하는 일은 죽었다 깨어나도 있을 수가 없는 일이다.

1990년에 집에서 중국 TV를 보다가 남조선 드라마질투를 보게 되었다. 〈질투〉를 보는 내내 나는 TV에서 눈을 뗄 수가 없었다. 내가 상상했던 남조선보다 몇 십 배는 더 잘사는 것 같았다. 드라마 〈질투〉를 보는 것으로 내가 자유를 체험할 수 있는 첫 번째 시작이 되었다. 나는 한국 드라마 〈질투〉를 보면서 나도 김일성一家 공부를 안하고 생활총화가 없는 자유로운 세상에서 살고 싶었다. 나는 언제쯤 자유로운 몸이 될 수 있을까.

따뜻한 밥 한 그릇이
그리웠다

1989년도에 청진시 상업학교에서 재단과_{패션디자인학과}에 입학하였다. 식량이 부족하다 보니 기숙사생들은 집에서 먹을 것을 보충해주었다. 나는 힘들어도 집에 손을 내밀지 않았다.

학교 근처에 빵집이 있었다. 집에서 식량을 가져오는 애들은 옥수수를 가지고 빵집에 가면 빵집에서는 옥수수하고 빵을 교환해 주었다. 그러면 애들은 기숙사에서 남들이 잘 때 혼자 먹는다. 다른 사람들과 같이 먹으면 자기 몫이 적어지니 아예 취침시간에 전등을 끈 상태에서 혼자 먹는 애들이 많았다. 나는 그래도 식당 아주머니들과 친하게 지내서 배식이 끝난 다음에 식당에 들어가 설거지를 도와주고 밥을 얻어먹었다. 그러다 주말에 집에 가는 애들이 식권을 주고 가는 날이면 그날은 배터지게 먹고 배가 너무 아파서 다음에는 적게 먹어야지 하면서도 다음에 식권이 생기면 또 배터질 정도로 먹었다. 기숙사 식권은 날짜에 아침·점심·저녁으로 있는데 시간이 지나면 사용할수가 없었다. 저녁 한 끼는 옥수수 국수를 주는데 국수를 이틀씩 물에 불렸다 주어서 국수 한 올이 엄청 굵었다. 그때 기숙사에서 배고픔을 달래면서 학생들이 자작해서 부르던 노래가 있었다.

똥똥 똥 똥똥똥똥 내 배 똥똥 해
남이야 굶어 죽던 상관이 있나.
이 노래는 김일성의 배를 보고 만든 노래이다.

아버지는 돼지고기와 김치만 있으면 이 세상 반찬이 필요 없다고 하실 정도로 고기와 김치를 좋아하셨다. 할머님이 살아계실 때는 돼지 한 마리를 사서 집에서 잡아먹는 일이 큰일도 아니었다. 할머님이 돌아가시고 식량난이 시작되면서 돼지 잡는 일은 상상도 못 하게 되었다. 아무리 살아보려고 집에서 할 수 있는 방법은 다 해보아도 좀처럼 나아질 기미를 보이지 않는다. 돼지, 닭, 거위, 염소도 키웠다. 사람 먹을 것이 없어서 짐승들도 풀만 먹고 자라서인지 잘 크지도 않고 살도 오르지 않는다. 짐승들도 풀만 주면 잘 안 먹는다. 사람들은 더 말할 것도 없다. 아버지는 북한이 앞으로 희망이 없다고 하신다.

감옥에선 한 여인이 내게 다가와서 무엇 때문에 여기에 들어오게 되었느냐고 묻는다. 나는 한국에 가려고 중국에 들어갔다가 가족 다섯 명이 다 잡혀서 들어왔다고 하였다. 내 이야기를 듣던 그 여인은 이렇게 말한다. 가족 다섯 명이 다 들어왔으면 여기서 한 사람이라도 감방에서 나가 가족 한 명이라도 더 살리라고 내게 말해준다. 그 말을 듣고 나는 그 여인에게 그렇게 하려면 어떤 방법이 있는가 하고 물었다. 그 여인은 나를 보며 밥을 먹지 말라고 한다. 감방에서는 거의 죽을 지경에 이르면 내보낸다고 이야기한다. 1995년 9월 29일 그날 나는 점심밥을 그 여인에게 주었다. 그렇게 나의 단식이 시작되었다.

어떤 날은 간수들이 일부러 감방에 들어와 옥수수며 돼지고기를 난로 위에 놓고 구워 먹는다. 배가 고픈 수감자들은 그 냄새에 "선생님간수 먹고 싶어요."라고 한마디씩 말한다. 그러자 간수는 2번 방 앞으로 가더니 "야, 2번 먹고 싶어?"한다. 그때 간수가 우리 아버지 보고 묻는다. "야, 3번. 너는 집에 나가면 제일 하고 싶은 게 뭐야?"라고 한다. 그러니 아버지는 "나는3번 집에 가면 옥수수를 한 말을 볶아 먹고 담배를 1m 되게 말아서 피워보고 싶어요."라고 말한다.

수용소에서 주는 밥은 먹기 힘들었다. 밥에 일부러 돌을 섞어서 주기도 하고 국물은 사무실 청소할 때 쓰던 양동이를 씻지도 않고 그냥 국물을 담아 주니 국물에서는 모래가 한 숟가락씩 나오고 담배꽁초까지 나온다. 그런 국물도 더 받아먹겠다고 수감자들은 냄비 그릇 밑바닥을 밖으로 내밀어가지고 그릇을 둥그렇게 만들어 놓는다. 그렇게 만들다 간수에게 들키면 영락없이 체벌을 받고 맞으면서도 남자 수감자들은 냄비를 둥그렇게 만든다.

우리 가족은 초가을에 탈북을 하다 보니 전부 다 여름 적삼에 홑바지만 입고 있었다. 12월 어느 날에는 너무 추워서 따뜻한 국이 나오기를 기다렸다. 그런데 그날따라 점심을 3시가 다 되어서 주는 것이었다. 나는 얼었던 몸을 녹이려고 점심이 나오기만을 기다렸다. 그런데 국물이 다 식어 있었다. 나는 다 식은 국물을 보면서 실망을 하고 있었다. 그때 간수가 내 마음을 알기라도 한 것처럼 감방에서 큰 소리로 말한다. "야, 어때. 국이 다 식어서 실망했지. 추워서 따뜻한 국물 먹고 싶었지?"라고 지껄인다. 속에서 주먹 같은 것이 목구멍으로 올라온다. 수감자들을 괴롭히기 위해 간수들이 미리 짜놓은 시나리오였다. 정치범수용소에 들어오면 그 순간부터는 인간임을 박탈당하고 짐승보다 못한 취급을 받는 것이 당연한 것이었다.

점심시간이 지나서 나는 추위를 견디다 못해 그만 울고 말았다. 나는 배고픈 설움보다는 추위를 이겨내야 하는 것이 더욱 힘이 들었다. 12월 동지섣달의 한파는 여름적삼만 입고 있는 나의 뼛속까지 스며들었다. 추위를 견디다 못해 울고 있는데 간수가 보고 우리 감방 앞으로 와서 나에게 묻는다. "15번 왜 울어 누가 괴롭혔어." 나는 아무 말도 할 수가 없었다. 그래서 "아무 것도 아닙니다."라고 대답했다. 간수는 더 이상 묻지 않고 가버린다. 나는 감방에 넉 달 가까이 있으면서 추위 때문에 누구도 모르게 세 번을 울었다.

감방에서는 수감자들에게 개나 닭도 안 먹는 그런 밥을 준다. 빗자루를 만들 때 쓰는 비수수 알을 껍질도 벗기지 않은 채로 주기적으로 밥에 넣고 섞어주었다. 나중에 알게 되었는데 누군가가 나에게 말하기를 비수수 알에는 독성이 있어서 사람이 먹으면 서서히 죽어간다고 한다. 어떤 때는 다 썩은 강냉이로 죽을 쒀주기도 했다. 죽에서는 썩은 냄새가 나서 차마 먹을 수 없었다. 하지만 수감자들은 그런 것이라도 먹고 살아야 감방에서 살아갈 수 있다며 먹었다. 정치범수용소에서 기르는 개나 닭과 오리에게는 옥수수를 주면서 수감자들은 소똥에서 옥수수 알을 주워 먹는다. 그러다 보니 영양실조로 죽어가는 사람들이 늘어난다. 우리는 살기 위해 먹고 먹기 위해 살아야 한다.

H. 필딩은 이렇게 말한다.

"악한 자들은 먹고 마시기 위해서 살지만 현명한 자들은 살기 위해서 먹고 마신다."

우리는 정치범수용소에서 나와 여자들은 회령시 창태리로 추방되고 남자들은 주모자로 다시 회령시 감옥으로 들어갔다. 우리가 창태리로 올라간 다음날부터 출근을 하라고 한다. 집에 먹을 것이 없어서 먹을 것을 구해 와야 하는데 다음날부터 출근을 하지 않으면 다시 감옥으로 가야 할 신세이니 먹지도 못 하고 농장에 출근을 했다. 우리 같은 정치범들이 밥을 먹든 안 먹든 누구도 신경 쓰는 사람이 없었다. 우리는 당장 먹을 것이 없어서 집에 있는 것을 모조리 팔기 시작했다. 하지만 그것도 얼마 가지 않아 다 떨어지고 더 이상 팔아먹을 것도 없었다. 오로지 살아남아야 한다는 생각이 배고픈 설움과 추위를 이겨내게 했다.

어느 봄날 나는 강 옆에 미나리가 보이기에 집에 가서 광주리소쿠리하고 칼을 가지고 미나리를 캐러갔다. 주변에 미나리가 많이 있었다. 나는 거기에 있는 미나리를 다 캐서 집으로 돌아왔다. 점심에 미나리를 데쳐서 소금과 간장만 넣고 버무려서 먹었다. 그런데 몇 시간 뒤 배가 살살 아파오기 시작했다. 처음에는 별 신경을 쓰지 않았다. 누구도 아픈 사람이 없었기 때문이다. 그래서 나는 워낙 내가 아픈 몸이니 그런가 보다 하고 있었다. 그런데 시간이 흐르면 흐를수록 배는 더 심하게 아파왔다. 2시간 뒤 창자가 끊어져 나갈 듯이 아팠다. 나는 배를 끌어안고 온 방을 뒹굴고 있었다. 너무 아파서 어떻게 해야 할지 주체를 못 했다. 그런 나를 언니가 보고 앞집 할아버지 집에 나갔다. 언니가 할아버지께 동생이 배 아파한다고 이야기하니 할아버지는 언니에게 양귀비 잎을 넣고 끓인 물을 주었다. 언니가 가져다 준 그 물을 먹고 4시간 만에 아픔에서 풀려나기 시작했다. 미나리인줄 알고 먹은 것이 독풀이라고 한다.

사람들은 먹을 것이 없어 산에 올라가 짐승도 안 먹는 소나무껍질을 벗겨 먹기 시작했다. 한 번은 송기떡소나무 껍질을 섞어 만든 떡을 먹었는데 정말 먹기 힘들었다. 봄과 여름에는 철수 할머니와 산에 나물을 뜯으러 가는데 나는 산나물에 대해 아는 것이 없다 보니 많이 뜯지도 못했다. 쑥에다 옥수수 가루를 조금 넣고 쑥떡을 만들어 먹었는데 쑥이 많다보니 쑥 냄새가 너무 많이 나서 먹기 힘들었다. 우리는 그런 것도 없어서 먹어야 했다. 어떤 날은 그것마저도 없는 날이 많았다.

어쩌다 한 번씩 감자가 생기면 감자는 먹고 감자 껍질은 따로 깨끗이 씻어서 말렸다가 옥수수 국수를 누를 때 섞어 만들기도 했다. 먹을 것이 없어 먹지 못하는 것은 아주 고통스러운 일이었다. 나는 결핵에 걸려서 잘 먹지 못하면 죽을 수도 있었다. 북한에 있으면 내가 죽는 문제는 시간 문제였다. 이래도 저래도 죽을 바엔 1분 1초라도 제대로 먹다가 죽고 싶어서 다시 탈북하기로 결심을 했다.

우리가 살아가는 하루하루가 기적이다

한 여성은 중국에서 아이를 낳고 살다가 어느 날 갑자기 공안에 체포되어 돌도 안 된 아이와 생이별을 하게 되었다. 아기들 울음소리만 들어도 같이 울고 태어나서 처음으로 맞는 생일상도 못 해주고 엄마 찾을 아이를 생각하며 가슴을 치며 울고 또 운다. 꼭 살아서 사랑하는 자식을 다시 만나는 그날을 위해 이를 악물고 살아간다.

지금이 어떤 시대인데 아직도 수많은 탈북 여성들은 이런 가슴 아픈 고통을 겪으며 살아간다.

2

국경을 넘어
중국으로

다 같이 죽음을
선택했다

우리 집은 가족회의 끝에 탈북을 하기로 했다. 우리가 집을 나서 1시간 30분을 걸어서 도착한, 인적이 드문 영수리라는 곳에서 1995년 9월 11일 아침 10시에 두만강을 건너 탈북을 했다. 그 당시 물의 깊이는 내 키를 훨씬 넘었다. 어머니와 언니는 수영을 하지 못해서 미리 준비해 가지고 간 물통을 타고 두만강을 건너고 아버지, 오빠, 나는 수영해서 두만강을 건너왔다. 그때 나는 도시락이며 갈아입을 옷이 든 배낭을 메서인지 자꾸 물에 잠기려 해서 아버지의 도움으로 겨우 강 옆으로 나왔다. 그리고 뒤를 돌아보니 어머니하고 언니는 물통을 타고 강 옆으로 오기는커녕 강이 흘러가는 대로 흘러가고 있었다.

그때 아버지는 물에 들어가 어머니와 언니를 강 옆으로 끌어내 주신다. 우리는 강을 건너 북한이 보이지 않는 곳에 들어가 젖은 옷을 바꿔 입고 용정을 향해 걷기 시작했다. 그때 강을 건너 처음으로 아버지는 우리에게 이런 말씀을 해주셨다. "북한이 아무리 잘사는 시대가 와도 북한에 와서 살지 마라. 왜냐하면 북한은 산이 많고 자급자족이 안 되는 나라다."라고 말씀하신다. 내가 두만강을 건너고 제일 좋았던 것은 김일성一家 공부 안 하고 생활총회 안 해도 되는 것이 제일 좋았다.

두만강을 건너서 6시간이 지나서 겨우 도착한 곳이 중국의 작은 시골마을 삼합이라는 곳이었다. 산에서 내려와 큰길에서 한참을 걸어오니 사람들이 하나 둘 보인다. 우리는 누구라 할 것 없이 북한 사람이라는 티를 내지 않으려고 해도 지나가는 사람마다 다들 우리를 쳐다본다. 그래서 우리는 두 팀으로 나누어서 걷기 시작했다. 언니하고 오빠가 100m 먼저 걸어가고 어머니, 아버지, 나는 뒤에서 걷기 시작했다.

산에서 내려와 30분 걷다 보니 마을 중심에 작은 학교가 있었다. 학교를 지나 2시간 정도 걸어가다 보니 도로공사 하는 것이 보인다. 도로 공사장을 지나 얼마 후 큰 트럭이 우리 옆을 지나간다. 그때 아버지는 앞에 가는 언니를 부르시더니 차를 세워 보라고 소리쳤다. 언니가 바로 달려오는 차를 향해 손을 흔드는 모습이 보인다. 차가 서리라고는 누구도 생각을 안 하고 있는데 차가 언니 옆에 미끄러지면서 멈춰 선다. 아버지는 그것을 보고 걸음을 재촉한다. 멈춰서는 차를 향해 언니가 어디를 가는 차냐고 물으니 이를 어찌해야…… . 아뿔싸.

화물자동차 운전기사가 한족중국사람이었다. 중국어를 모르는 언니가 조금 당황하는 모습이 보이자 아버지가 우리는 용정으로 간다고 말을 하니 트럭 운전기사는 알아들었는지는 모르겠지만 우리에게 차에 타라고 한다. 그래서 우리 가족은 트럭바구니에 올라앉았다. 트럭을 타고 한 30분을 지나서 한 마을이 보이기 시작한다. 그런데 마을에 들어서서 차가 멈춰 선다.

중년 남자가 차를 향해 오더니 조수석에 올라탄다. 운전기사하고 그 남자하고 중국어로 몇 마디 주고받더니 조수석에 앉아있던 사람이 차 문을 열고 우리를 보고 어디를 가는가 하고 한국말로 묻는다. 그러면서 자기는 운전기사 친구인데 친구는 한족이고 자기는 조선족이라고 우리에게 소개를 한다. 아버지는 용정에 간다고 이야기하신다. 그때 시각이 저녁 7시 30분을 막 넘었다. 그리고 3시간 넘게 달려서야 용정에 도착했다.

용정에 들어서는 순간 우리들의 눈앞은 너무 황홀하다. 중국에 대해서는 말로는 많이 들어 보고 TV도 보았지만 실제로는 처음 보는 순간 우리는 믿을 수가 없어서 보고 보고 또 보았다. 오죽하면 언니는 수박을 보고 "뭔 호박을 저렇게 많이 쌓아 놓고 파는 거냐"고 아버지에게 묻는다. 나는 다른 사람이 듣기라도 할까 봐 주변을 살피면서 언니 옆구리를 꾹 찌르며 그게 어디 호박이냐 수박이라고 말해주었다. 그때 언니 나이 스물일곱 살이었는데 북한에서 한 번도 수박을 본 일이 없어서 수박을 호박이라고 생각했던 것 같다. 그때 아버지는 우리에게 이렇게 물으신다. "한국이 얼마만큼 잘사는지 상상을 해 보거라." 그러시면서 "너희들이 지금 보는 중국의 몇 십 배는 더

74
우리가 살아가는 하루하루가 기적이다

잘 사는 게 한국이다."라고 말씀하신다. 우리가 본 시장은 아주 작은 시장임에도 불구하고 없는 것이 없었다. 아저씨 한 사람은 노래방기계를 아예 길거리에 내놓고 지나가는 행인들을 잡아본다.

이런 모든 것이 우리들로 하여금 입을 다물지 못하게 한다. 그렇게 우리는 고모 집을 찾는 것도 잊어버리고 시장 구경을 하는데 아버지는 고모 집을 찾으시느라 정신이 없으시다. 10년 전에 북한에서 여권을 발급 받고 중국에 친척방문을 왔다 갔는데 지금은 많은 것이 바뀌어서 잘 못 찾겠다고 하신다. 아버지는 조카가 일하는 용정 기차역을 찾아갔다. 그곳에 가니 조카는 병으로 이미 세상을 떠난 지 2년이나 지났는데 모르고 찾아왔는가 하고 묻는다. 그 말에 아버지는 아무 말도 못 하고 그곳을 빠져나온다. 할 수 없이 기차역에서 나오면서 아버지는 10년 전 기억을 더듬어 어렵게 고모 집을 찾게 되었다. 고모네 집은 기차역에서 그리 멀지 않은 곳에 자리 잡고 있었다.

우리가 고모네 집을 들어설 때는 이미 밤 11시가 훨씬 넘었었다. 고모는 우리들을 보는 순간 깜짝 놀라시며 어떻게 왔는가 하고 묻는다. 아버지는 한국 가려고 왔다고 하니 고모가 아버지보고 "잘 왔다. 잘했다."라고 몇 번을 반복해서 말씀하신다. 우리는 고모 집에서 하룻밤을 지내고 다음날 낮 12시경 택시를 타고 연길로 출발했다. 우리는 중국말을 모르니 아버지 조카와 함께 가기로 했다.

연길시 기차역에서 우리는 북경으로 가는 기차표를 먼저 구매하였다. 연길에서 북경으로 출발하는 시간은 밤 9시 30분이었다. 그때 시간은 오후 2시가 넘었다. 출발 시간까지는 시간이 많아서 우리는 연길에서 제일 큰 서시장을 구경하고 연길공원으로 갔다. 공원에서 이것저것 구경하고 오후 4시에 점심을 먹고 6시에 다시 연길 기차역으로 갔다.

기차를 타기 위해 기차역에서 몇 시간을 더 기다리고 있는데 머리 위로 비행기가 날아간다. 우리 가족들은 약속이나 한 것처럼 동시에 모두 비행기를 쳐다보면서 "우리는 언제쯤이면 비행기 탈 수 있을까?" 하면서 한마디씩 했다. 그리고 잠시 후 우리는 연길에서 북경으로 들어가는 열차를 타고 연길을 떠났다. 1995년 9월 12일 밤 9시 30분에 연길을 출발해 1995년 9월 14일 새벽 5시 20분에 우리는 북경역에 도착하였다. 그 당시 연길에서 북경까지 가는 데 36시간이 걸렸다.

우리는 북경역을 나와 기차역 근처에 있는 시장에서 아침을 먹고 한국대사관에 가려고 택시를 기다리고 있었다. 그런데 한 남자가 오더니 바닥에 침을 뱉었다고 벌금 5원을 내라고 한다. 멀리서 오빠가 바닥에 침을 뱉는 것을 본 것 같았다. 돈을 받은 남자는 바람같이 사라진다. 알고 보니 그 사람은 기차역에서 지방 사람들만 골라가면서 등치는 사기꾼이었다.

우리는 택시를 타고 한국대사관으로 갔다. 대사관 앞에는 중국 군인들이 보초를 서고 있었다. 우리는 대사관에 들어갈 방법을 몰라서 그 앞에서 계속 왔다 갔다를 반복하고 있었다. 그때는 통역을 할 수 있는 아버지와 조카가 우리와 거리를 좀 두고 떨어져 있었는데 아버지와 통역원이 있는 곳으로 경찰 두 명이 가더니 얘기하는 모습이 보인다. 처음에는 별다른 생각 없이 보고 있었는데 시간이 흐르면서 아버지의 얼굴을 보면서 나는 상황이 어떤 상황인지 알 수 있었다. 통역원이 주머니에서 무언가 꺼내서 경찰에게 주는 모습도 보인다. 그래서 언니하고 나하고 다른 방법이 없을까 싶어서 대사관 앞에 있는 한국 사람을 만나 그때 상황을 이야기하였다. 50대 중반의 한 아저씨가 우리 이야기를 듣고 나서 우리에게 하는 말이 갈 곳이 없으면 자기랑 같이 가자고 한다.

언니하고 나는 우리만 살겠다고 달아날 생각을 한 번도 해본 일이 없었다. 좋은 곳에 가려고 할 때는 가족과 함께하고 나쁜 일이 생기니 우리들만 살겠다고 도망을 갈 수가 없었다. 그렇게 언니하고 나는 어머니와 오빠가 있는 곳을 찾아 다시 그 자리에 왔는데 어머니와 오빠는 어디에도 보이지 않았다. 언니와 나는 어머니와 오빠를 이곳저곳 찾고 있는데 경찰 2명이 오더니 어머니하고 오빠를 찾는가 하고 묻는다. 그렇다고 하니 자기네하고 같이 가면 된다고 한다. 그때 언니와 내가 도망을 쳤으면 경찰에 안 잡힐 수도 있었다. 하지만 좋은 곳에 갈 때는 가족이 함께했는데 나쁜 일이 생겨 나 혼자 살겠다고 도망을 갈 수가 없었다. 그렇게 우리는 살아도 같이 살고 죽어도 같이 죽으려고 아무런 저항도 하지 않은 채 경찰에 연행되어 갔다. 그렇게 우리는 아버지 조카까지 6명이 중국 경찰서에 잡혀갔다. 언니와 나는 살아도 같이 살고 죽어도 같이 죽으려고 결심하고 호랑이 굴에 우리 발로 걸어들어갔다. 가족이 다 같이 죽으려 했건만 우리는 결국 감옥에서 죽을 고생을 다하고 지금은 언니하고 나하고 둘만 살아남게 되었다.

핸리 포드는 이렇게 말했다.

"무엇을 할 수 있고 없고는 당신의 마음가짐에 달려있다."

우리가 살아가는 하루하루가 기적이다

돈에 눈 먼
중국 경찰들

금보다 더 귀한 것은 다이아몬드며
그보다 더 귀한 것은 미덕이다.
- 가난한 리처드 달력 중에서

우리 가족은 북경대사관 앞에서 중국 공안에 잡혔다. 1995년 9월 14일 오후 5시경에 북경에서 제일 큰 경찰서로 잡혀갔다. 경찰서에 들어가서 한국말을 할 수 있는 사람대학생 한 명을 불러 오더니 그때부터 우리 보고 무엇 때문에 중국에 왔냐고 조사하기 시작한다. 그리고 우리 물건을 하나하나 검사한다. 경찰 간부가 우리 가족들의 자격증을 일일이 보면서 "이 집은 인텔리 집안이네."라고 말한다. 경찰들은 새벽 두 시에 아버지 조카통역원는 북한 사람들을 도와주었다는 죄로 5,000원의 벌금을 받고 돌려보냈다. 그리고 우리는 밤새도록 조사를 받고 1995년 9월 15일 새벽 3시 40분경에 공안국에서 나와 북경에 있는 제일 큰 감옥으로 이송됐다.

우리가 들어간 감옥에는 외국인들도 많이 있었다. 감방에 들어가기 전에 우리가 가지고 간 물건들을 다 내놓으라고 한다. 그러면서 하는 말이 감방에서 나갈 때는 돌려준다고 한다. 감방이라는 곳에 처음 들어간 나는 그곳의 법을 몰라서 반지를 그냥 끼고 있으니 나를 보고 반지를 빼라고 한다. 반지를 받아든 경찰이 반지를 보면서 자기들끼리 하는 말중국말을 나는 알아들을 수는 없었다. 하지만 눈치로 보아 굶어 죽는 데서 무슨 금반지냐는 식으로 비아냥거린 것 같다. 그 반지는 우리 집에서 우리 아버지가 3대로 물려받은 귀한 반지였다.

소지품 내놓고 나와서 감방 앞에 와서 감방에 들어가기 전에 옷을 벗으라고 한다. 옷을 벗고 팬티와 브래지어는 벗지 않고 있으니 그것도 다 벗으라고 한다. 옷에서 뭘 보는지 속옷까지 벗겨놓고 30분 넘게 검사를 한다. 그때 어머니 바지에 금으로 된 금단추가 있었는데 다행히도 옷을 검사하면서도 그것은 발견하지 못한다. 그리고 하루에 한 번씩 와서 우리를 나오라고 하고는 속옷까지 벗겨놓고 검사를 한다. 그렇게 우리는 북경 감옥에서 일주일 지냈다.

1995년 9월 23일 오전에 경찰이 오더니 우리 모두를 나오라고 한다. 감방에서 나와 처음 소지품을 검사하던 방에 가니 경찰들이 여러 명이 있었다. 간단한 검사와 함께 경찰 6명이 우리 가족들을 감시하면서 어디론가 가고 있었다. 우리는 모두 어디를 가는지 물어도 대답도 하지 않는다. 경찰서에서 차를 타고 도착한 곳은 다름 아닌 북경 기차역이었다. 그때 우리는 북경에서 도문으로 가는 열차를 타고 북경역을 출발했다. 도문역에 거의 도착할 때 경찰들은 우리를 보고 자꾸 자라고 하면서 창밖을 내다보지 못하게 한다. 그렇게 우리는 1995년

9월 25일 아침 7시경에 도문에 도착하였다.

감방에서 나갈 때 우리 물건을 돌려준다고 했는데 도문에 도착했는데도 우리 물건은 주지도 않고 어디에도 보이지 않는다. 도문 변방부대 집결소에서도 우리를 보고 중국에 왜 왔는가 하고 묻는다. 도문에 와서 집결소에서 3일간 지냈다. 1995년 9월 28일 오전에 밖에 나오라고 하더니 차에 타라고 한다. 우리가 어디를 가느냐고 물으니 연길 간다고 거짓말을 하면서 머리를 숙이라고 하면서 창밖을 보지 못하게 한다. 그때 아버지는 우리가 가지고 간 금이며 돈을 다 내놓을 테니 제발 보내달라고 애원하듯이 이야기한다. 그때 그 경찰들은 아버지 말은 듣지도 않고 우리에게 하는 말이 중국에 왜 들어왔는지 물으면 한국 간다는 얘기는 하지 말고 어머니 때문에 들어왔다고 이야기하라고 말한다. 그때 그 말을 듣고 아버지는 직감적으로 고개를 들고 창밖을 내다보신다. 창 너머로 북한이 보이는 걸 보고 이제는 때는 늦었다는 것을 느끼셨나 보다. 그때 아버지는 우리보고 하시는 말씀이 "이렇게 북송 되어 나가도 누가 어떻게 잘 살지는 아무도 모르는 일이다."라고 이야기하신다.

이렇게 우리는 1995년 9월 28일 도문에서 남양으로 강제 북송 되었다. 돈을 좋아하기는 중국 경찰이나 북한보위부 보위원이나, 국경을 지키는 군인들도 매한가지였다. 북한 보위원들은 우리가 금반지도 가지고 있었다는 이야기를 들었는지 감옥에 들어서는 순간부터 옷을 벗으라고 하고는 무엇을 그리 보는지 30분 넘게 옷을 뒤져본다.

북한 수용소에 들어가서도 날마다 들어와 옷을 검사한다. 사흘, 나흘 계속 들어와 옷 검사를 하니 어머니는 겁에 질려 주머니 속에 있는 콩알만한 크기의 금단추를 누구도 모르게 먹어_{삼켜}버렸다. 일주일 내내 들어와서 옷을 검사하더니 옷 검사는 하지 않는다. 더 이상 옷 검사를 하지 않자 나는 어머니에게 금단추 이야기를 꺼냈는데 어머니는 먹어버렸다고 한다. 간수들은 우리 가족뿐 아니라 감방에 들어오는 모든 수감자들에 대해 철저한 검사를 한다. 그러다 보니 수감자들도 돈을 뺏기지 않으려고 안간힘을 다 쓴다. 어떤 사람들은 돈을 비닐종이에 꼭꼭 말아서 삼키는 사람도 있고 어떤 사람은 항문에 넣어서 들어오는 사람들도 있다. 여자들은 급기야 자궁에까지 넣어가지고 온다. 뛰는 놈 위에 나는 놈이 있다고 수감자들이 아무리 꽁꽁 숨겨서 돈을 가지고 와도 보위원들은 수감자들의 돈을 악착같이 빼앗아 간다. 김일성·김정일이 백성들 등쳐먹고 있으니 그 추종분자들도 똑같이 힘없는 백성들을 착취한다.

"사람에는 눈물이 있고 행운에는 기쁨이 있고 용맹에는 명예가 있으며 야망에는 죽음이 있다. 야망은 우리들을 괴롭히는 실망은 가지고 있으나 우리들을 만족시킬 행운은 결코 가지고 있지 않다. 날뛰는 야심은 도를 지나치면 저편에 나가떨어지고 만다. 교묘한 말은 덕을 해치고, 작은 것을 참지 못하면 큰 계획을 그르친다. 권력에 대한 갈망은 모든 야망 중에서도 가장 흉악한 야망이다. 뜻을 세우는 데는 크고 높게 하라. 작고 낮으면 소서에 만족하여 성취하기 힘들다. 천하의 첫째 가는 사람이 되고자 평생을 두고 뜻을 세우라."

이 말은 셰익스피어의 말이다. 보위부 수용소에 있을 때 한 여자는 간수들이 가지고 있는 돈을 내놓으라고 하니 없다고 계속 버티고 있더니 결국은 죽도록 얻어맞고 자궁에 넣었던 돈까지 다 빼앗기고 말았다. 보위원들은 돈만 받으면 죽을 사람도 살리고 돈이 없으면 죄가 없는 사람에게 죄를 만들어서 사람을 죽인다. 이런 일은 북한 전국 어디 가나 흔히 볼 수 있다. 감옥은 더 말할 게 없고 밖에서도 권력이 있고 힘 있는 사람들이 힘없고 약한 사람들을 착취한다.

우리는 먹고살려고 집에서 술도 만들어서 팔기도 했다. 술을 만들어 팔아도 잘 팔리지도 않는다. 서로가 먹을 것이 부족하다 보니 웬만한 특별한 일이 아니고는 술도 잘 안 사 간다. 우리 집은 누구나 직장에 출근을 하니 장마당에 나가서 술을 팔 사람이 없어서 알음알음 집에서 팔다 보니 술을 만들어 우리 식량을 보충하기에는 턱없이 부족하였다. 북한당국에서는 술을 만드는 것은 식량을 낭비하는 행위라고 곡식으로 술을 만들어 판매하는 것을 엄격히 금지하고 있다. 술을 팔다 단속에 걸리면 무상 몰수한다. 그래도 술을 집에서 가만히 만들어서 팔고 있다. 술을 파는 사람들은 위에서북한당국 뭐라 해도 몰래 몰래 술을 팔고 있다. 안전원들은 가택 수사를 해서는 술 뽑는 기계를 빼앗아가고 술 아니면 술을 만들려고 만든 누룩효소까지도 다 회수한다. 힘없는 사람들이 살아보겠다고 만들어 놓은 피 같은 술을 빼앗아다가는 자기들끼리 나누어 가진다. 굴뚝에서 연기가 나는 집마다 돌아다니면서 다짜고짜로 그 집에 들어가 수색을 한다.

국경경비대 군인들은 중국에 갔다가 돌아오는 사람들을 잡아 두만강에서 돈과 물건을 다 빼앗고 죽이는 일까지 서슴지 않는다. 국경경비대 군인이 중국에 갔다가 다시 북한으로 돌아오는 사람들에게 돈을 받고 보내주기로 약속을 하고는 돈에 눈이 어두워서 돌아오는 사람들의 돈을 다 빼앗고는 문제가 될까 두려워서 급기야 사람까지 죽이고 그 시신을 두만강에 떠내려 보내기도 한다. 식량난으로 굶어 죽어 가는 가족을 살리려고 중국으로 건너가 모진 고생을 참아가며 한 푼 두 푼 모은 돈을 가지고 가족의 품으로 돌아오다가 두만강에서 같은 동족의 손에 죽어가고 있다.

김정일은 김일성 가문의 영광이라고 억만금을 주고 기념비들을 세우고 흥청거릴 때 얼마나 많은 사람들이 굶어 죽어 가는지 몰랐을 것이다. 북한에서는 은행에 돈을 저축할 수가 없다. 개인이 은행에 저축한 돈을 국가에 돈이 없어서 못 준다고 하면 국민들은 아무 말도 못 한다. 은행에다 돈을 저금하면 그것은 강도의 손에 돈을 쥐여 주면서 봐 달라고 하는 거나 다름이 없다. 그러니 사람들은 은행에 돈을 저축하지 않는다. 나라에 돈이 없다고 은행에 저축한 돈을 주지도 않으면서 김일성 3부자는 매일같이 여자를 바꿔가면서 진탕 치듯 놀아나고 있다. 김일성이나 김정일이 먹는 외국제 와인 값이 1년에 무려 각 7억 5천만 달러였다. 백성들은 먹을 것이 없어서 굶어 죽어가고 있는데 김일성과 김정일은 날마다 흥청거리고 살았다. 백성들의 재산을 강탈해서는 전국 어디에나 자기의 휴양지를 꾸미고 그곳에서 날마다 기쁨조니 슬픔조니 하면서 호화로운 생활을 했다.

백성들은 허리띠를 졸라매고 저승과 이승을 넘나들며 살기 위해 몸부림을 치고 있는데 김일성一家들은 방탕한 생활에도 부끄러운 줄 모르고 있다.

"부유함을 물려받은 사람은 나약한 자들과 가난한 자들로부터 빼앗은 돈으로 저택을 짓는다." - 칼릴 지브란

지옥으로
북송되다

제대로 볼 수 있는 건 마음이야
본질적인 것은 눈에 보이지 않는 법이지.
— 생텍쥐페리의 『어린 왕자』 중에서

우리 가족은 기쁨도 잠시 1995년 9월 28일에 도문을 걸쳐 남양을 통해 북한으로 다시 돌아왔다. 북한 땅에 들어서는 순간부터 조국을 배반한 민족반역자의 신분으로 우리의 앞길은 상상도 할 수 없는 일이 시작되었다. 남양세관으로 도착하자 세관책임자가 나오더니 이집 식구 다섯 명 중에 똑똑한 사람이 한 명도 없다고 한다. 똑똑한 사람이 한 사람이라도 있었으면 탈북하는 것을 막았을 것인데 똑똑한 사람이 없어서 이렇게 된 것 아니냐고 하면서 비아냥거린다. 북한 땅에 들어서는 순간부터 우리는 사람이 아니었다. 민족 반역자라고 천대와 멸시를 받아야 했다. 밖에서도 자유가 없지만 정치범수용소에서는 자유는커녕 인권도 없었다. 사람들은 상상할 수 없는 지옥이 따로 없었다.

남양수용소에 들어서는 순간 인간으로서 상상조차 할 수 없는 일들이 눈앞에서 벌어지고 있었다. 사람을 발로 차고 폭언과 몽둥이로 패는 일은 기본으로 이루어지고 있었다. 일어서서 두 팔을 하늘 높이 쳐든 상태에서 팔을 내리지 못하게 쇠살창에 족쇄를 채우고 두 발도 움직이지 못하게 족쇄를 묶어놓고 24시간을 서 있었다.

우리가 막 감방에 들어설 때 그 사람은 무엇을 잘못했는지 "잘못했습니다. 살려 주세요. 다시는 안 그러겠습니다."라고 말을 하는데도 간수는 아무 말도 안 하고 우리 가족들을 감방에 넣고는 그냥 나가버린다. 그 사람이 살려달라고 아무리 애원을 해도 간수들은 들은 척도 안 한다.

감방에 들어간 다음날 내가 있는 감방에 한 아주머니가 들어왔다. 그 여인은 키도 아주 작고 몸집이 말라 있었다. 그 여인은 감방에 들어오면서 보위원들에게 얼마나 맞았는지 3일을 쇼크 상태에서 일어나지도 못하고 있었다. 간수들은 그 여인을 보면서 하는 말이 "저 간나는 죽어야 돼 죽어야 죄를 고치지."라고 말한다. 아무리 죄를 지어도 그렇지 어쩌면 사람을 이렇게 반죽음을 만들어 놓을 수가 있을까? 사람들이 조금만 말을 잘못해도 당에서는 쥐도 새도 모르게 잡아다가 죽이지 않으면 감옥에 넣는다.

내가 인민학교초등학교 2학년 때 마○○이라는 아이가 있었다. 어느 날부터 그 아이 얼굴에서 웃음기가 없어지고 우리들과 이야기도 안 하려고 한다. 그때 그 친구하고 한 동네에 살고 있는 애들이 하는 말이 개네 아버지가 정치범으로 감옥에 갔다고 한다. 그래서 그 친구가 그렇게 우울해 있었구나 생각했다. 남편이 정치범으로 끌려가자 그 친구 엄마는 시름시름 앓기 시작했다.

그렇게 그 친구 아버지가 감옥을 가고 일주일 뒤 그 친구 엄마가 남편 문제로 머리를 앓고 있는데 국영방송스피커에서 나오는 소리가 귀찮아서 그 친구 이름을 부르면서 방송을 끄라고 했다. 그 친구 엄마는 그때 "방송 좀 꺼라. 머리 아파 죽겠다."라고 이야기했다고 한다. 그런데 때마침 인민반장이 그 집 앞을 지나다가 그 이야기를 듣고 보위부에 가서 신고를 했다. 그 인민반장이 보위부에 가서 아무개네 아줌마가 당의 목소리가 듣기 싫다고 말한다고 신고를 했다. 그 일로 그 친구 엄마까지 정치범으로 잡혀갔다. 그 친구 부모님들은 우리가 중학교고중를 졸업할때 까지 집으로 돌아오지 못했다.

이 세상에서의 사건은 발생하는 것이 아니라 초래되는 것이다. W. H. 헤이즈의 말이다.

"사람의 마음은 그의 책이요, 사건은 그의 교사요, 위대한 행위는 그의 웅변이다. 사람은 산에 발이 걸려 넘어지는 일은 없어도 개미둑 같이 작은 것에 걸려 넘어지기는 일쑤다. 그러므로 누구나 피해가 작은 것이라고 가볍게 여기거나 대단치 않은 일이라고 업신여겼다가는 크게 후회하게 될 것이다. 우리가 항상 잘 알고 있어야 할 두 개의 원칙은 의지 속을 제외하고는 선도 악도 없다는 것이며, 우리가 사건을 이끄는 것이 아니라 우리가 사건을 따라간다는 것이다."

우리가 살아가는 하루하루가 기적이다

세상이 이렇게 험하다 보니 사람들은 물론 한 가정에서 부모 자식 지간이나 부부 사이에도 마음속에 이야기를 마음대로 털어 놓지 못하고 살아간다.

1992년도 여름 날 TV에서 헤어졌던 가족이 만나는 연속극을 보고 아버지는 눈물을 보이시면서 나에게 이야기해주셨다. "고모가 남조선 서울에서 살고 있는데 주소까지 알고 있다. 하지만 지금은 너에게 이야기할 수 없다. 혹시라도 밖에 나가서 실수를 하여 감옥에 가면 큰일이다."라고 하시면서 "나중에 내가_{아버지} 땅속에 들어가기 직전에 너희들에게 이야기해줄게."라고 말씀하신다.

북한에는 이런 말이 있다. 목에 걸면 목걸이, 귀에 걸면 귀걸이, 코에 걸면 코걸이. 이 말은 마음 맞는 사람들끼리 하는 말이다. 조금이라도 당이 하라고 하는 대로 안 하고 거슬리게 행동하면 말도 안 되는 죄를 씌워서 감옥에 보내니 사람들 사이에서 그런 말이 생겼다. 사람을 죽이는 일을 한낱 파리 죽이는 것보다 더 쉽게 생각하니 어쩌겠는가? 김일성 시대부터 눈에 거슬리면 눈에 거슬린다고 죽이고 귀에 거슬리면 귀에 거슬린다고 죽이고 사랑을 안 받아준다고 죽이고 북한에서는 그렇게 죽은 사람들이 수없이 많다. 보천보전자악단_{기쁨조}에 윤혜영도 김정일의 사랑을 받아주지 않아 결국 김정일이 윤혜영을 처형했다.

수용소에서 가족을 한 사람이라도 더 살리라고 하던 아줌마의 말을 듣고 단식을 하다 보니 나는 생리가 없어졌다. 여성수감자들은 생리를 할 때면 그 추운 겨울에 입을 옷도 변변치 않은데 추위에 떨면서도 옷을 찢어서 사용해야 했다. 언니는 찢을 옷도 없어서 신고 있던 양말을 사용했다.

간수들은 아침 5시가 되면 기상 소리를 외친다. 수감자들은 아침 5시에 일어나 5분 정도 세수하고 그다음 올방자아빠다리를 하고 앉아서 움직이면 안 된다. 조금이라도 움직이면 처벌 아니면 수감자들끼리 때리기를 시킨다. 수감자들은 아침 5시부터 밤 24시까지 앉아 있어야 한다. 하루 종일19시간 앉아 있으면 엉덩이에는 말없는 고통이 찾아온다. 엉덩이에 욕창이 생겨서 제대로 앉아 있을 수가 없다. 그렇게 앉아 있게 하면서 자기 잘못을 반성하라고 하고 앞으로 어떻게 살 것인지 생각하라고 한다. 수감자들 모두가 자기 잘못을 반성하기는커녕 앞으로 다시 중국에 가면 어떻게 해서 안 잡힐 것인지만 생각한다.

감방에서 두 달을 굶고 앉아 있을 힘조차 없어 앉아 있다가 넘어지니 보위부에서 내보내기로 결정한 모양이다. 1996년 1월 14일 회령시 보위부에서 우리를 데리러 종성수용소에 왔다. 우리는 아침에 종성수용소에서 나와 회령시안전부에 밤 8시에 도착했다. 안전부에 도착하니 보위원이 하는 말이 기차가 연착이 되어서 늦게 회령에 도착해서 다행인 줄 알라고 한다. 그러면서 하는 말이 보위부 계획은 우리 가족이 낮에 회령시내에 도착하면 사람들이 많은 곳인 회령시내에서 끌고 다니기로 돼 있었다고 한다. 그런데 저녁 늦게 회령에 도착하면서 그것이 취소되었다면서 운 좋은 줄 알라고 한다.

안전부에 와서 우리 가족 중 여자 3명은 창태리로 추방되고 남자 2명은 주모자로 안전부 감방에 다시 들어갔다. 우리가 추방돼서 얼마 안 돼 1995년 11월에 온성에서 가족 3명이 탈출했다가 잡혀왔는데 그 가족은 회령시내 사람들이 많은 시장이나 기차역 그런 곳으로 끌고 다녔다. 그때 그 집 아버지는 사람들이 던지는 돌에 맞아서 길에서 즉사했다. 북한은 인간이 살아가는 나라가 아니라 세상에서 제일 큰 감옥이었다. 그렇게 우리는 인간의 자유를 박탈당하고 노예처럼 복종만 하면서 살아야 했다. 먹을 것이 없어서 굶어도 직장에 출근을 해야 했다. 그러다 힘없어 출근을 안 하면 출근을 안 한다고 종파분자로 몰아서 죄를 만들어서 사람을 죽인다.

배가 고파 울고 있는 자식을 보며 애 아빠는 농장 밭에 들어가 옥수수를 따가지고 나오다가 총을 들고 보초 서는 군인에게 잡혀서 아무리 딱한 사정을 이야기해도 보위부에서는 그 사람을 총살을 했다. 피도 눈물도 없는 세상 사람들은 그렇게 죽어가고 있었다. 지옥 같은 세상에서 나라도 사람들도 미쳐간다.

내가 본
정치범 수용소

그 수용소에는 출입구가 두 개 있었다.
하나는 사람들이 사라져가는 '하늘 가는 길'이었고 하
나는 나치 친위대들이 사용하는 정식 출입구였다.
하루를 그렇게 보내고 나면 밤이 오곤 했다.
내가 사랑한 사람들을 위해 살아야 한다.
- 마르틴 그레이

우리는 1995년 9월 28일 도문에서 남양으로 강제 북송 되었다. 다리를 건너 북한에 들어서는 순간 한 사람이 나왔다. 그 사람은 아버지 앞으로 다가가더니 아버지 뺨을 때리면서 "야, 이 새끼 남조선이 그렇게 좋아?" 하면서 아버지를 패기때리기 시작한다. 아버지 코에서는 피가 흐른다. 아버지의 그런 모습을 보는 순간 나에게는 분노가 솟구쳐 오른다. 내가 학교에서 배우기로 어머니 당은 어떤 잘못도 다 받아주고 용서해 준다고 했는데 정작 잘못을 하고 보니 학교에서 배운 것하고는 완전 딴 세상 이야기였다.

진정한 어머니는 자식의 잘못을 바다 같은 넓은 품으로 감싸 안아

주는 것이지, 부모 말을 안 들었다고 자식을 죽이는 부모는 이 세상 그 어디에도 없다. 사무실에 들어가서는 "야, 이 새끼야 무릎 꿇고 앉아."라고 말한다. 그때부터는 모든 잘못이 아버지 몫으로 돌아갔다. 한 집의 가장으로 그리고 주모자로…….

남양 세관에서 간단한 절차와 함께 우리는 남양 구류소로 이동했다. 1995년 9월 28일부터 9월 30일까지 남양 감방에 있었다. 우리가 남양 구류소에 들어가는 날 아저씨가 두 팔을 머리 위로 들고 손을 철창과 같이 수갑을 채우고 다리도 움직이지 못하게 철창과 같이 족쇄로 묶어놓고 하루 종일 벌서고 있었다. 오후 3시가 지나서부터는 힘들다고 고함을 지르며 잘못했다고 수갑을 풀어달라고 소리친다. 하지만 간수는 "잘못했어? 니가 뭘 잘못했는데." 하면서 그냥 가만히 있으라고 말한다.

1995년 9월 29일 내가 있던 감방에 한 여인이 들어왔다. 40대로 보이는 그 여인은 키도 작고 잘 걷지도 못했다. 그 여인은 밀수를 하다가 잡혀서 3번째로 들어왔다고 한다. 처음에 잡혔을 때는 너무 많은 매를 맞아서 3일간 정신을 잃고 쓰러져 있었다고 한다. 지금 잘 걷지 못하는 것도 그때 매를 맞아서 그렇게 된 거라고 말한다. 지금 이렇게 걷는 것도 많이 좋아져서 이 정도라고 처음엔 걷지를 못했다고 한다. 점심시간이 되자 한 간수가 들어와 그 여인을 보더니 "이 간나이년는 왜 또 들어왔어 이 간나이년는 죽어야 돼. 죽어도 못 고쳐."라고 말한다.

종성에서 우리 가족을 데리러 보위원의 두 사람이 왔다. 1995년

10월 1일 우리는 남양에서 종성으로 갔다. 10월 1일 그날은 날씨가 많이 따뜻했다. 북한은 10월이면 날씨가 가을날이어서 많이 쌀쌀한데 그날은 봄날같이 따뜻했다. 9월에 집을 떠난 우리 가족들은 모두가 여름 적삼을 입고 있는 것이 전부였다.

남양에서 오전 10시에 출발해 종성역에 10시 40분에 도착을 해서 종성역에서 우리는 한 줄로 묶인 채로 걸어야 했다. 종성역에서 감옥까지 얼마나 먼지 몇 시간을 걸어가야 했다. 죄수다 보니 점심시간이 되어도 밥을 못 먹어도 계속 걸어야 했다. 감옥에 들어가니 책상 위에 있는 종이에 인장을 찍고 감방에 들어가라고 한다.

북한 감방은 중국에서 보았던 감방하고는 많이 달랐다. 중국 감방 문은 사람이 서서 걸어서 들어가는데 북한 감방문은 아주 작았다. 그러다 보니 사람이 걸어서는 도저히 들어갈 수가 없어 강아지처럼 기어들어가야 했다. 감방 문만 그런 것이 아니고 화장실 문도 똑같다. 아버지는 2번 방, 오빠는 3번 방, 어머니, 언니, 나는 5번 방에 들어갔다. 감방에 들어가는 순간부터 우리는 이름 대신 번호로 불러야 했고 어머니를 어머니라 부르지도 못했다. 감방의 규칙을 모르는 나는 어머니를 어머니라고 불렀다. 간수가 다가와서 "야 이 간나_{이년}야 누가 어머니라고 불러, 번호를 불러." 하면서 큰소리친다. 아버지는 3번, 오빠는 7번, 어머니는 13번, 언니는 14번, 나는 15번이었다. 감방에 들어간 우리들에게 간수는 옷 검사며 감방 규칙을 가르친다. 그때까지 어머니 바지 속에는 금 단추가 숨겨져 있었다.

감방에서는 간수를 보고 "선생님이라고 불러야 하고 그리고 모든 것은 선생님_{간수}하고 물어보고 해야 한다."라고 한다. 감방에 들어가 나는 화장실 가야 하는데 선생님간수에게 이야기하는 것이 너무 힘들어서 최대한 참을 수 있을 때까지 참고 있었다. 더 이상 참을 수가 없어서 겨우 자리에서 일어나 선생님간수에게 화장실 봐도 되냐고 물어보았다. 그런데 그것도 그냥 자리에 서서 물어보면 안 된다. "선생님간수 5번 방에 15번 화장실 볼 수 있습니까?"라고 이야기한다. 자세는 엎드려서 "선생님간수 5번 방에 15번 화장실 볼 수 있습니까?"라고 물어보았다. 간수는 나에게 "이게 어디서 이렇게 기어들어가는 소리를 내?" 하면서 큰소리로 다시 하라고 한다. 몇 번을 반복을 시켜도 큰 소리로 하지 않았다. 간수가 나를 보고 하는 말이 "너 목소리가 원래 그런 거야?" 묻는다. 그래서 나는 저음이라서 큰 소리 내는 것이 어렵다고 했다. 그러니까 몇 번을 더 반복을 시키더니 화장실 가라고 한다. 사실 나는 그때 큰 소리를 내는 것이 어려운 것이 아니라 큰 소리로 하는 것이 내키지 않았다. 볼일 보고 나와서도 그냥 자리에 앉으면 안 된다. 강아지 자세를 하고 "선생님간수 5번 방 15번 화장실 보고 나와서 자리에 앉을 수 있습니까?" 물어보고 앉으라고 하면 앉고, 아무 말도 하지 않는다거나 "아니." 하면 자리에 앉을 수가 없다. 그러면 엎드린 자세로 앉으라고 할 때까지 있어야 한다.

저녁 24시가 돼서 우리는 잠자리에 누울 수 있었다. 이불은 생각도 못 하는 일이고 담요 1장이 전부다. 우리는 담요 한 장을 덮으면 너무 추워서 어머니, 언니, 내 것까지 3장을 합쳐서 세 사람이 꼭 붙어 자려고 자리에 누웠다. 순간 간수가 우리를 보고 하는 말이 그렇게 누우면 안 되고 한 사람씩 떨어져 자라고 한다. 할 수 없이 우리는 각자 자기 담요를 들고 떨어졌다. 우리는 아침 5시면 일어나야 했다.

5시에 간수가 "기상." 하고 소리친다. 그때 어느 한 사람이라도 빨리 일어나지 않으면 감방 수감자들이 아침 세수도 못 하고 처벌 받기 일쑤다. 감방에서 세수하고 밥 먹고 볼일 보는 시간 외에 우리는 아침 5시부터 24시까지 앉아 있어야 한다.

감방에서는 올방자아빠다리를 하고 손은 무릎 위에 올려놓고 앉아 있는다. 한 자세로만 앉아 있어야 한다. 조금이라도 움직이고 말을 하면 처벌을 받는다. 그렇게 앉아만 있으니 엉덩이에는 말할 수 없는 고통이 온다. 감방 바닥은 널빤지로 깔아놓았다. 푹신푹신한 의자에 앉아도 조금만 지나면 엉덩이가 배겨서 앉아 있기 힘든데 우리는 매일 같이 널빤지 위에 19시간을 앉아만 있으니 엉덩이는 세포가 죽어서 욕창이 생기고 그 상태에서 앉아 있는 것은 지옥이다.

어느 날 언니와 이야기하다가 간수가 우리 감방 앞에 와서 듣고 있는 것도 모르고 계속 이야기를 하는데 간수가 "너네 둘이 뭐하는데 지금." 하더니 "둘 다 일어나, 둘 다 팔 펴."라고 한다. 팔을 앞으로 편 그 위에다 담요 5장을 올려놓으라고 한다. 담요가 얼마나 무거운지 담요 1장이 1kg이 넘는다. 담요가 아니라 그냥 팔만 펴고 있어도 힘이 든데 담요를 위에 놓으니 우리는 얼마를 견디지 못하고 팔이 내려간다. 우리를 본 간수는 "팔 아파. 무거워? 무겁단 말이지."라고 지껄이더니 "둘 다 마주 서."라고 한다. 그러더니 서로 뺨 때리기를 하라고 한다. 언니가 먼저 나의 뺨을 때리고 내가 언니 뺨을 때리는 식으로 하라고 한다. 언니가 먼저 나의 뺨을 때린다. 간수가 보더니 "니 지금 장난하냐." 하더니 큰 소리 날 때까지 때리라고 한다.

이런 처벌은 아주 경한 처벌이다. 한번은 2번 방에서 말소리가 들려왔다. 간수가 말소리를 듣고 가더니 말을 한 두 사람을 마주 세워 놓고 수염 뽑기를 시킨다. 그 말을 듣는 나는 내 귀를 의심할 수밖에 없었다. 아니 어쩌면 세상에 이런 일을, 내 머리로는 상상도 못 할 일이 여기에서 일어나고 있었다.

내 나이 스물세 살 그때까지 나는 그런 것은 TV 풍자극에서나 볼 수 있는 일이지 실제로 그렇게 하는 것은 생각조차 할 수 없는 일이었다. 수염을 뽑는 일이 얼마나 아픈지 남자 분들은 조금이나마 알 수 있으리라고 생각한다. 수염 뽑기를 한다고 하는 자체가 기가 막힌데 그 처벌을 받는 사람이 다름 아닌 나의 아버지였다.

어느 날 아침 언니가 세수를 하다가 간수의 허락을 받지 않고 냉수마찰을 하고 있었다. 간수가 냉수마찰을 하는 언니를 보고 "야, 너 이리 나와." 하더니 그대로 서 있으라고 한다. 그때 언니는 옷도 못 입고 올 누드로 감방 철창 앞에서 벌을 받고 있었다. 다행히도 벌을 준 간수는 10분 지나서 교대하는 시간이 되었다. 다른 간수가 들어오면서 "쟤는 왜 저러고 있어."라고 벌을 준 간수에게 물었다. 벌을 준 간수는 아무 대꾸도 없이 나가 버린다. 할 수 없이 간수는 우리 감방 앞에 와서 언니 보고 "너 뭘 잘못해서 이러고 있어?"라고 묻는다. "허락 없이 냉수마찰을 하다가 이렇게 처벌을 받고 있습니다."라고 말했다. 간수는 언니 말을 듣고 언니 보고 옷을 입으라고 한다.

하루는 아버지가 다니던 회사에 아버지 조사를 갔다 온 간수가 들어오더니 "야, 3번 아버지 직장 회사에 가니까 너 호평好評이 좋더라."라고

97
2장 국경을 넘어 중국으로

말한다. 그 말을 들으면서 나는 속으로 우리 가족은 누구나 할 것 없이 직장 생활을 열심히 했으니까 그래도 죽이지 않고 감방에서 몇 년을 살다가 나갈 수 있으리라 생각했다.

한번은 간수가 감방에 들어오더니 자기들한테 이하고 벼룩이 옮는다며 수감자들에게 벼룩을 잡으라고 한다. 감방 바닥은 널빤지로 깔아 놓아서인지 벼룩이 바닥에서 올라와 사람을 공격한다. 벼룩에 물린 상처는 잘 낫지도 않는다. 한번 물리면 얼마나 긁어대는지 온몸의 피부가 딱딱해진다. 옷에는 이가 버글버글거리고 바닥에서는 벼룩이 버글버글거린다. 그러다 보니 우리 몸은 벼룩에 물려서 성한 곳이 없다. 간수들은 가끔 수감자들의 옷을 걷어다가 가마에 삶아 온다. 삶아 온 옷은 마구 구겨져서 펴지지도 않는다.

어느 날 나는 저녁밥을 먹는 시간에 간수가 보고 있는 것도 모르고 내 밥을 어머니하고 언니에게 나누어 주었다. 그것을 본 간수가 와서 "지금 뭐 하는데. 너 언제부터 밥 안 먹었어?" 하고 물어본다. 나는 아무 말도 하지 않고 있었다. 간수는 언니 보고 "자 언제부터 밥 안 먹었어?" 라고 묻는다. 언니는 감방에 들어오는 날부터 지금까지 안 먹었다고 이야기한다. 언니는 내가 왜 밥을 안 먹는지를 모르고 있다. 간수는 나를 보고 왜 밥을 안 먹느냐고 묻는다. 나는 밥을 먹으면 소화가 안 돼서 못 먹겠다고 이야기했다. 간수는 나가서 상사에게 이야기하였는지 간수들을 책임진 사람조장이 들어오더니 왜 밥을 안 먹느냐고 묻는다. 나는 밥을 먹으면 소화가 안 된다고 이야기했다. 다음날 아침 나는 밥을 안 먹고 버티고 있으니까 간수는 전체 감

우리가 살아가는 하루하루가 기적이다

방 수감자들을 처벌을 준다. 그러면서 하는 말이 "니 밥 먹을 때까지 저 사람들 처벌 받는다"라고 이야기한다. 그래도 나는 30분 넘게 버티고 있는데 2번 말소리가 들려온다.

나는 배고파 죽겠는데 너는 왜 밥을 안 먹느냐고 하면서 처벌 받는 게 힘드니까 빨리 밥 먹으라고 한다. 그래서 나는 할 수 없이 밥을 먹었다. 그리고 바로 화장실에 들어가서 먹은 것을 다 토해냈다. 내가 억지로 토하는 모습을 본 언니는 나를 보고 하는 말이 "간수가 알면 큰일 난다" 하면서 나를 욕한다. 그때 나는 내가 왜 이렇게까지 하는지를 모르고 나를 보고 뭐라고 하는 언니가 너무 야속했다. 그래도 나는 밥 먹고 토하기를 며칠을 반복했다. 그러니 하루는 의사가 와서 어디가 어떻게 아프냐고 몇 가지만 묻고 나간다. 의사가 왔다 가도 별 다른 방법이 없다. 어느 날 나는 앉아 있다가 힘이 없어서 넘어졌다. 쿵 하고 넘어지는 소리를 듣고 간수가 오더니 "너 앉아 있을 힘 없어?" 라고 묻는다. 나는 힘이 없다고 말했다. 간수는 나를 보고 구석에 잠깐 누워 있으라고 한다.

하루는 언니와 내가 말하는 것을 본 간수가 "둘 다 나와서 철창 밖으로 손을 내놓아라"고 한다. 간수가 다가와 손을 쫙 펴라고 한다. 그러더니 송곳으로 손등을 내리친다. 북한에서는 군인들이 항상 송곳을 착용한다. 송곳의 두께는 7mm 정도 되는데 그런 쇠를 손가락뼈에 대고 내리친다. 송곳으로 얼마나 힘 있게 내리치는지 통통 소리가 난다. 언니는 아프다고 손을 감추고 손등을 만지기도 한다. 나는 아무리 아파도 꼼짝도 하지 않은 채 처벌을 받고 있었다. 간수가 그런 나를 보고 "이 간나^{이년}는 맷집이 좋네."라고 말한다. 그러더니 언니에게는 "니는 아프다고 손을 치웠기 때문에 더 맞아야 하고 니나는 맷집이 좋아서 더 맞아야 돼."라고 말한다.

처벌을 받으면서 아프지 않아서 참고 있던 것은 아니었다. 그때 나는 속으로 이렇게 생각했다. 잡히지 않고 남쪽에 갔으면 이런 꼴을 안 당했을 텐데. 아차 잘못하는 순간 온 가족이 잡혀서 감방에 들어와 사람 취급을 받지 못하면서 감방에 있는 것도 그런데 거기에 조금 아프다고 움츠리고 있으면 좋아할 건 간수들밖에 없다는 생각을 하니 차라리 죽는 것보다 싫었다. 그렇게 나는 그 어떤 것도 참고 견뎌낼 수가 있었다.

또 하루 그날도 역시 언니하고 내가 이야기하는 것을 간수가 듣고 니들 뭘 잘못했나 하고 묻는 물음에 언니는 잘못했다고 대답했다. 나는 아무 말도 하지 않았다. 그때 내 나이 스물세 살. 간수는 스물세 살짜리, 그것도 여자애가 잘못했다고 말을 하지 않고 버티고 있으니 화가 나서 나를 보고 철창 밖으로 두 다리를 내놓으라고 한다. 철창 밖으로 다리를 내놓으면 계단처럼 생긴 턱이 2개 있다. 간수는 군화를 신고 계단과 계단 가운데로 내 다리를 있는 힘껏 내리 밟아버린다. 인민군 군화는 워낙 단단하게 만들어져 그것에 차이면 뼈가 부서지는 고통을 느낀다. 그 순간 내 다리는 부러져 나갈 것 같았다. 다리는 심한 통증과 함께 퍼렇게 멍이 들어있다. 그럼에도 불구하고 나는 잘못했다는 말을 하지 않았다. 간수는 화가 머리끝까지 올라서 나를 보고 이번에는 철창 밖으로 두 손을 내놓으라고 소리친다. 그러더니 내 손목에 수갑을 채우고 밀대장대걸레를 찾아온다. 그러더니 수갑과 철창 사이에다 밀대장대걸레를 끼워 넣고 밀대장대걸레를 있는 힘껏 내리

밟아버린다. 그 순간 족쇄가 내 손목을 사정없이 조여들더니 손목이 곧 부러져 나갈 것 같았다.

　그래도 나는 눈썹 하나 까딱하지 않고 잘못했다는 말 대신 마음속으로는 '죽일 거면 죽여.'라는 식으로 앉아 있었다. 그 순간 어머니와 언니는 내가 어떻게 될까 봐 울면서 주먹으로 내 머리를 쥐어박으면서 "이 간나가시나야 잘못했다고 어서 빌어라."라고 말한다. 그때 나는 처벌 받은 아픔보다 어머니와 언니가 울면서 나를 보고 빌라고 하는 모습이 너무 가여워서 나는 간수에게 잘못했다고 말했다. 그때 간수는 울고 있는 어머니와 언니 때문에 나를 더 때리지 못하고 있었다. 다음날 아침 자고 일어나니 내 다리와 손목에는 퍼렇게 멍이 들어 있었고 다리는 퉁퉁 부어 있었다. 그때 어머니는 내 다리를 만져주시면서 아주 작은 소리로 "많이 아프지. 왜 그랬어. 잘못했다고 하면 그만인 걸 가지고."라고 말씀하신다. 모진 매는 이를 물고 열 백 번 참는다 해도 자유 없이 받는 수모는 참을 수가 없었다.

　"사람의 입을 굴복시키기는 쉬워도 그의 마음을 굴복시키기는 어렵다." - R. 헤리크

창태리로
추방되다

우리 가족은 1996년 1월 14일 감방에서 나오게 되었는데 책상 위에 있는 종이에 지장을 찍고 나가라고 한다. 종이에 적힌 내용은 "밖에 나가서 감방생활을 이야기하면 다시 감방에 들어간다."는 내용이라고 간수가 말한다. 북한당국은 감옥에서의 저들의 만행이 세상에 알려지는 것을 막기 위해 재소자들에 대한 은밀한 감시를 한다.

감방에서 나오면서 본 아버지 모습은 살이 빠지고 수염이 많이 자라서 얼굴을 알아보기 힘들 정도였다. 오빠는 영양실조에 걸려 원형탈모가 생겨서 왼쪽 이마 위에는 주먹만한 크기로 머리카락이 빠져 있었다. 우리 가족 모두 감방에서 나와 종성역으로 가야 했지만 걸을 수가 없었다.

발목 근육이 땅기고 많이 아파서 걸을 수가 없었다. 그때 기차역까지 걸으면서 아버님은 "자신은 홍문항문이 풀려서 몸에 바람이 샌다"고 말씀하신다. 그때 내가 알기로는 사람이 죽을 때가 되면 홍문항문이 풀린다고 어르신들이 이야기하는 것을 들은 기억이 났다.

그날 오후 2시에 들어와야 할 열차가 연착이 되면서 오후 5시가 넘어서야 들어왔다. 그때 우리 가족 모두가 1월 한겨울인데도 여름 적삼을 입고 손에는 수갑을 차고 한 줄에 묶여서 열차에 오르니 열차 안에 사람들 모두가 우리를 쳐다본다. 누군가는 우리를 욕하는 소리도 들려온다.

어렸을 때 수갑을 차고 안전원들과 가는 사람을 보면 수치스럽다고 생각했다. 하지만 나는 자유를 위해 탈북을 했다가 북송되어 온 가족이 포승줄에 한 줄로 묶여 가면서도 전혀 부끄럽지가 않았다.

1996년 1월 14일 저녁 8시 40분에 함경북도 회령시 안전부경찰서에 도착했다. 안전부에 도착하니 마당에는 우리 집 살림살이를 실은 화물차가 보였다. 15일에 우리 여자 3명어머니, 언니, 나은 회령시 창태리로 추방되었다. 남자 2명아버지, 오빠은 주모자로 사회보위부 구류소로 다시 들어갔다. 아버지와 오빠는 자신들 앞에 어떤 비극적 운명이 기다리는지 알지 못했다. 그것이 아버지와 오빠와의 마지막 만남이 될 줄은 누구도 알지 못했다. 우리가 살던 집은 국가에서 몰수하고개인소유를 국가소유로 만듦 재산도 좋은 것과 쓸 만한 것은 다 빼내고 없었다.

무력으로 얻은 재산은 지속되지 않지만 은혜에 대한 감사는 영원하다. C. 루프스, 그는 이렇게 말한다.

"친절은 항상 친절을 낳는다. 그러나 은혜의 기억을 마음속에 간직해두지 않는 자는 더 이상 고귀한 인간이 아니다. 천금을 주고도 일시의 환심을 맺기 어려우나 한 그릇 밥으로도 평생의 감심을 이룰 수 있다. 은혜를 베풀고는 그것을 결코 기억하지 말고, 은혜를 받으면 그것을 결코 잊지 말라. 은혜를 베풀거든 그 보답을 구하지 말고, 남에게 주었거든 뒤에 뉘우치지 말라. 은혜를 베푼 자는 그것을 감추고, 은혜를 받은 자는 그것을 밝히라."

다음날 우리가 차를 타고 굽이굽이 산길을 따라 몇 시간을 달려서 도착한 곳은 회령시 창태리 3호 작업반이었다. 차가 멈춰선 곳은 허름한 집 앞이었다. 보위원이 차에서 내리면서 다 왔으니 짐을 내리라고 한다. 나는 집을 보는 순간 눈물이 쏟아져 나오는 것을 억지로 참을 수밖에 없었다. 집이라고 하기보다는 허름한 창고 하나가 있었다. 하지만 우리 처지에 여기서 뭐라고 하면 또다시 감방으로 가야 할 신세니 아무 말 없이 우리는 차에서 내려고 짐을 내려놓았다.

주변에 구경을 나온 사람들이 많이 있었는데 우리 같은 정치범들에게 누구 하나 선뜻 도와주려고 손을 내미는 사람이 없었다. 자칫 잘못했다가는 자기네들도 오해를 살까 두려워서 아무도 나서지 않는다.

우리가 짐을 옮기고 집에 들어갔을 때는 오후 5시가 넘어섰다. 창문에는 유리도 없고 바람이 그대로 들어온다. 출입문현관문은 나무가 뒤틀려서 제대로 닫히지도 않는다. 해야 할 일이 너무 많다. 우선 먼저 해야 할 일을 하나하나 해나가기 시작했다. 부뚜막을 보니 시골 부뚜막이어서 그런지 우리가 쓰던 가마는 작아서 손을 보지 않고는

우리가 살아가는 하루하루가 기적이다

가마를 걸 수가 없었다. 먼저 부뚜막에 가마를 걸고 불을 때야 했다. 나는 밖에 나가 깨진 기왓장과 쇠를 주워서 가마 크기에 맞추어서 구멍을 메우고 가마를 걸고 언니는 밖에 나가서 나무를 가지고 왔다. 드디어 가마를 걸고 부엌에 내려가 불을 피웠다. 그리고 다시 밖에 나와 비닐을 얻어다 창문이며 출입문(현관문)에 비닐을 댔다. 그 사이 언니는 저녁을 준비하고 있었다. 사람이 살지 않던 집이어서 그런지 아무리 불을 때도 집은 따뜻해질 기미를 보이지 않는다. 그래도 우리는 그날 가마에 물을 끓여서 목욕을 했다. 몇 달째 목욕을 못해서 몸에 트러블이 생겨났다. 우리는 밤 11시가 넘어서 잠자리에 누웠다. 당장 다음 날부터 출근을 해야 한다.

우리는 다음날 7시에 출근을 했다. 집에서 나와 작업반까지 가는 거리가 오 리 정도 되었다. 작업반에 도착해서 30분에서 40분 정도 아침조회를 한다. 그리고 분조별로 나와 일하러 나간다. 언니는 2분조에서 일을 했고 나는 3분조에서 일을 했다. 그러다 보니 출근시간은 같은데 퇴근시간은 달랐다. 겨울에 농장에서 하는 일은 주로 산에 올라가서 낙엽 잎이 떨어져서 썩은 것을 두엄으로 쓰기 위해 산에 올라가 낙엽을 끌어 모으는 일을 한다. 여자들은 산에 올라가 낙엽을 끌어 모으고 남자들은 모아든 낙엽을 달구지로 실어 나르는 일을 했다. 나는 산에 올라가 일을 하고 내려올 때는 땔나무를 해가지고 내려와야 했다. 그러다 보니 일을 하다가 쉬는 시간에 다른 사람들은 쉬고 있는데 나는 쉬지도 못하고 내려갈 때 가지고 가야 할 나무를 잘라 놓아야 했다. 그러다 보니 나는 산에 올라가 일을 할 때는 늘 손에 톱을 들고 다녔다.

시간이 흐르면서 사람들이 그래도 나에게 말을 하기 시작한다. 나를 보고 예전에는 직장은 어디에 다니고 무슨 일을 했는가 하고 물어본다. 그러다가 어떤 사람들은 아주 조심스럽게 중국에 가니까 잘살던가 하고 물어보기도 한다. 나는 그런 사람들에게 너희들은 잘사는 게 어떻게 사는 것이냐고 물었다. 그리고 다시 말해 주었다. 너희들이 상상하는 이상으로 중국이 잘산다고 말했다. 내 말을 들은 사람들은 모두가 눈이 휘둥그레지면서 "중국이 그렇게 잘살아?"라고 할 뿐 아무 말도 못 한다. 사람들은 나한테 옛날에 직업에 대해 물어보면서도 누구 하나도 나를 보고 옷을 해달라고 하는 사람이 없었다.

우리는 먹을 것이 없어서 집에 있는 물건을 하나 둘 팔기 시작했다. 집에서 덮고 자는 이불부터 시작해서 팔 수 있는 것은 모조리 팔아서 어느 순간이 되니 더 이상 팔아먹을 것도 없다.

언니가 분조에서 감자 종자싹을 뜨는 일를 다듬는 일을 하였다. 사람들은 저마다 감자 싹을 뜨는 일을 하면서 어떻게 하면 조금이라도 감자를 남겨서 집에 가져가서 먹을 생각을 했다. 그러니 충실해야 할 감자 싹은 아주 조그맣게 싹으로 남기고 나머지는 숨겨놨다가 사람들이 보지 않을 때 집에 가져다가 먹는다.

한국에서는 싹이 난 감자는 독성이 있다고 먹지 않는다. 하지만 북한에서는 싹이 난 감자도 풀 먹는 것보다는 나으니 그런 것도 서로 가져가지 못해서 눈에 쌍심지를 켠다. 언니도 감자 싹을 뜨고 감자를 숨겨두었다고 한다. 그런데 집하고 거리가 너무 먼 데다가 많아서 언니가 혼자 가져오기에는 힘이 든다고 한다. 그래서 언니하고 나는 일부러 사람들이 다니지 않는 시간에 감자를 가지러 가게 되었다. 그날따라 날씨가 번개치고 천둥소리가 울리고 국지성폭우가 쏟아졌다. 안 그래도 감자를 가져오다 걸리기라도 하면 큰일인데 날씨까지 변덕을 부리니 언니와 나는 그 감자를 가져오면서 얼마나 긴장을 했으면 집에 와서 언니하고 마주서서 둘이 하는 말이 "두만강을 건너는 것보다 더 힘이 들었다"고 이야기했다.

하루는 먹을 것이 없어서 산에 올라가서 산나물이며 쑥을 뜯어 가지고 집으로 돌아오는데 우리 집 쪽에서 시끄러운 소리가 들려온다. 나는 무슨 일이 생겼나 싶어 막 달려서 집에 오니 외삼촌이 집에 와서 언니와 옥신각신하고 있다. 집에 들어서니 언니가 내게 하는 말이 외삼촌이 먹을 게 없다고 우리 집에 쌀 구하러 왔다고 한다. 나는 외삼촌에게 이야기해주었다. 옛날 우리 아버지가 살아계실 때처럼 우리가 잘사는 게 아니라고 이야기하는데도 외삼촌은 내 말은 안 듣고 다짜고짜로 쌀을 달라고 한다. 나는 산에서 뜯어온 쑥 보따리를 펼쳐 보여주면서 보라고 우리도 먹을 게 없어서 내가 산에 올라가 쑥을 뜯어오는 길이라고 이야기했다. 그런데도 삼촌은 내 말을 믿으려고 하지 않는다. 언니는 할 수 없이 외삼촌에게 쌀을 줄 테니 밖에 나가자고 말하고 일단 집에서 나왔다.

그러는 사이 벌써 누가 보위부에 신고를 해서 보위원이 우리 집에 찾아왔다. 보위원은 우리에게 저 사람이 누구인가 물어본다. 언니는 외삼촌이라고 말한다. 보위원이 이번에는 외삼촌이 왜 우리 집에 왔는지 묻는다. 언니는 먹을 게 없어서 쌀을 구하러 우리 집에 왔다고 이야기했다. 보위원은 우리보고 외삼촌을 빨리 돌려보내라고 하고는 나간다. 언니는 삼촌을 데리고 나가려고 하는데 삼촌은 우리 집에서 안 나가려고 버티고 있다. 우리는 외삼촌에게 삼촌이 돌아가지 않으면 우리 입장이 곤란해진다고 이야기해도 말을 들으려고 하지 않는다. 외삼촌이 우리보고 하는 말이 쌀을 주면 돌아가겠다고 한다. 정말 환장할 노릇이다. 쌀이 없는데 자꾸 쌀을 달라고 하니 우린들 어떻게 쌀을 주겠는가 하고 이야기해도 쓸모가 없다. 그래서 우리는 강제로 외삼촌을 집으로 돌려보내야 했다.

우리가 살아가는 하루하루가 기적이다

정치범의
운명

보위부 구류장이나 정치범수용소에서 사람들이 맞아죽고 사형에
처해지고 있다. 보위부에서는 수많은 사람들이 정치범으로 목숨을
내놓아야 했다.

정치범수용소 생활은 인간이 짐승보다도 못한 생활을 해야 했다.
교회를 갔다고 죽이고 남조선 사람을 만났다고 죽이고 중국 사람의
아기를 가졌다고 죽이고 닥치는 대로 죽이고 있다. 우리도 남조선을
가려고 했다는 이유로 아버지와 오빠를 감옥에서 잃었다. 어떤 집은
딸이 남조선으로 간 것을 알고 보위부에서 그 집 가족들을 정치범수
용소로 끌고 갔다. 그 집 아버지는 딸을 남조선으로 보냈다는 죄로
수용소에서 맞아죽었다.

식량난으로 배고픔에 시달리다가 농장 소 한 마리를 잡아먹고 총살당한 사람의 이야기다. 고기를 팔아 돈으로 옥수수 가루라도 사서 생계를 유지하려고 소고기를 팔기 시작했다. 북한에서는 일반인이 소고기를 판다는 것은 있을 수 없는 일이다. 그렇다 보니 소고기를 팔기가 쉽지 않았다. 결국 소고기를 하나도 못 팔고 소꼬리와 소 눈을 가지고 돌아다니면서 팔기 시작했다. 하지만 어디서도 소꼬리와 소 눈을 사겠다는 사람이 없었다. 결국 소 잡은 죄로 잡혀서 7개월 동안 감방에서 살다가 조국 반역자에 반혁명분자로 몰려 교수형으로 목숨을 잃었다.

북한은 어디가나 사정이 마찬가지였다. 나라에서 배급을 주지도 않으면서 노동자들에게 출근하라고 한다. 장기적인 배급 중단으로 노동자들이 출근을 못 하니 공장이 제대로 돌아가지 못하고 직장들마다 생산 가동이 멈춰서기 시작했다.

당의 정책과 노선을 위한 일에 조금 다른 의견을 내놓아도 반당, 반혁명분자로 낙인 된다. 그러다 보니 사람들은 당의 정책이 잘못되어도 자기주장을 이야기하지 못하고 서로 눈치만 살피고 그냥 당에서 하라는 대로만 한다.

한 제철소 주요 간부들이 중국의 압연 철판을 옥수수로 바꿔서 노동자들을 먹여 철 생산에 힘을 합치게 하고자 중국과 압연 철판하고 옥수수를 바꾸게 되었다. 제철소 간부들이 직접 배를 타고 가서 중국과 압연 철판으로 바꾼 옥수수를 가득 싣고 부두에 배를 정박하는 순간 구루빠_{보위사령부 검열대}들이 권총을 들고 배에 오른다. 그들은 배에 타고 있던 일행을 전원 체포하여 포승줄로 묶어 끌고 간다. 그 후 제철소 일꾼들은 사형장으로 끌려 나왔다. 고문을 당한 후유증으로 모두 걷지 못하고 옆에서 **구루빠**보위사령부 검열대들이 사람들을 질질 끌고 말뚝에 묶어놓았다. 사형수들은 눈을 가린 채 말뚝에 묶여 있다. 중앙 재판소 일꾼이 간단하게 사람들의 사형선고문을 읽는다. 당의 유일적 지도체제를 위반하고 국가재산을 마음대로 외국에 팔아먹는 국가반역죄로 그들을 처형한다는 것이다.

식량이 없어서 먹지 못해서 일을 못 하게 되니 노동자의 먹을 것을 해결해주고 생산을 높여서 충성을 하고자 했던 마음들이 대역죄로 몰려 사형장으로 끌려왔다. 옳다고 믿은 김정일 정권에 충성하려고 했던 그들은 반역자라는 비극 앞에 목숨을 내놓아야 했다. 사격수들이 줄을 서더니 지휘관의 명령에 따라 총을 난사하였다.

정직은 최선의 정책이다. T. 터빌의 말이다.

"정직은 최선의 정책이다. 그러나 그 금언의 지배를 받는 자는 정직한 사람이 아니다. 효과 없는 정직은 남을 괴롭힌다. 정직한 인간은 하나님이 만든 가장 고상한 것이며 정직만큼 값진 유산은 없다. 정직한 길은 걸어가는 데에는 너무 늦다는 법이 없다. 정직한 자는 세계의 시민이다. 벗들이여, 우리가 신에게 정직하면 우리는 서로서로 정직하리라. 정직한 사람은 모욕을 주는 결과가 되더라도 진실은 말하며, 잘난 체하는 자는 모욕을 주기 위해서 진실을 말한다."

구류소에서 있었던 일이다. 탈북자들을 나라를 배반한 민족반역자들이라고 반나절이나 밖에 세워놓았다. 얼마나 추운지 손발이 얼어들고 얼굴은 까맣게 동상이 들고 있었다. 어린아이들과 여인들은 엉엉 울기 시작했다. 밧줄로 손을 묶은 것이 피가 통하지 않아 퉁퉁 부어오르고 추위로 꽁꽁 얼어서 손과 발은 쓰리다 못해 아무런 감각도 없었다. 보위원들이 그들의 손을 풀어주었다. 어떤 여인은 그 자리에서 까무러치며 쓰러졌다. 보위원들은 여인을 보고 꾀병 부린다며 발로 차기 시작한다. "이 간나들아. 옷을 벗고 빤쯔_{팬티}도 다 벗어라."라고 말한다. 나이 드신 어르신에게도 반말을 한다. 탈북자들은 돈을 빼앗기지 않으려고 돈을 비닐에 싸서 먹기도 하고 항문이나 음부에도 감춘다. 그런 사실을 알고 보위부에서는 어떤 수단과 방법을 가리지 않고 탈북자들의 돈을 갈취한다.

보위부에서 보위원들은 탈북자들보고 나라를 배반하고 더러운 것들이라고 정치범으로 몰아세우고 정치범수용소로 끌어가면서 그것도 모자라 그들의 목숨까지 앗아간다. 저들이 말하는 일명 나라를 배반하고 더러운 것들이 벌어온 돈을 빼앗으려고 눈에 핏줄을 세워가며 날뛰고 있다. 세상에 이보다 더 더러운 인간들이 어디에 있을까. 탈북자들보다 더 더럽고 추악한 것들의 나라를 지킨답시고 탈북자들에게 말도 안 되는 죄를 들씌워서 정치범으로 몰아세우고 그들의 목숨도 서슴지 않고 빼앗아간다. 벤자민 프랭클린은 이렇게 말한다.

"상대에게 해를 입히는 것은 그보다 못한 사람이 되는 것이고, 복수를 하는 것은 상대방과 똑같은 사람이 되는 것이다. 용서를 하는 것은 상대방보다 우월한 사람이 되는 것이다."

보위원들은 탈북자들의 옷을 벗기고 펌프질앉았다 일어서는 운동을 시
킨다. 한 할머니는 펌프질을 몇 개도 못 하고 쓰러졌다. 보위원이 할
머니에게 다가가 구둣발로 걷어차기 시작한다. 그러면서 하는 말이
"야, 이 늙다리 같은 간나야. 중국으로 도망갈 땐 힘이 나고 펌프질
하라고 하니까 넘어져?" 그러면서 할머니가 일어날 때까지 할머니
를 구둣발로 찬다. 한 젊은 여인에게 다가가서는 "야, 돈 내놔."라고
말한다. 여인이 돈이 없다고 이야기하니 보위원이 여인을 노려보며
"네 몸에 가지고 있는 돈 다 꺼내 놓으라고." 하며 "야, 너는 돈 어디
에다 건사했어? 솔직히 말해."라고 하며 여인을 쏘아본다.

보위원들은 탈북자들을 더러운 것들이라고 욕을 하면서도 탈북자
들에게 마치 저들의 돈을 맡겨 놓은 것을 찾아가는 것처럼 너무나 당
당하게 돈을 착취한다. 여인이 계속 돈이 없다고 버티고 있으니 보위
원은 여인을 철창에 묶어 놓고 고무장갑을 손에 낀다. 그러더니 여
자의 자궁에 손을 밀어 넣고 자궁 안에서 비닐에 싼 중국 돈을 찾아
꺼낸다. 그러더니 "야, 이 간나야. 좋게 말할 때 들어야지. 이래도 없
어?" 하면서 미친 개 패듯 때리기 시작한다. 잠시 후 여성은 피를 흘
리면서 감방으로 들어온다.

수용소에서 전염병이 돌기 시작하면서 사람들이 죽어나가기 시
작했다. 영양실조에 걸려 죽은 사람, 병들어 죽는 사람, 매 맞아 죽는
사람으로 감옥은 그야말로 지옥이었다. 감옥에서 고통을 견디기 힘
들어 자살하는 사람들도 있다. 죄 없이 죽어가는 원혼을 어느 누가
후에라도 그들의 원한을 풀어줄 수 있을까? 북한의 정치범 수용소에
있는 정치범들이 겪는 야만적인 고문과 학대는 일반인들이 생각도

할 수 없을 만큼 반인륜적이다. 그야말로 짐승보다도 못한 악행으로 처벌을 가하고 사람을 죽인다.

김일성·김정일 가문이 세운 공산주의 체제에서 억울하게 죽어가는 사람들은 우리 가족뿐만 아니라 수많은 사람들이 동족에 의해 무참히 유린당하고 죽어가는 것이다. 이런 비참한 현실 앞에서도 북한 주민들은 김일성·김정일 가문이 세운 공산주의 체제에서 복종하며 살아가고 있다. 김일성·김정일 가문이 세운 공산주의 체제는 거대한 거짓의 세계였다. 김일성, 도대체 어느 것이 진짜야. 돌에 입이 있다면 분명 할 말이 있을 것이다.

또 다시
국경을 넘다

아, 절연되지 않기를.
그 어떤 사소한 간격에 의해서도 별들의 법칙으로부터
절연되지 않기를 내면 – 그것은 무엇인가?
그것은 광대무변한 하늘 새들이 힘차게 솟구치고
귀향의 바람(風)으로 출렁거리는 저 높고 그윽한 하늘
– 라이너 마리아 릴케의 「아, 절연되지 않기를」 중에서

　나는 방앗간에 갔다가 창태리 상점에서 일하는 점장아줌마를 만
났다. 아줌마는 자신이 중국에 가려고 하는데 길을 모른다고 하면서
길을 좀 가르쳐 줄 수 있는가 하고 묻는다. 나는 아줌마에게 "아줌마
나를 어떻게 믿고 그런 말을 해요?"라고 하니 아줌마는 나에게 "자
신은 우리같이 고생 많이 한 사람들을 믿는다며 그런 사람 안 믿으
면 누굴 믿겠는가?"라고 이야기한다. 그날은 아줌마를 처음 만난 자
리라서 나는 그냥 듣기만 할 뿐 아무 말도 하지 않았다. 아줌마는 나
를 믿을지 몰라도 나는 그를 어떻게 믿을 수가 없었다. 한 달 뒤 나는
또 방앗간을 가게 되었다. 그날도 역시 아줌마가 방앗간에 찾아와 자
기는 중국에 가고 싶다며 나를 보고 길만 좀 알려주고 오면 안 되겠

는가 하고 나한테 묻는다. 그래서 나는 그냥 "알았어요."라고 이야기하였다. 아줌마는 자기는 어느 날 갈 거니까 그날 만나자고 하는 것이었다.

집에 와서 언니 보고 중국 가자고 하니 "이제 갔다가 잡히면 또 어떻게 감옥생활을 하겠는가."라고 하면서 두 손을 흔든다. 그 이야기를 듣고 나는 속으로 언니하고 같이 못 가겠다고 생각하고 혼자 떠나기로 결심했다. 나는 1분 1초를 살아도 사람답게 살고 싶었다. 집을 떠나기 전날 저녁에 이번에 중국에 갔다가 잡히면 북한으로 송환되기 전에 자결할 마음을 먹고 바지 밑단에 엄지손톱보다 작은 크기에 안전 면도날을 숨겨놓았다.

떠나는 날 아침, 옷을 해달라고 받아놓은 원단에 주문 받은 사람들의 이름을 적어 놓았다. 그리고 아침을 먹고 집을 나서 5리쯤 내려왔는데 언니가 울면서 뛰어 오더니 나를 잡는다. "니 지금 어디 가니. 중국 가니." 하면서 묻는다. 나는 언니에게 "어디 가기는. 회령에 맹원증사로청원들에게 주는 증서[당원증하고 같은 의미] 사진 찍으러 가지."라고 말했다. 언니는 "언제 오니." 하고 묻는다. 나는 "내일 오지."라고 말하였다. 언니는 "내일까지 기다린다. 꼭 돌아오라." 한다. 맹원증 사진 찍으러 간다는 이야기에 언니는 내가 중국에 간다고 생각을 안 하는 것 같았다. 약속 없는 기다림을 남기고 그렇게 언니를 집으로 돌려보내고 나는 점장아줌마를 만나서 창태리에서 탄광노동자를 싣고 회령시까지 가는 자동차트럭가 있는 곳으로 갔다.

탄광노동자를 싣고 가는 차는 1대밖에 없는데 차를 타려고 하는 사람이 너무 많이 모여 있었다. 차 한 대에 회령시에 가려고 하는 사람이 다 나온 것 같다. 잠시 후 자동차가 온다. 차가 멈춰 서는 것과 동시 사람들이 서로 먼저 타려고 그야말로 전쟁터가 따로 없다. 사람 위에 사람이 올라설 정도로 사람들이 차에 오른다. 점장아줌마는 그곳에서 오래 살다 보니 차에 올라타도 차에서 내리라는 사람이 없는데 나를 보고 자꾸 내리라고 한다.

그것도 나는 지금 적재함에 올라탄 것도 아니고 사람이 너무 많아서 적재함에 매달려 있었다. 손은 적재함을 잡고 발은 바퀴 위를 밟고 있는 상황에서 한 아저씨가 나를 보고 자꾸 내리라고 하면서 적재함을 잡고 있는 내 손을 밟아 버린다. 그래도 나는 내리면 안 된다고 생각하고 몇 번이고 밀려나면서도 자동차에 매달려 있었다. 이런 차도 못 타면 100리 길을 걸어가야 한다. 그러다 보니 사람들은 어떻게 하든 차를 타려고 한다. 아저씨가 나를 밀어낼수록 내가 더 거세게 차를 타려고 애를 쓰니 그 아저씨는 "저 여자 누구 집 딸이야?"라고 옆 사람에게 물어본다. 그 모습을 본 점장아줌마가 그 아저씨 보고 "좀 태워 주라고. 나_{점장아줌마}하고 같이 가는 애다."라고 말을 하니 그 사람은 더 이상 말을 안 한다. 그래서 간신히 차를 타긴 했는데 너무 위험하다.

나는 차를 타긴 탔는데 적재함 안에 발을 넣을 수가 없어서 적재함을 밟고 있고 손은 운전석 위를 잡고 있는 상황이어서 차가 흔들릴 때마다 떨어질 것만 같아 너무 위험하다. 차가 출발해서 300m 내려오는데_{북한 길은 포장도로가 아니라서 울퉁불퉁하다} 한 아저씨가 소리친다. "내 갈비뼈 부러진다."면서 차를 세워 달라고 난리다. 차가 멈춰서더니 그 아저씨는 갈비뼈 부러진다면서 못 가겠다고 내린다. 그 말을 듣고 누군가 하고 보니 나를 차에서 내리라고 그렇게 못살게 굴던 아저씨가 못 가겠다면서 내린다고 난리다. 나는 속으로 통쾌했다. "니 그렇게 나를 못살게 굴더니 잘 됐다." 하면서……. 속으로 아주 통쾌했다. 그 아저씨가 내리고 나는 겨우 한쪽 발을 적재함에 넣을 수가 있었다. 힘들게 버텨서 회령시까지 차를 타고 무사히 도착했다.

우리는 점장아줌마 동생 집으로 가서 점심을 먹고 오후 2시가 지나서 점장아줌마 동생 집을 나섰다. 그때 점장아줌마 동생이 나에게 "니도 중국에 가지."라고 말한다. 나는 점장아줌마 동생에게 "나도 갈 마음이 있었기에 여기까지 오지 갈 마음이 없으면 왜 여기까지 왔겠어요."라고 이야기하니 점장아줌마 동생이 너무 좋아한다. 자기 언니가 중국 가는데 길을 몰라서 걱정이 되었는데 길을 아는 사람이 같이 간다고 하니 너무 좋아한다.

그 집을 나와 1시간 40분가량 걸어서 함경북도 회령시 영수리라는 곳에 도착해서 우리는 두만강 쪽을 살피면서 경비대가 없는 틈을 타서 내가 신호를 보내면 3명이 동시에 두만강을 달리기로 약속했다. 멀리서 보기에 내가 생각했던 장소에 사람이 세 명이 왔다 갔다 하는 모습이 보이기에 우리는 천천히느리게 걸으면서 사람들이 없어질 때까지 기다리면서 두만강을 옆을 걸어갔다. 잠시 후 경비대나 사람들도 보이지 않기에 나는 주위를 둘러보고 "뛰어라!" 하는 소리와 함께 3명이 동시에 두만강을 향해 달리기 시작했다. 우리나와 점장아줌마 그리고 아줌마 딸는 두만강을 뛰면서 엉엉 울었다.

내가 태를 묻고 나서 자라고 선조의 무덤이 있는 땅을 버리고 떠나며 다시는 돌아오지 않으리라고 다짐하였다. 사랑하는 아버지와 오빠는 고이 잠들고 어머니와 언니를 두고 죽기를 각오하고 눈물을 흘리면서 원한의 북한 땅을 작별하였다. 나는 다시 한 번 강 건너 북한 땅을 바라보았다. '아버지, 어머니 안녕히 계세요.'

김일성一家를 위해 복종하며 충성도 해보았고 큰 공도 세우기도 했다. 아무리 잘살아 보려고 발버둥을 쳐도 차려지는 것은 천대와 멸시뿐이었다. 살아보자 애써 참고 살아 왔지만 현실은 참혹한 죽음뿐이었다. 북한 땅에서 살아갈 삶의 권리를 상실한 나는 끝내 나서 자란 고향을 등지고 기약할 수 없는 길에 나섰다.

나는 김정일과 그 추종분자들과 한 하늘을 이고 정녕 살 수 없어 1997년 2월 18일에 또다시 두만강을 넘었다. 오후 5시 30분경에 두만강을 건너 우리는 북한이 보이지 않는 곳에 자리 잡고 앉아서 앞으로 많이 걸어야 하니 저녁을 먹었다. 나는 두 번째로 두만강을 건너면서 나 자신과 한 가지 약속을 했다. 앞으로 나는 '말과 행동을 잘못해서 나의 부모 얼굴에 먹칠하는 행동은 절대 하지 않기'로 다짐하였다.

점장아줌마가 나에게 사촌오빠네 집은 흑룡강성 용정시 삼합리에 있다고 하면서 그곳으로 가자고 한다. 우리는 두만강을 건너서 4시간 30정도 걸어서야 삼합리에 도착했다. 처음 우리 가족이 삼합리까지 걸었을 때는 7시간 넘게 걸렸는데 두 번째로 걸으니 처음 걸을 때보다 시간이 조금 걸렸다. 점장아줌마 사촌오빠네 집에 도착했을 때 중국 시간으로 저녁 8시 40분이 막 지나고 있었다. 그 당시 점장아줌마 딸이 나이가 열두 살이었다. 아줌마 사촌오빠가 아줌마 딸에게 "너 걸어오는데 힘들지 않았어?" 하고 물어본다. 아줌마 딸은 "아니요. 여기 와서 잘 먹을 걸 생각하니 하나도 힘들지 않았습니다."라고 대답한다. 아줌마 사촌오빠는 열두 살짜리 꼬마가 그렇게 대답을 하니 참으로 안타까운 일이라고 말씀을 하신다. 그날 저녁 우리는 그 집 아줌마가 차려주는 저녁을 맛있게 먹었다.

우리는 다음날 점장아줌마네 아저씨를 만나서 아줌마 가족은 흑룡강으로 들어갔다. 그때 언니가 아는 아저씨를 찾아 달라고 아줌마 사촌오빠에게 부탁드렸다. 내가 찾아달라고 부탁한 아저씨는 우리집 사정을 알고 계시는 분이었다. 아저씨는 북한에 자주 다니면서 우리와 친분이 있는 집에 잘 다녀서 우리 집 일을 알고 있었다. 다음 날 점장아줌마네 사촌오빠는 내가 찾는 분을 찾아 나에게 소개해주었다. 나는 아저씨에게 나의 사정을 말했다. 그래서 나는 아저씨에게 중국에 친척이 많지만 그곳에 갈 수가 없으니까 안전한 곳에 보내달라고 이야기했다. 내 이야기를 듣고 난 아저씨는 친척집에 갈 수 없는 사정을 이해한다. 왜냐하면 북한에서 내가 없어졌다고 중국에서 이런 사람을 찾아달라고 하면 중국에서는 경찰들이 우리 친척집부터 찾아가기 때문이다. 그때 아저씨가 소개해준 집이 할머니 한 분이 사시는 집이었는데 다리가 불편해서 무거운 짐을 들 수가 없다며 할머니가 장을 보면 무거운 것도 들어주고 말동무도 되어 주어라 하면서 인심 좋은 할머니 집에 보내 주었다. 그 집 가족들은 좋은 분들이었다.

할머니는 딸 다섯 남매를 키우시면서 고생도 많이 하신 분이었다. 그 당시 첫째, 둘째는 백화점에서 근무하고 셋째는 중한 합작기업을 운영하는 사장이었고 넷째 딸은 러시아에 돈 벌러 가고 막내딸은 한국에 시집갔다고 하였다. 그때 나하고 처음 만난 사람이 할머니 셋째

딸 ○○언니였다. ○○언니는 나를 보는 순간 "참 고생이 많다." 하면서 김정일 개새끼라고 욕을 한다. ○○언니는 북한하고 사업을 하다가 몇 번 사기를 당했다고 한다. 북한당국의 강탈과 몰수는 자국민들뿐 아니라 중국의 개인 사업자들에게서도 무자비한 강탈을 감행하였다.

부정을 저지른다는 것은 부정을 당하기보다 더 수치스럽다. 플라톤은 말한다.

"국가의 부정은 국가의 몰락으로의 가장 확실한 길이다. 불공평을 씨 뿌리는 자는 슬픔을 거둬들일 것이다. 부정한 이득보다는 손실을 택하라. 손실은 순간의 고통을 가져오지만 부정한 이득은 영원한 고통을 가져온다."

공포의
사이렌 소리

시골에서 봄철은 황금기 같은 시간이다. 씨앗을 뿌리는 시기를 놓치면 한 해 농사를 잘 짓는 일은 어렵기 때문이다. 그날도 나는 시댁 식구들과 담배모종을 옮기며 밭에서 열심히 일을 하고 있었다. 오전 10시가 좀 넘어서 시어머니가 저 멀리서부터 다급하게 달려오시면서 우리 쪽을 향해서 뭔가 소리를 치면서 오신다. 그때까지 별 신경을 쓰지 않고 나는 하던 일을 계속 하고 있었다. 시어머니가 다급한 소리로 말을 하면서 밭으로 올라오는데 뭐라고 하시는지 잘 들리지가 않았다. 시어머니가 조금씩 가까워지면서 시어머니가 하시는 말소리가 뚜렷하게 들려온다. 시어머니는 급하게 올라오시다보니 숨도 제대로 쉬지 못하시면서도 나를 보고 빨리 저 산에 가서 몸을 피

하라고 하신다. 시어머니의 말씀은 마을 촌장네 집에 경찰차가 왔다고 한다. 아무런 영문도 모르고 일단 경찰차가 촌장네 집에 왔으니 시어머니는 먼저 나보고 산에 가서 숨으라고 한다.

특별히 죄를 지은 것도 아닌데 불법체류자라는 신분 때문에 나와 시댁 식구들은 공포에 떨고 있었다. 오전 일이 끝나고 점심시간에 시어머니는 식사도 제대로 못 하고 동네에 나가서 촌장네 집에 온 경찰들이 무슨 일로 왔는지 알아보려고 나가신다. 특별히 촌장네 집에 온 경찰들이 무슨 일로 왔는지 동네사람들도 아는 것이 없었다. 바쁜 농사철이라서 마을사람들은 마을에 나타난 경찰차에 큰 신경을 쓰지 않는데 나와 우리 시댁에서만 촉각을 세우고 있었다. 오후 늦게 알게 되었는데 경찰들이 촌장네 집에 와서 하루 종일 술을 마시며 놀다가 가는 것을 시어머니가 보았다. 그리고 나서야 신랑이 우리 집 뒷산으로 나를 데리러 왔다. 나는 하루 종일 일도 못 하고 밥도 먹지 못하고 산에서 불안에 떨고 있었다. 시댁식구들도 말은 안 하지만 나 때문에 불안하기는 매한가지였다. 그날은 그렇게 일이 끝나고 우리는 놀란 가슴을 쓸어내리면서 다시 평온한 일상으로 돌아와 살아가고 있었다.

그러던 겨울 어느 날 시어머니가 우리 집으로 달려와 빨리 시내로 나가라고 한다. 그날도 역시 촌장네 집에 경찰들이 왔다고 한다. 나는 빨리 옷을 입고 시내로 나와 예전에 함께 지내던 할머니네 댁에 찾아갔다. 할머니에게 시골에 일이 생겨서 시내로 몸을 피해 나왔다고 하니 할머님은 할머니네 집에 있으라고 한다. 할머니네 집에서 삼일을 지내고 있는데 시댁에서 전화가 왔다. 이젠 집에 와도 된다고 한다. 그러면서 하는 말이 그 마을에 사는 스물다섯 살 한족중국사람 남자가 중학교에 다니는 학생의 삐삐를 빼앗아서 그 한족중국사람을 잡으러 왔다고 한다. 그런 줄도 모르고 나와 시댁에서는 나를 잡으러 왔는가 싶어서 심장병이 올 정도로 놀라서 나는 시내에 나와 있었다. 황당한 일임에도 웃을 수가 없다. 번번이 이런 일이 발생할 때마다 나와 시댁에서는 놀란 가슴을 쓸어내린다.

그러던 1999년 4월, 나는 인신매매 납치되어 갔다가 돌아왔다. 나는 그날 이후로 날마다 악몽 속에서 살아야 했다. 날마다 밤이 되면 오늘은 무슨 일이 또 생길까 봐 항상 긴장을 하면서 잠도 제대로 자지 못하고 아침이면 '어젯밤은 무사했네.' 하면서 혼자서 안도의 한숨을 쉬곤 한다.

날마다 공포 속에서 살아가다 보니 나는 속이 까맣게 타들어갔다. 할 수 없이 우리는 그해 농사를 마무리하고 연길시내에 나와 살았다. 시내에 나와서 나는 기공을 구한다고 써 붙인 복장점양장점에 들어가 기공을 받는가 하고 물어보았다. 로반사장은 사람이 필요하긴 한데 하면서 나를 보고 미싱을 할 줄 아는가 하고 물어본다. 나는 미싱을 할 줄 안다고 이야기하고 옷을 만들 줄 안다고 말했다. 내 말을 들으면서 로반사장은 머리를 기웃거리면서 그럼 한복치마를 하나 줄 테니 집에 가지고 가서 해 올 수 있는가 하고 물어본다. 내가 그렇게 할 수 있다고 하니 로반사장은 한복치마를 꺼내 펼치면서 하는 방법을 가르쳐 준다. 집에 와서 한복치마를 예쁘게 만들어서 다음 날 복장점양장점을 다시 찾아갔다. 로반사장이 나를 보면서 치마를 해 왔느냐고 물어본다. 나는 해왔다고 하고 치마를 로반사장에게 주었다. 로반사장은 치마를 펼쳐보더니 마음에 드는지 내일 당장 미싱을 가지고 복장점_양장점에 올 수 있겠느냐고 물어본다. 나는 그렇게 할 수 있다고 이야기했다. 로반_{사장}은 내일부터 자기네 복장점_{양장점}에서 일을 해도 된다고 한다. 그렇게 나는 복장점_{양장점}에 취직을 하였다.

다음 날부터 복장점_{양장점}에 출근을 하면서 나는 출근길에 혹시라도 경찰을 만날까 봐 두려워서 항상 아침 일찍 출근을 했다. 하루는 복장점_{양장점}에 일이 많지 않아서 그날은 오전 10시에 자전거를 타고 출근을 하는데 저 멀리서 경찰이 두 명이 보인다. 경찰을 보는 순간 내 심장은 심하게 요동치고 있다. 그러면서도 자전거를 타고 경찰들 옆을 지나가려는데 경찰이 나를 보고 서라고 한다. 나는 자전거에서 내렸다. 한족_{중국사람}경찰이 나에게 뭐라고 말을 하는데 알아듣지 못하니 한족_{중국사람}경찰이 다른 경찰에게 뭐라고 말을 한다. 그러더니 다른 경찰이 나에게 다가와 조선말로 자전거 누구 자전거냐고 물어본다. 나는 우리 아저씨_{형부} 자전거라고 대답했다. 그러니 경찰은 자전거 번호판을 확인하고는 가도 된다고 한다. 잠깐 사이라도 나는 경찰을 보면 천국과 지옥을 왔다갔다하는 심정이다. 나는 그날 이후로 복장점_{양장점}에 아무리 일감이 없어도 아침 일찍 출근하였다.

2002년 6월 4일, 일을 마치고 퇴근을 하고 집으로 돌아오는데 우리 집 앞에 건장한 남자 두 명이 이야기를 하는 모습을 보고 나는 혼자서 얼마나 놀랐는지 모른다. 집에도 들어오지 못하고 밖에서 그 사람들의 동향을 살펴보았다. 퇴근을 해서 8시쯤 집에 왔는데 10시가 넘어도 그 사람들은 가지 않고 이야기한다. 나는 혹시나 나한테 문제가 생겼을까 봐 무서워서 집에도 못 들어가고 밖에서 그들이 갈 때까지 기다렸다. 밤 11시가 넘어서 그 사람들은 어디론가 가버린다. 이상한 전화를 받아도 떳떳하지 못한 신분 때문에 집에도 못 들어가고 피해 다녀야 하는 신세가 떠돌아다니는 낙엽과도 같았다.

신랑은 멀리 지방에 일하러 가고 집에는 나밖에 없었다. 신랑이 지방으로 일하러 가고 나 혼자 집에 있으니 어쩐지 혼자 이 세상에 남겨진 기분이다. 하루하루 힘들게 살다 보니 마음속에는 항상 한국으로 가고 싶은 마음뿐이다.

2002년 6월 29일에 뉴스를 보니 한국과 북한의 교전이 일어났다고 한다. 그런데 교전은 불과 몇 분 안 되었다. 나는 속으로 아쉬움이 남았다. 그대로 전쟁이 일어나 북한정치가 몰락했으면 하는 바람이 있었다.

나는 항상 기회가 생기면 언제든 '한국을 가리라'는 마음을 가지고 있었다. 한국을 가려고 여러 번을 시도하는 과정에서 사기만 두 번을 당했다. 그런데 지금은 같이 일하는 언니가 12월에 한국으로 시집을 간다고 한다. 나는 그 언니에게 한국 수속을 하는 사람을 소개해 달라고 말했다. 언니가 하는 말이 이 사람은 확실하다는 것이다. 며칠 지나서 한국 수속을 하는 사람하고 같이 일하는 언니랑 함께 만났다. 그 사람을 만나서 자기가 하는 한국 수속 방법을 말하면서 확실하게 믿어도 된다고 한다. 그러면서 한국 수속을 한다며 선불로 먼저 인민페로 5,000원을 요구한다. 나는 바로 그 사람들과 함께 은행으로 가서 그 자리에서 5,000원을 찾아서 주었다. 그리고 보름 지나서 한국 수속을 하는 사람에게 연락이 왔다. 지금 신분증을 만들었다고 한다. 나는 신분증을 만들려고 아무리 애를 써도 만들기 힘들어서 만들 수가 없었는데 이 사람은 이렇게 빨리 만든 것이 신기했다.

나는 그 일로 그 사람을 믿고 있었다. 그 뒤로 나는 그 사람에게서 신분증을 전달받고 하루 빨리 한국 수속이 이루어지기를 바라면서 기다리고 또 기다렸다. 그런데 신분증은 그렇게 빨리 만드는 사람이 몇 달이 지나도 한국 수속이 이렇다 저렇다 할 소식도 없고 감감 무소식이다. 나는 조금씩 불안해지기 시작했다. 그래서 그 사람이 만들었다는 신분증이 진짜인지 가짜인지 확인을 해달라고 시어머니께 부탁드렸다. 시어머니의 아는 사람을 통해서 알아본 결과 신분증은 가짜로 확인이 되었다. 저번에는 그냥 사기로 2,000원을 당하고 이번에는 가짜 신분증을 만드는 데 5,000원이나 날렸다.

불법체류자로 어디를 가도 떳떳하지 못하고 기를 펴지 못하고 살아가는데 갑자기 어디선가 사이렌 소리가 들려오면 내 몸은 너무 긴장을 한 탓에 온몸에 털이 바짝 선다. 숨어서 지내는 중국 땅에서는 자유와 희망이 없었다.

맨스필드는 이렇게 말한다.

"인생은 평화와 행복만으로는 지속될 수 없다. 고통과 노력이 필요하다. 고통을 두려워하지 말고 슬퍼하지 말라. 참고 인내하면서 노력해 가는 것이 인생이다. 희망은 언제나 고통의 언덕 너머에서 기다린다."

가짜
중국 경찰

봄이 시작되면 시골에서는 항상 분주하게 살아야 한다. 모종을 옮겨 심어야 하고 할 일이 태산이다. 그날 낮에도 하우스 안에서 담배 모종을 옮긴다고 눈 코 뜰 새 없이 바쁘게 보냈다. 1999년 4월 26일 밤 11시 25분경에 바쁜 농사일을 마치고 금방 잠이 들어서 얼마 지나지 않았는데 밖에서 문 두드리는 소리가 들려와서 옆에서 자고 있는 신랑을 깨웠다. 밖에 누가 왔다고 빨리 나가 보라고 하니 신랑이 옷도 입지 않은 채 누구냐고 물으면서 문을 여는 순간 난데없이 남자 3명이 권총을 들고 들이닥치듯이 들어와서 다짜고짜 옷을 입으라고 하더니 신랑하고 나를 끌고 나간다. 그때 신랑하고 나는 대충 짐작은 하나 이 사람들이 누구인지는 알 수가 없었다. 그 순간에도 나는 이 상황을 알리고자 옆집에 사는 한족중국사람 아주머니를 애타게 불렀다. 내가 아무리 큰소리로 아주머니를 불러도 아주머니는 아무런 반응이 없다. 한족중국사람들은 자기하고 상관없는, 그것도 자기한테 불리한 일엔 절대 나서지 않는다.

그렇게 우리는 낯선 사람들에게 끌려가는 동안 시댁에서는 아무것도 모르고 잠들어 있다. 그들이 타라고 하는 차를 타고 시댁을 지나가면서도 소리 한번 질러보지 못하고 그들에게 끌려가고 있는데 마을을 지나 인적도 없는 야산에 올라가 신랑을 내려놓고 나만 데리고 간다. 신랑을 내려놓고 차안에서 그들은 나한테 어디 사람이냐고 묻는다. 북한에서 왔느냐고 묻는다. 계속 아니라고 이야기하니 어느 시골마을 조용한 강가로 끌고 가더니 나를 보고 북한 사람이라고 승인하지 않으면 죽여 버리겠다고 협박을 한다. 그래도 나는 북한 사람이 아니라고 말을 하니 남자 2명이서 나를 붙잡더니 강에다 처넣으려고 한다. 한 남자가 "야, 너 북한 사람 맞지?" 그래도 나는 계속 북한 사람이 아니라고 이야기했다. 나는 그 사람들을 향해서 "죽일 거면 죽이라고 산에 가자"고 하면서 내가 앞장서서 산 쪽을 향해 걸었다. 그러니 자기들끼리 하는 말이 이런 독종은 처음 본다고 하면서 지껄인다. 그렇게 옥신각신하다가 한 시골마을에 가서 자기들이 아는 한족중국사람 집에 나를 끌고 간다. 그 집 주인은 아저씨 혼자 살고 있었다.

한편 그 시간 신랑은 산에서 신발도 신지 못하고 맨발로 걸어서 새벽 2시가 넘어 사촌누나중매꾼 집에 도착했다. 옷도 제대로 못 입고 신발도 없이 맨발로 들어서는 신랑을 보고 중매쟁이는 놀라서 무슨 일인가 하고 물었다. 어젯밤 모르는 남자들이 집에 와서 각시_{아내} 데리고 가고 자기_{신랑}는 산에서 내려와서 지금 사촌누나_{중매쟁이} 집에 왔다고 이야기했다. 신랑 이야기를 듣고 중매쟁이는 신랑 사촌형한테 전화를 했다. 그런데 신랑 사촌형이 전화를 안 받는다. 날이 밝아 다시 신랑 사촌형한테 전화를 하니 계속 전화를 안 받는다.

예전에 시댁에서 내 문제로 호구_{호적}를 부탁하니 잘못하면 자기가 옷을 벗게 된다며 거절했다. 그러니 이번 일로 전화 안 받는 건 당연한 게 아닌가 싶다. 신랑은 어떻게 해야 할지 모르고 속만 태우고 있었다.

그날 저녁 나는 한족 집에서 보냈다. 다음날 날이 밝으면서 여자한 명이 그 집을 찾아왔다. 여자는 집에 들어오더니 나에게 북한 사람이라는 것을 승인하라고 달래기 시작한다. 그러면서 자기가 도와주겠다고 한다. 이 남자들이 다른 사람들에게 나를 넘길 때 틈을 봐서 내가 달아날 수 있게 도와주겠다고 한다. 그러면서 지금 이 사람들 앞에서 달아나면 안 된다고 한다. 그러면 자기도 도와줄 방법이 없다고 이야기한다. 그러면서 자기가 가지고 온 옷을 바꿔 입으라고 한다. 나는 여자가 주는 옷을 갈아입고 우리는 그 집에서 빠져나와 시내로 나가다가 연길 철남시장 근처에 있는 식당에 들어가 아침을 먹으려고 기다리고 있는데 여자 한 명이 또 온다. 그러더니 이번에는 여자 둘이서 나를 달래면서 어디서 왔느냐고 하면서 "북한 사람 맞지?" 한다. 그래도 나는 북한 사람이 아니라고 했다.

잠시 후 음식이 나오면서 우리는 아침을 먹고 그곳을 나왔다. 거리에 나와서 누구를 기다리는 건지 남자 두 명하고 여자 두 명은 어디 가고 젊은 남자와 함께 있게 되었다. 그때 나는 남자에게 다가가서 시댁에 한 번만 전화를 하게 해달라고 부탁했다. 나의 이야기를 듣던 남자는 나보고 "지금 자기와 있다는 것을 말하면 안 되고, 지금 어디에 있는가 물으면 공안에 있다"고 이야기하라고 한다. 나는 그 약속을 지키겠다고 하고 시댁에 전화를 걸었다. 시댁에 전화를 하니 지금 어디에 있는가 하고 물어본다. 나는 남자하고 약속한 것도 있고 그리고 남자가 전화기 옆에서 통화내용을 듣고 있어서 어쩔 수 없이 남자가 시키는 대로 공안에 있다고 이야기했다. 그리고 너무 걱정하지 말라는 말과 함께 며칠 뒤 집에 갈 테니 기다리라고 하고 전화를 끊었다.

그렇게 시간을 보내고 있는데 사람들이 오더니 택시를 타고 연길 시내로 들어간다. 연길시내에 들어와서 연길 서시장을 지나 연길시 공원을 지나면서 얼마 가지 않았는데 택시 안에서 밖을 내다보니 신랑 사촌형 차가 택시 옆을 지나간다. 그 당시 나의 머릿속에서는 '저 사람이 내가 도움을 청하면 도와줄까? 평소에 내가 북한 사람이라고 별로 좋아하지 않았는데' 하면서 그냥 지나갔다. 하지만 갑작스레 내 머릿속에서 도움이 되든 안 되든 도움을 청해보자는 생각이 들었다. 아무리 나를 안 좋아하더라도 그래도 친척인데……

나는 택시기사에게 중국말로 차를 세우라고 말했다. 우리 상황을 모르는 택시기사가 택시를 멈춰 세운다. 순간 나는 택시 문을 열고 택시에서 내리려고 하는데 옆에 앉아있던 젊은 여자가 내 등을 잡으며 나를 못 내리게 한다. 나는 차분하게 잠시만 기다려 달라고 볼일이 있어서 그렇다고 하니 조수석에 앉아 있던 남자가 옷을 놔주라고 신호를 보낸다. 그렇게 택시에서 내리는 순간 신랑 사촌형의 차를 따라잡으려고 죽을힘을 다해 뛰었다. 신랑 사촌형의 차문을 두드리면서 문을 열어달라고 소리쳤다. 그때 마침 신랑 사촌형의 자가용이 좌회전을 하려고 신호 대기를 받은 것이었다. 좌회전 안 하고 직진을 그냥 했으면 나는 그 차를 따라잡지 못했을 것이다.

신랑 사촌형은 무슨 일이냐며 차 문을 열어준다. 나는 뒷자리에 앉지 못하고 누웠다. 그 사람들이 나를 보고 쫓아올 것만 같아 앉을 수가 없었다. 나는 신랑 사촌형에게 내가 태○○의 각시아내라고 말하고 어젯밤에 있었던 일을 이야기했다. 신랑 사촌형은 나를 보고 일어나 앉으라고 말한다. 그러면서 택시에서 내린 장소를 알고 있는지 묻는다. 나는 안다고 이야기했다. 신랑 사촌형은 연길시 공안에 출근을 하던 길이었다. 신랑 사촌형은 연길시 공안으로 가다가 차를 유턴해서 내가 택시에서 내린 그 장소로 다시 차를 운전하고 있었다.

잠시 후 택시에서 내린 그 장소에 도착하니 다섯 명 중에 두 명만 보인다. 신랑 사촌형은 차를 멈추고 차에서 내린다. 그러더니 그 사람들 앞에 가서 자기 공작증공무원증을 꺼내 보이면서 중국말로 두 사람 다 차에 타라고 한다. 갑작스런 상황에 두 사람은 서로 마주 보면서 당황한 기색을 보인다. 잠시 차 문이 열리면서 차에 오르려던 남자가 내가 있는 것을 보더니 놀라면서 걸음을 주춤거린다. 그러다 다시 차에 올라 내 옆에 앉으면서 경찰에게 자기 이야기를 잘 해달라고 나한테 말한다. 나는 그 이야기를 들으면서 잠시만 기다려 보라고 이야기했다.

신랑 사촌형은 그 사람들을 차에 태우고 먼저 나를 중매쟁이나와 신랑을 소개한 중매꾼 집에 데려다 주었다. 그곳에 나를 내려놓고 신랑 사촌 형은 다시 연길시 공안으로 갔다. 그 사람들을 데리고 공안국에 들어가 조사를 해보니 그들은 나를 심양에 마흔여섯 살 먹은 장애인에게 중국 돈으로 2,000원을 받고 팔러 가던 길이라고 했다. 그때 나는 스물일곱 살밖에 되지 않았다. 신랑 사촌형은 그 이야기를 듣고 그 사람들에게 엄청난 폭행을 가했다고 우리에게 이야기해주었다. 그리고 그 사람들에게 인신매매 혐의로 벌금까지 받았다고 했다. 생각 같아서는 그 사람들을 인신매매 혐의로 감옥에 넣고 싶었는데 그렇게 하지는 못했다고 한다. 그 사람들이 감옥에 가면 나를 북한으로 돌려보내야 하는 원칙이 있다고 했다. 다름 아닌 자기사촌형의 사촌동생의 각시아내를 북한으로 차마 돌려보낼 수가 없어서 그 사람들을 벌금형으로 했다고 한다.

내가 중매쟁이 집에 도착해서 시댁에 전화를 하니 신랑이 전화를 받는다. 일이 잘 마무리가 됐다고 이야기해 주었다. 시댁에서는 나의 소식을 몰라 애타게 기다리고 있었다. 그런 와중에 내가 다시 전화를 하니 깜짝 놀란다. 전화를 받는 신랑이 어떻게 된 일인지 묻는다. 나는 신랑에게 자기 사촌형공안에서 과장 하는 형을 만나 도움을 청해서 그 사람들한테서 풀려날 수가 있었다고 이야기해 주었다. 내 말을 듣던 신랑이 "사촌형에게 아무리 전화를 해도 전화를 안 받더니 결국은 그래도 사촌형 신세를 졌네."라고 말한다.

그 후 몇 달 뒤 시내 나갔다가 버스짬버스터미널에서 나를 납치해간 아줌마를 만났다. 나를 보고 어떻게 지내느냐고 묻는다. 나는 속으로 등골이 오싹하는 느낌을 받으면서 겉으로는 그런 티를 내지 않으

려고 애를 쓰면서 "보시다시피 잘 지내고 있어요."라고 말했다. 나
는 버스짬버스터미널에서 나와 뒤도 돌아보지 않고 정신없이 집으로 돌
아왔다. 그 일로 나는 밤이 돌아오면 악몽에 시달려야 했다. 칠흑같
이 어두운 밤이 내게 덮쳐오면 오늘 밤도 또 그런 일이 생길까 봐 날
마다 밤이면 잠을 이루지 못하고 두려움에 떨어야 했다. 매일 아침
이 돌아오면 "어제 저녁은 무사했네." 그러다 낮 동안에는 모든 걸 잊
고 있다가도 어두운 밤만 돌아오면 두려움과 공포로 하루하루를 보
내야 했다. 그렇게 두려움과 공포 속에서 살다보니 사람이 제 정신이
아니었다. 그래서 나는 그해 농사를 마무리하고 2000년 1월 시골에
서 연길시로 나와서 살았다.

"추위에 떨었던 사람일수록 태양을 따뜻하게 느낀다. 인생의 험한
항해에서 빠져나온 사람일수록 생명의 존귀함을 알게 된다." - 휘트먼

북한 사람이라는
이유로

중국 사람들은 대부분 북한 사람들을 이유 없이 깔보고 무시한다. 이유는 잘 모르겠지만 잘 못사는 가난한 나라에서 왔다는 이유로 무시하는 경우가 많은 것 같다.

중국에 살면서 간간히 들려오는 소리가 있다. 어느 집에서 북한 사람을 며느리로 삼았다고 한다. 시댁에 들어가서는 몇 달은 참 열심히 일을 하고 사는데 어느 순간에 사람들이 집에 없는 틈을 이용해서 그 집의 돈이며 금반지 금목걸이 등 쓸 만한 건 다 가지고 달아난다는 소리가 많이 들려온다. 또 어떤 집에서는 북한 사람이 불쌍해서 집에 들여놨는데 집주인이 없는 사이에 모든 것을 다 가지고 달아났다고 한다.

내가 시댁에 들어가 처음으로 시아버님의 생신을 맞던 날이다. 그 날 아침 일찍부터 시댁 친척들이 시댁으로 왔다. 그날 아침 분주하게 식사를 마치고 시댁 친척들은 조금은 의아한 눈길로 나를 본다. 시어 머니가 나를 북한 사람이라고 소개하였다. 시댁 친척들은 나에게 말을 걸어온다. 북한에서는 어디서 살았으며 북한에서 무슨 일을 했는 지 많은 것을 물어본다. 그런데 신랑 사촌형이 나에게 말을 하면서 기분 나쁘게 반말을 한다. 물론 나보다 나이가 많다. 아무리 나이가 많아도 처음으로 보는 사람인데 반말하는 것에 나는 기분이 별로 좋지 않았다. 그런데 거기에다 나에게 "마음을 곱게 먹고 이 집에서 살아."라고 말한다. 나는 속으로 '사람을 아주 도둑년으로 만드네.' 하면서 생각하고 있는데 갑자기 눈에서 눈물이 울컥 쏟아진다. 나는 내가 왜 여기 앉아 이런 말을 들으면서 살아가야 하는지 원망스럽게 느껴졌다. 나도 내 부모가 계시고 내 집이 있었다면 이런 꼴은 안 볼 건데 하면서 북한 사람이라는 것이 저주스러웠다.

훗날 그 사람 남동생이 우리 시댁에 왔다가 시아버님 생신날에 있었던 일을 내게 잊어버리라는 식으로 이야기한다. 그러면서 자기가 집에 돌아가서 형한테 한마디 했다고 한다. "형님. 형님이 아무리 제수보다 나이가 많아도 제수한테 그런 식으로 말하는 것은 잘못한 것 같다"고 이야기했다고 나한테 말한다. 그 이야기를 들으면서 나는 조금은 위로를 받았다.

나는 시댁에서 살면서 팬티 하나, 양말 한 켤레 욕심내 본 일이 없다. 오히려 어디 나가서 예쁜 옷을 보면 내 옷을 사기 전에 시어머니

옷부터 사고 내 옷을 사곤 했다.

우리가 시댁하고 따로 농사짓고 한 해 농사로 번 돈이 들어간 돈 다 제하고 인민폐로 16,000원을 벌었다. 그때 시어머니가 나에게 하시는 말씀이 여기서 농사만 지으면서 토막이로 살아도 한 해 수입을 이만큼 버는 집이 몇 집 안 된다고 한다. 그 후로 돈 관리는 내가 하였다. 비록 중국말도 모르고 한자도 잘 모르지만 짬짬이 한자공부도 하고 그러면서 통장관리를 내가 했다. 시어머니는 말은 안 하지만 그런 내가 조금 불안했던가 보다. 시어머니는 우리 신랑에게 이런 말을 했다고 한다. "아들아 니 각시_{아내} 조심해야겠다. 눈정신이 얼마나 좋은지 보통사람이 아니다."라고 말해주더란다. 신랑이 나한테 그 이야기를 한다. 시어머니는 아들의 돈이 다 털릴까 봐 신경 쓰이는가 본다. 그런데 나는 그럴 마음이 없었다.

나는 이미 두 번째로 두만강을 건너면서 스스로와 한 약속이 있었다. 말과 행동을 잘못해서 나의 부모님 얼굴에 먹칠하는 행동은 절대 하지 않기로 약속을 했다. 이 약속은 내가 이 세상을 다하는 날까지 변함이 없을 것이다.

나는 항상 어디 나가서 좋은 것을 보면 시어머니 생각부터 한다. 여름에 서시장을 구경하는데 핑크색 옷이 내 눈길을 사로잡았다. 나는 저 옷을 시어머니가 입으면 예쁠 것 같아서 옷을 샀다. 그리고 그날 퇴근하면서 소영시장에 들러서 시어머니네 마을에서 사시는 분을 만나 옷을 시어머니께 전달해달라고 부탁드렸다. 그날 저녁에 내 부탁을 받은 아주머니가 시댁에 가서 시어머니께 옷을 전해주었다. 내가 보낸 옷을 보고 시어머니가 감동을 받아 눈물을 흘리고 계시는

데 큰아들이 그 광경을 보면서 엄마는 이상하다면서 뭐라고 말을 했다고 한다.

우리 시어머니는 아들 셋만 키우시다 보니 누구도 살뜰하게 뭐 사주고 그런 일이 없었다. 그래서 나는 시어머니께 딸만큼은 아니더라도 섭섭하게는 하지 말아야지 늘 그런 마음뿐이다. 그런 시어머니도 나에게 하시는 말씀이 "내시어머니 배 아프게 낳은 자식도 아닌데 그만큼 해주는 것이 고맙다"고 하신다. 시어머니는 시집살이를 엄청 심하게 받았다고 하신다. 그러시면서 시어머니가 우리는 사이좋게 지내자고 한다. 점차 내가 시어머니께 하는 행동을 보고 시어머니 조카가 우리 시어머니에게 "아재고모는 늙어서 따뜻한 밥 먹으려면 둘째 며느리에게 잘해 주라."는 말을 하더라고 시어머니는 나에게 이야기하신다. 그러시면서 이 집 내력이 모두 둘째가 어른들을 모신다고 하시면서 나도시어머니 둘째를 믿는다고 이야기한다.

나는 내 나름대로 열심히 산다고 사는데 한 번씩 북한 사람들에 대한 나쁜 소리를 들으면 열심히 살려고 노력하는 나도 한목같이에 욕을 먹는 것 같아서 나는 그런 말을 들을 때마다 기분이 나쁘다. 북한 사람들은 돈도 없고 힘도 없으니 불이익을 당하는 경우도 많다.

북한에서 온 여자들은 중국 남자들의 무리한 요구에 응하지 않으면 죽을 만큼 맞아가면서도 누구에게 말도 못 하고 힘없이 당하기만 한다.

내가 아는 애는 미성년인데 돈을 벌겠다고 연길시 노래방에서 일을 했다. 하루에도 몇 십 번씩 해대는 남자들의 요구에 말을 듣지 않으면 가슴을 물어놓고 온몸을 긁어대고 자기들의 요구에 잘 응하지 않는다고 돈도 주지 않고 간다. 그러면 돈을 못 번다고 노래방 로반사장에게 또 맞고 그러면서도 갈 곳이 없어 눈물을 흘리면서 살아간다. 북한 여인들은 그 어디를 가도 인간 대접을 받지 못하고 살아간다. 한창 자라야 할 여자애들은 남자들의 성 노리개로 살아가고 있다. 달아날까 봐 노래방 로반사장은 옷도 입지 못하게 한다. 달아나다 잡히면 개처럼 질질 끌고 다녀도 어디에도 말도 못하는 이것이 가난한 막장에 갇힌 탈북자들의 운명이었다.

한 여인은 중국에 들어와 얼마나 성폭행을 당했는지 매독에 걸려 자궁이 썩고 있는데도 돈이 없어서 병원도 못 갔다. 그 여성은 그런 몸으로 시골 남성에게 팔려갔다. 그 여성은 그 집에 들어갈 때 매독에 대한 사실을 숨기고 들어갔다. 며칠 후 아들에게서 나타난 증상을 보고 시댁에서 여자에 대해 알게 되었다. 여자의 매독에 대한 사실을 알고 그 여성의 시댁에서는 많은 돈을 지불하고 그 여성을 치료해 주었다.

탈북여성들만 찾아 눈에 쌍심지를 켜고 다니는 조선족 인신매매 납치꾼들도 있었다. 납치꾼들은 강에서 대기하고 있다가 북한에서 넘어오는 여성들을 잡아서 자기들의 야욕을 일삼기도 하고 그러다 싫증나면 팔아넘긴다. 여성들이 자기네 말을 안 듣고 마음에 안 들면 경찰에 신고한다. 북한 여성들은 아무런 저항도 하지 못하고 당하기만 한다. 인신매매 납치꾼들은 북한 여성들을 한 번 팔고 몇 달 있다가 경찰로 가장하고 팔았던 여자를 다시 끌어다가 다른 데로 팔아넘기는 행위도 서슴지 않는다. 납치꾼들은 탈북여성들을 하나의 돈 벌이 수단으로 이용하였다.

나도 1999년 4월에 납치꾼들에게 납치되어 악몽 같은 하룻밤을 보내고 다음날 극적으로 그곳에서 빠져나왔다. 안 그러면 그때 나도 심양에 있는 43살 장애인에게 아마도 팔려갔을 것이다.

살길 찾아 중국으로 들어와 살면서 아이를 낳고 살다가 불법체류 자로 잡혀서 북한으로 북송되어 자식하고 생이별을 당하는 탈북여성들이 수없이 많다. 지금도 곳곳에 자식과 이별하고 자식이 그리워 눈물 속에 살아가는 여성들이 많다. 거리를 가다가도 자기 자식의 나이 또래쯤 되는 아이들을 보면 멍하니 서서 눈물을 흘리면서 바라보는 여성들을 보면 나도 함께 눈물을 흘린다.

솔론은 이렇게 말한다.

"천지가 만물을 양육함은 평등하다. 높은 자리에 있다고 해서 잘난 체해도 안 된다. 비록 보잘것없을지라도 너의 인생을 사랑하라. 누구나 평등하다. 법률에 의하여 보호받을 자격이 있다. 나는 저 세상에서 어떤 죄사의 기록이 나를 기다리고 있는지 모른다."

한 여성은 중국에서 아이를 낳고 살다가 어느 날 갑자기 공안에 체포되어 돌도 안 된 아이와 생이별을 하게 되었다. 아기들 울음소리만 들어도 같이 울고 태어나서 처음으로 맞는 생일상도 못 해주고 엄마 찾을 아이를 생각하며 가슴을 치며 울고 또 운다. 꼭 살아서 사랑하는 자식을 다시 만나는 그날을 위해 이를 악물고 살아간다.

지금이 어떤 시대인데 아직도 수많은 탈북 여성들은 이런 가슴 아픈 고통을 겪으며 살아간다.

호락호락하지 않았던
중국에서의 삶

인생이라는 바다에서 상처 없이 온전한 배는 없다.
우리가 해야 할 일은 자신감을 잃지 않는 것이다.
그것이 어려움을 물리칠 수 있는 가장 강력한 무기이기 때문이다.
- 웨이슈잉의 『하버드 새벽 4시 반』 중에서

갈 곳이 없는 나의 생활은 정말 떠돌아다니는 낙엽과도 같았다. 이곳저곳 정해진 곳이 없이 떠돌이 생활을 하다 보니 어디에 가나 무거워부담스러워하는 것은 매한가지였다. 그리하여 나는 결혼할 마음을 가지게 되었다. '결혼이라도 하면 그래도 어디 나갔다오면 반겨주는 사람이 있고 기다려주는 사람이 있지 않겠는가?' 그렇게 나는 같이 복장점에서 일을 하던 언니의 소개로 지금의 신랑을 만나게 되었다.

처음 신랑을 보는 순간 내가 생각했던 그런 스타일은 아니었다. 하지만 그 사람의 착한 마음 한 가지만 보고 그 사람을 선택하게 되었다. 그때 당시 남자를 만나서 남자의 집 문턱을 넘어서 들어가는 것을 쉽게 선택한 일은 아니었다. 그때 당시 나는 한족 말을 하나도 몰랐다. 결혼도 하지 않고 남자의 집에 와서 살아가는 것을 보면 동네에서 무엇이라 할까? 하는 것까지 생각하다 보니 남자의 집에 들어가는 것이 쉽지가 않았다. 그리고 아무리 갈 곳 없고 가진 것 없다고 하여도 필경 나는 여자이니까 여자인 내가, 남자가 자기 집에 가자고 해서 쉽게 따라나서고 싶지는 않았다. 왜냐하면 내 스스로가 나의 가치를 낮추고 싶지 않았기 때문이다. 총각이 자기 집에 가자고 하는 제의를 듣고 나는 이런 저런 고민에 잠겨 대답을 하지 않고 있었다. 고민에 잠겨 아무 말도 할 수 없었던 나를 보면서 총각은 아무 말 없이 혼자 집으로 돌아갔다. 아가씨를 데리러 간다고 나갔다가 혼자 집으로 돌아오는 아들을 보고 총각 엄마는 "왜 혼자 왔느냐"고 물으니까 총각이 하는 말이 "가시나 자기가 아니면 내가 장가 못 가는 줄 아는가 보네."라고 하더란다. 그래서 총각의 엄마는 아들한테 "까불지 말고 다시 가서 아가씨를 데리고 집으로 오라"고 하니까 말을 안 듣고 버티고 있더란다.

한편 중매꾼은 나에게 다가와 "총각이 자기 집으로 가자고 했다던데 왜 같이 안 갔는가." 하고 물어본다. 그래서 나는 중매꾼에게 나의 속마음을 이야기하였다. "중국말을 할 줄도 모르고 결혼식도 안 하고 총각 집에 와서 사는 것을 보면 그 동네 사람들이 뭐라 할 것인데 그것이 걱정이 되어 선뜻 따라가기 힘들어서 못 갔어요."라고 이야기했다. 나의 이야기를 듣던 중매꾼이 하는 말이 그건 걱정하지 말라고 한다. 그건 자기들이 알아서 할 테니 나보고는 가만있으면 된다고 한다. 그렇게 내 뜻을 알고, 중매꾼은 바로 택시를 불러 나를 데리고 총각네 집으로 가게 되었다. 그날부터 나는 그 총각 집에서 함께 살게 되었다. 총각네 집은 작은 시골마을에 있었다. 그렇게 만나서 두 달 만에 신랑하고 결혼식도 하지 못한 채 1997년 5월부터 동거생활을 시작했다.

국적이 없다 보니 결혼식을 할 수가 없었다. 결혼식을 하면 혼인신고부터 시작해서 거주 신고까지, 하나부터 열까지 걸리는 문제가 너무 많아서 결혼식은 꿈도 꿀 수가 없었다. 그 당시 시골에서는 한창 밭에 농작물을 옮겨 심을 때라 일손이 바쁜 시기였다. 그때 어머니는 나를 보고 "밭에 나오지 말고 집에서 집안일만 하라"고 하신다. 그렇게 그 집에 들어간 며칠은 집에서 집안일만 하고 지냈다.

며칠이 지나면서 나도 밭에 따라 다니면서 농사일을 같이 하기 시작했다. 모르는 것이 너무 많고 일도 잘 못하는 데다가 손도 빠르지 않아서 시어머니가 하시는 말씀이 "너희 둘은 분가하고 둘이서 따로 농사지으면 굶어죽겠다."라고 말씀하신다. 그 이야기를 듣는 순간 나는 생각했다. "굶지 않으려고 모든 것을 버리고 여기까지 왔는데 여기에서도 굶으면 안 된다."라는 생각을 하면서 아무 말 없이 듣고만 있었다. 그렇게 하루 이틀 계속 밭에서 일할 때마다 시어머니는 우리에게 "두 사람 분가하면 굶어죽겠다."라는 말을 반복하신다. 그러던 어느 날 밭에서 일을 하다 잠깐 쉬는 동안 시어머니가 또 그 말씀을 하신다. 그때 옆에 앉아 있던 도련님이 한마디 끼어들면서 시어머니하고 똑같은 말을 한다. "형수하고 둘째형은 따로 살면 굶어 죽는다"고 한다. 그때 나는 결심하였다. 내가 지금은 이런 이야기를 듣지만 세월이 흘러서 어느 정도 지나면 도련님이 우리한테 돈 빌려 달라고 하게 만들 거라고 결심하였다. 그렇게 나는 시댁 식구를 따라

한 해 농사를 배워 나갔다.

시댁에서 심는 주 농작물이 담배였다. 담배농사는 까다로워서 농사시기를 놓치면 담뱃값이 똥값이 된다. 시댁은 지칠 줄 모르는 어머니의 열정으로 항상 농작물이 풍작을 거두어 한 해 농작물을 팔면 중국 돈으로 몇 만 원씩 벌어들인다. 그 마을에서 시댁은 농사를 과학적으로 잘하는 집이었다. 힘들게 한 해 농사를 걷어 들이고 겨울에는 집에서 담배의 상품 가치를 높여서 빨리 팔아야 한 해 농사가 마무리된다. 담배를 빨리 팔지 못하면 담배 가격이 자꾸 떨어지고 담배는 계속 상한다. 그러다 보니 빨리 처리하는 것이 문제다.

한 해 농사를 마치고 나니 시어머니가 나에게 다음 해는 농사를 우리만 따로 할 것인지 아니면 같이 할 것인지 물으신다. 나는 그때 농사를 잘하지 못하니까 한 해 더 같이 해보고 다음 해부터 따로 한다고 말씀을 드렸다. 그러니 시어머니는 먹는 것은 어머니 댁에서 먹고, 일을 같이 하는 대가로 한 해 농사일한 돈을 그때 당시 중국 돈으로 8,000원을 주겠다고 하신다. 그래서 나는 1998년 한 해를 시댁식구들과 함께 농사를 짓고 다음 해인 1999년에는 따로 짓게 되었다.

농사를 짓는 과정에서 다른 집들은 그곳에서 계속 농사를 짓고 살던 신랑 친구 집은 그해 담배농사만 2만 포기를 심는다고 하는데 우리 신랑은 내가 일을 할 줄 모른다고 만 포기만 심자고 한다. 나는 신랑에게 2만 포기까지는 못해도 담배를 심을 수 있는 면적은 다 담배를 심을 것이라고 계속 고집을 피우니까 신랑하고 시어머니가 나를 말린다. 그때 나는 신랑하고 시어머니한테 이렇게 이야기하였다.

"지금은 조금 힘들겠지만 가을에 가서 남들은 많은 것을 수확하고 많은 돈을 벌어들일 때 우리는 힘이 없어서 이것밖에 못 벌었다고 말할 수 없지 않는가. 남들도 하는데 나도 할 수 있다"고 말씀 드렸다. 그렇게 내가 고집을 피워서 우리도 담배를 심을 수 있는 밭에 다 심다 보니 만 8천 포기를 심게 되었다. 그렇게 많은 농사를 시작하다 보니 아침 일찍부터 저녁 늦게까지 우리는 쉴 틈도 없이 일을 하러 다녀야 했다.

담배모종을 키우는 일부터 시작해서 어느 것 하나 쉬운 일이 없었다. 남들은 낮 11시부터 2시까지 뜨거운 시간에는 일을 하지 않고 쉬고 있는 시간에도 우리는 열심히 일을 해야 그날그날 일을 끝낼 수가 있었다. 그렇지 않으면 한 해 농사가 엉망이 되어 버린다. 더구나 담배는 옆 가지가 나오면 잎에 가야 할 영양이 옆 가지에 가서 담배 가치가 없어진다. 그렇기 때문에 그 시기를 놓치면 한 해 농사는 물 건너간다. 그 시기를 놓치지 않으려고 우리들은 새벽 아침 어둠이 가시고 보이기 시작하면 밭에 나가서 보이지 않을 때까지 밭에서 살다시피 하였다. 그것을 보시던 시어머니가 우리한테 "둘이 분가하고 따로 농사를 짓게 하니 일을 더 잘하네."라고 하신다. 그때 나는 어머니께 "저희 굶어 죽지 않으려고 노력할 뿐입니다." 라고 말씀드렸다. 내 말을 듣고 계시던 어머니는 "그 말이 마음에 걸렸는가 보네. 나는 아무 생각 없이 한 말인데……."라고 하신다. 그래서 나는 "마음에 두고 살았던 것이 아니고 내가 노력해서 사는 세상에서도 밥을 먹지 못하고 굶어 죽으면 안 되니까 굶지 않으려고 노력할 따름이라"고 이야기하였다.

이렇게 한 해 농사를 거두어들이고 담배 다듬어서 팔고 나니 그해 농사 수입이 그때 당시 중국 돈으로 16,000원이었다. 그 시골에서 사는 토박이들이 평생을 살아도 그만큼 버는 집이 잘 없다고 하시면서 시어머니가 칭찬하신다. "한 해 동안 수고 많았다"고 말씀하신다. 1등, 2등, 3등이 되는 담배를 다 팔았다. 등수에 들 수 없는 담배를 팔았더니 그 당시 중국 돈으로 600원이었다. 나는 그 돈을 가지고 중국 연변 국제 무역청사로 향했다.

나는 남모르게 나 때문에 고생 많이 하신 어머께 금반지와 목걸이를 사드리고 싶었다. 딸이 없는 시어머니를 위해 나는 늘 어디를 가면 내 것을 사기 전에 꼭 먼저 어머니 것부터 사고 나중에 내 것을 사곤 했다. 시어머니는 내가 사드린 반지와 목걸이를 장롱 안에 두고 특별한 날에만 하신다. 그래서 나는 "어머니 계속 하고 다니세요. 나중에 더 좋은 것으로 사드릴게요."라고 해도 다른 건 필요 없다고 하시면서 그 반지와 목걸이를 소중히 여기신다.

에픽테토스의 말이다.

"우리의 의지력을 넘어선 부분의 걱정을 멈추는 것이 행복해지는 유일한 방법이다."

팔목을 가로로 자르면 피가 잘 안 나올 것 같아 핏줄을 따라가면서 칼로 난도질했다. 순간 피가 흘러나오기 시작했다. 흐르는 피를 보면서 나는 아버지를 떠올렸다. 아버지를 생각하면서 '아버지 이 딸도 아버지 곁으로 가려고 합니다.' 했다. 그런데 그 순간 이런 말소리가 들려오는 것 같았다. "니가 여기서 이렇게 죽으면 좋아할 건 아버지를 죽인 그 사람들뿐이다. 조국을 배신하고 중국에 가더니 결국은 그렇게 죽을 거면서." 나는 정신을 가다듬고 일어나 앉았다. 그리고 피 흐르는 손을 잡고 '그래, 죽더라도 여기서 죽으면 안 돼.'라고 생각했다.

3

그래도
살아남아야 했다

살아남은
죄인

운명은 권위를 경멸한 나를 벌하기 위해
나 자신을 권위자로 만들었다.
– 알버트 아인슈타인

우리는 함경북도 회령시 유선구에서 살다가 한국에 가려고 중국
으로 탈북하다가 북경대사관 앞에서 중국 공안에 의해 잡혔다. 우리
는 북송 되어 정치범수용소에서 죽을 고생을 다하고 창태리로 추방
되었다.

두 달 남짓 우리 동네로 또 한 집이 추방돼 올라왔다. 그 집 아저
씨는 재일 교포였다. 아저씨는 밀수를 하다가 잡혀서 감옥에 갔다가
나오면서 창태리로 추방돼 왔다.

중국에서 북송되어 정치범수용소에서 조서를 받을 때 식구 다섯
명이 들어갔으니 조서를 받을 때는 다섯 명의 말이 일치할 때까지 받

는다고 누군가 이야기해 주었다. 조서시간이 길어지면 사람이 힘들어진다고 말한다. 나는 그 말을 듣고 조서시간이 길어질까 봐 '이제부터는 나는 아무것도 모르는 일이야.' 하고 결심하고 모든 일은 아버지에게로 밀어놓았다. 그래서 나는 세 번밖에 조서 받으러 나가지 않았다. 하지만 아버지는 날마다 조서 받으러 나간다. 그 다음으로 오빠가 많이 조서 받으러 불려 나간다. 수용소에 있을 때 조금이라도 도움이 될까 생각하고 모든 일을 아버지에게로 밀어 놓았던 것을 너무 후회했다. 모든 죄를 아버지에게만 뒤집어씌운 것만 같아 너무 죄송스러웠다.

살아생전 그렇게 나를 아껴주고 사랑해 주셨는데 나는 나만 살겠다고 모든 죄를 아버지에게 넘긴 것만 같아 아무리 땅을 치며 통곡을 해도 이미 돌이킬 수 없는 일이 되고 말았다. 한 많은 이 세상 인생을 마감하시면서 자식들을 앞혀놓고 하실 말씀도 많으셨을 텐데 차디찬 감방에서 인생을 마감하시면서 얼마나 외롭고 억울하셨을까? 아버지를 죽음으로 몰아넣고 나 혼자만 살아서 너무 죄송합니다. 아버지……. 이 땅의 원한 맺힌 설움이 시효 없는 아픔으로 가슴에 남아 있다.

한 많은 세상에서 살아가시면서 자식들을 위해 모든 것을 다 바쳐 살아오신 아버지 목 터져라 불러봅니다. 자식들을 위해 모진 비바람 다 막아주시며 자식들을 품에 안아 키워주신 아버지, 이 죄인은 오늘도 아버지 사랑이 그리워서……. 울고 또 울어봅니다.

정치범수용소에서 조서를 받을 때 가족들의 말하는 것이 다르면 조서시간이 길어진다는 말을 듣고 모든 것은 아버지의 계획에 따라서 움직였다고 했다. 대사관에는 왜 갔는가? 하는 물음에는 대사관에 가면서 남한에 고모가 살아계신다는 이야기를 들었다고 했다. 그래서 고모를 찾고자 대사관을 가게 되었다고 말했다. 두만강은 어떻게 건너게 되었는가에 대해서는 아버지가 낚시를 하면서 자리를 봐두었던 곳으로 넘어갔다고 이야기했다. 그때까지도 몰랐다. 그냥 아버지 계획대로 했다고 하면 조서가 빨리 끝나고 아버님이 알아서 잘하리라 생각했다. 그러면서도 나는 식구 다섯 명 중에 한 사람이라도 감방을 나가서 식구 한 사람이라도 감방에서 살리라고 하던 아줌마의 말을 듣고 두 달 동안 감방에서 굶었다. 그래서 그랬는지는 모르겠는데 수용소에 들어갈 때 우리 가족이 제일 늦게 종성 수용소에 들어갔는데 제일 먼저 그곳에서 나왔다.

종성수용소에서 나오면서 온 가족이 얼굴을 볼 수 있었다. 아버지는 많이 수척해지셨고 덥수룩한 수염 때문에 아버지를 알아보기 힘들었다. 오죽하면 어머니 뒤에 서서 어머니 옆구리를 꾹 눌러서 이야기를 하려고 하는데 어머니는 아버지를 못 알아보시고 모르는 사람이 옆구리를 찌른다고 화를 내신다. 어머니가 화가 나서 뭐라고 한마디 하려고 아버지 얼굴을 다시 보는 순간 어머니는 놀라시며 눈물을 흘리신다. 어쩌면 가족들이 수용소에 들어갈 때하고 나올 때가 이렇게 많이 변할 수가 있을까. 오빠는 영양실조로 왼쪽 이마 위에 내 주먹 크기의 머리카락이 빠져있었다. 우리 가족은 말을 할 수가 없어서 서로 눈빛 교환으로 서로에 대한 안부를 전할 수밖에 없었다. 그렇게 우리는 회령시 안전부에 오면서 다시 여자 세 명과 남자 두 명은 헤

152
우리가 살아가는 하루하루가 기적이다

어졌다. 그것이 아버지와 오빠의 마지막이 될 줄은 누구도 몰랐다.

창태리에 추방되어 아버지에 대한 그리움으로 살아가던 어느 날 그 농장에 추방돼 온 아저씨의 이야기를 듣게 되었다. 아저씨 말로는 감방에 있을 때 아버지하고 아들이 들어왔는데 그 집 아버지가 감방에 들어와서 일주일 있다가 죽었고 다시 일주일 있다가 그 아들이 죽었다고 하는 것이었다.

이제나 저제나 언제쯤 돌아올까 애타게 기다리고 있는데 이 무슨 청천벽력 같은 소리인가. 소리 내어 울지도 못했다. 소리 내서 울면 반항한다고 잡아가니 슬퍼도 마음 놓고 울지도 못하는 세상이다.

조서를 받을 때 고생할 가족을 위해 한다고 한 것이 오히려 독이 되어 아버지하고 오빠가 저 세상으로 간 것만 같아 얼마나 많이 후회하고 눈물을 흘렸는지 모른다. 아무리 후회하고 눈물을 흘려도 아버지와 오빠는 돌아오지 않았다.

나는 지금도 그 죄책감을 떨쳐버리지 못하고 있다. 아마도 내 생이 끝나는 날까지 죄책감에서 벗어나기 힘들 것이다.

이는 법구경에 나오는 말이다.

"지은 죄는 그림자처럼 따라다닌다. 금세 짜낸 젖이 상하지 않듯, 재에 덮인 불씨가 꺼지지 않듯, 지은 업이 당장 보이지 않는다 해도 그늘에 숨어서 그를 따라다닌다."

그렇게 나는 우리 가족의 막내로 태어나 아버지가 안 계시는 집에서 가장으로 살아가게 되었다. 집안의 모든 일은 내가 알아서 해결해야 했다. 나와 달리 언니는 겁이 많아서 무슨 일이 생기면 겁부터 내다 보니 모든 일은 내 몫으로 돌아갔다. 어렵고 힘든 일이 생길 때마다 한 많은 세상 저주하면서 얼마나 많은 눈물을 흘렸는지 모른다.

창태리에서 늑막염과 복막염을 앓으면서도 산에 가서 땔나무도 해야 하고 옷을 만들어서 먹을 것도 해결해야 했다.

하루는 전기도 없어서 등잔불을 켜고 손마선_{손으로 돌리는 미싱}으로 철수 할머니의 아들 모자를 만들어 달라는 부탁을 받고 모자를 만들고 있었다. 그날 언니는 퇴근해 오다 의사선생님을 만났다. 언니는 의사선생님께 "우리 동생 병이 어떤 상태입니까?"라고 물었다. 의사선생님은 언니에게 "손맥으로 진단을 해서 결핵이라고 진단이 나올 정도면 심각한 상태다. 그 상태라면 환자는 오래 살기 힘들다."라고 했다. 언니는 의사선생님의 이야기를 듣고 울면서 집에 들어오더니 등잔불 아래서 미싱을 돌리는 나를 보고 일을 하지 말라고 한다. 나는 언니가 울고 있기에 무슨 일인가 하고 물었다. 언니는 "좀 전에 의사선생님이 그러시는데 니가 오래 못 산다고 이야기했다"고 말한다. 나는 언니에게 "울지 마라 당장 죽는 것 아니다. 그리고 죽지도 않을 것이다."라고 말해 주었다.

그 후 내 몸은 점점 더 심각해졌다. 걸을 때마다 양쪽 폐에서는 찰랑찰랑 물소리가 나고 가슴은 심한 통증으로 숨도 제대로 쉬기 어려웠다. 아버지가 살아서 옆에 계셨으면 내 몸이 이 지경으로 될 정도로 놔두지 않으셨을 텐데 아버님이 안 계시니 누구도 내 병에 신경쓰는 사람이 없다. 오직 모든 건 내가 알아서 해야 했다. 살림살이도 땔나무도 병 고치는 것도 오로지 내가 알아서 해야 한다. 하루는 자다가 죽음의 문턱까지 갔다 왔다. 숨이 멎는가 싶더니 다시 숨을 쉬기 시작하면서 살아났다. 그 후로 나는 누워서 잠을 자지 못하고 앉아서 잠을 자야 했다. 앉아서 잠자는 것이 너무 힘들어서 누우면 숨을 쉴 수 없는 데다가 가슴통증으로 누울 수가 없었다. 너무 힘들고 지쳐서 때로는 '아버지 저도 아버지 있는 곳으로 갈게요.'하며 삶을 포기하고 싶을 때도 있었다.

아버님은 살아계실 때 가족을 지키기 위해서 어떻게 살아야 하는지 몸소 실천하셨다. 복막염도 심해져 보통 임산부 6개월가량 된 배가 나와 있었다. 하지만 이를 악물고 꼭 살아서 아버지와 오빠를 죽인 사람들에게 복수를 해야겠다는 생각이 들었다. 죽지 않고 살아서 꼭 남조선에 가야겠다는 마음이 생겼다. 살기 위해 열심히 약초를 캐서 1년을 먹었다. 그러니 내 몸은 조금씩 변화가 오기 시작했다.

북한에서는 아무리 살아봐야 잘 먹고 잘살 수가 없었다. 날로 더해가는 식량난에 아무리 몸이 부서져라 일을 해도 입에 풀칠하기조차 힘든 세상이었다. 인간으로서 모든 자유와 권리가 깡그리 짓밟히고 있는 공산주의 주체사상 체제에서는 나와 가정의 행복도 앞으로의 미래도 없다는 것을 다시 한 번 절감했다. 북한체제는 우리 가족과 나의 가슴에 슬픔과 설움을 주었다.

나는 지금은 자유의 몸이다. 어쩌면 내가 지금 누리고 있는 자유가 아버지와 오빠의 목숨하고 바꾼 것과 같은 것이다. 아버지와 오빠의 목숨하고 바꾼 자유를 누릴 때마다 나는 너무 사치스럽고 죄스럽기 그지없다. 살아있는 게 정말 죄송합니다.

아버지, 오빠의
죽음

　　회령시 유선구에서 살다가 창태리에 추방돼서 두 달 정도 지났을
경에 온성군에서 한 집이 추방돼 왔다. 그 집은 그 집 아저씨가 밀수
를 하다가 잡혀서 감방 들어갔다가 나오면서 창태리로 추방됐다고
한다. 아저씨가 감방에 있을 때 아버지와 아들이 들어왔는데 그 아
들과 한 감방에 있었다고 한다. 아저씨는 그 아들과 같은 감방에 있
었다고 말한다. 그들 부자는 감방에 들어가서 일주일 있다가 아버지
가 먼저 죽고 또 일주일 있다가 아들이 죽었다고 이야기한다. 당시
그 아저씨가 말하던 이야기가 우리 가족 이야기인 줄은 몰랐다. 시간
이 흘러서 보위원이 아버지와 오빠의 이야기를 언니에게 전해주었
다. 그 이야기를 듣는 순간 하늘이 무너지는 것 같았다. 아버지는 곧

우리가 살아가는 하루하루가 기적이다

돌아오실 것이라고만 믿고 있었다. 그래도 살아서 가족의 품으로 돌아오기만을 기다렸다. '아버지! 이렇게 살기 힘든 세상에 저희를 남겨두고 가시면 어떻게 합니까? 흑흑…… '아버지 아버지!' 가슴을 치며 하염없이 울부짖었다. 아버지는 그 무엇보다 우리를 아끼고 사랑해 주셨다. 아버지는 그 중에서도 나를 가장 좋아했다. 유난히 아버지를 좋아했던 나는 도저히 아버지의 죽음을 담담히 받아들일 수 없었다.

아버지와 오빠를 마지막으로 본 것은 회령시 안전부에서 여자 3명 어머니, 언니, 나은 창태리로 추방되고 아버지와 오빠는 탈북한 주모자로 회령시안전부 감방으로 다시 들어가던 날, 그날이 아버지하고 오빠와의 마지막 만남이 될 줄은 누구도 몰랐다.

내가 7살 때 나하고 오빠 그리고 오빠 친구 세 명이서 뽕오디 밭에 갔었다. 우리는 밭주인의 눈을 피해가면서 뽕밭에서 뽕을 따먹으면서 신나게 놀고 있었다. 한창 맛있는 뽕을 따먹고 있는데 오빠가 뽕밭주인이 온다면서 빨리 뛰라고 한다. 나는 뽕밭주인이 오는 반대 방향으로 뛰기 시작했다. 그런데 얼마 못 가서 나는 그만 땅에 주저앉았다. 내가 뛰고 있는 길 앞에 길고 커다란 무엇이 나를 향해 마주 오고 있었다. 나는 너무 놀란 나머지 뽕밭주인도 잊어버리고 큰 소리로 오빠를 불렀다. "오빠! 여기 뭐가 내 쪽으로 구불구불거리면서 올라와." 하자 오빠는 "뭔데?" 하고 물었다. "모르겠는데 길고 구불구불거리면서 내 쪽으로 오고 있어." 나는 움직이지도 못하고 앉아 있었다. 내가 다급한 소리를 지르자 오빠는 친구하고 둘이서 내가 있는 쪽으로 왔다. 오빠는 나를 향해 소리를 친다. "야! 빨리 피해. 다른 쪽으로 내려와." 뽕밭이라서 다른 길은 없었고 오솔길이 하나 있었는데 길옆은 풀이 무성하게 자라고 있었다. 나는 구불구불하고 올라오는 그런 것을 처음 봐서 무엇인지 몰랐다. "오빠 이게 뭐야?" 하니 "뱀이야." 한다. 나는 그날 처음으로 뱀을 보았다. 그날 내가 본 뱀은 아주 예쁜 색을 가지고 있었다. 빨간색 바탕에 초록색 무늬가 있었고 검정색 점도 박혀 있었다.

오빠 말대로 나는 다른 데로 피했다. 오빠와 오빠 친구는 돌을 주워오더니 뱀을 향해 힘껏 던진다. 오빠는 친구하고 몇 번을 돌을 더주워서 뱀을 향해서 힘차게 돌을 던졌다. 잠시 후 뱀이 터지더니 배에서 개구리가 툭 튀어나온다. 개구리를 잡아먹은 시간이 얼마 안 된 것 같았다. 뱀하고 한창 싸우고 있는데 뽕밭주인의 목소리가 들려온다. "너희들 거기서 뭐해?" 우리는 있는 힘껏 큰 소리로 말했다. "여기 뱀 있어요." 뽕밭주인은 뱀이라는 말에 더 신경 쓰지 않고 가버린다. 그날 뱀 때문에 우리는 뽕밭주인에게 쫓기지 않을 수 있었다. 어릴 적 오빠는 나를 보호해주는 흑기사 같은 존재였다. 그런 오빠가 스물다섯 살 나이에 감옥에서 죽었다.

모든 통치 형태에서 국민은 가장 진실한 입법자이다. E.버크는 이렇게 말한다.

"국민은 주인이다. 대통령은 배요, 국민은 물이다. 물은 배를 뜨게도 하지만 엎어뜨리기도 한다. 양식은 국민생활의 바탕이고, 국민은 나라의 바탕이고, 나라는 임금의 바탕이다. 국민들이 어진 정치에 따라가는 것은 마치 물이 높은 곳에서 낮은 곳으로 흐름과 같으니라. 천하는 한 사람의 천하가 아니며 천하 만민의 천하인 것이다. 국가는 국민을 근본으로 삼고 국민은 먹는 것으로써 근본을 삼는다. 진정한 부는 그 나라 젊은이에게 있다. 그들이 초라하고 비참하며 병들었다면 그 나라는 가난하고 멸망한다."

보위부에서는 솔직하게 이야기하면 살려준다고 하더니 그게 아니었다. 나는 아버지와 오빠가 죽으리라고는 생각도 못했다. 보위부에서는 사람이 언제 어떻게 죽었는지조차 통지도 하지 않는다. 보위부에서는 시신마저 가족에게 돌려주지 않았다. 죽어도 묻힐 곳이 없으니 가슴속에 맺힌 설움 그 어디 하소하랴.

부모가 죽으면 산에 묻는다 했건만, 보위부는 우리 가족에게 아버지와 오빠를 묻어줄 기회조차 주지 않았다. 정치범인 우리 가족은 인간의 아주 기본적인 권리마저 빼앗기고 말았던 것이다. 그렇게 우리는 아버지와 오빠는 무덤조차 없고 어디에 있는지도 모른다. 그 뒤 아버지와 오빠는 가족의 품으로 영영 돌아오지 못했다. 그때 돌아오지 못하는 아버지를 떠올리니 나는 어렸을 때 보았던 영화 한 편이 생각이 났다.

영화생의 흔적에 나오는 대명사가 내 머릿속을 스쳐 지나간다. 영화의 내용은 주인공 부부가 싸움을 하던 중에 남편해군의 부대에서 빨리 부대로 복귀하라는 호출을 받고 집을 나간다. 그날 저녁 바다에 나가서 전투임무를 수행하던 중 지뢰가 터지면서 남편은 영영 돌아오지 못한다. 주인공은 날마다 바닷가에 나와서 영영 돌아오지 못하는 남편을 그리면서 "남편이 두 팔 두 다리가 없어도 살아서 돌아만 왔으면 좋겠다"고 이야기한다. 그때 그 영화를 보면서 나는 어린 마음에 그렇게 두 팔, 두 다리없이 돌아오면 뭐 좋겠는가 하고 생각을 했다. 하지만 나는 지금 어릴 때 보았던 영화의 주인공의 마음을 조금은 알 수 있을 것 같다. 지금 영영 돌아오지 못하는 아버지와 오빠를 생각하니 나에게 두 팔 두 다리가 없이도 아버지와 오빠가 살아 돌아만 왔으면 하는 간절한 마음뿐이다. '두 팔, 두 다리가 없이 살아 돌아오기만 해도 나에게는 큰 도움을 주었을 텐데.'라고 생각하였다.

언젠가부터 산에 올라가 일을 하다 보면 환청 같은 소리가 자꾸 들려온다. 어디서 나를 부르는 소리가 계속 들려서 뒤를 돌아보면 아무도 없다. 어딘가에서 아버지가 나를 부르는 것만 같아 자주 뒤돌아보곤 한다. 뒤돌아보면 아무도 없는데 내 귀에서는 자꾸만 환청이 들려오는 것 같다. 나는 가다가도 뒤를 돌아보는 습관이 생겼다.

내가 어릴 적에 아버지는 유선역전 국수집 식당에 온 가족이 가서 국수 먹고 오는 것이 온 가족과 함께할 수 있는 유일한 낙이었다. 한 달에 한 번씩 국수집에 가서 국수 한 그릇씩 먹고 돌아오는 길은 그렇게 행복할 수가 없다. 북한에서 온 가족이 할 수 있는 것이 그것밖에 없었는데 그마저도 1980년대에 들어서면서 국수집이 문을 닫아서 할 수가 없었다.

더운 여름날이면 나에게 돈 5원을 주시면서 5원어치 아이스크림을 다 사오라고 하셨다. 냉장고가 없다 보니 아버지는 우리가 먹고 남은 아이스크림을 잘게 부숴서 보온병에 넣어주시면서 먹고 싶을 때 먹으라고 하신다. 당시 5원어치 아이스크림을 사면 한 통을 주었다. 한번은 어머니의 계란이 먹고 싶다는 이야기를 듣고 계란을 한 판 가져오셔서 한 판을 다 삶아서 우리들보고 실컷 먹어보라고 이야기하셨다. 그러면서 앞으로는 이렇게 먹기는 점점 더 힘들어질 것이라고 한다. 북한에서 쓰는 통은 물을 10리터 담을 수 있는 통을 많이 쓴다. 그렇게 먹으면서 좋아하는 모습을 보면서 아버지는 흐뭇해하셨다. 나는 그런 아버지가 곁에 계셔서 늘 즐겁고 기뻤다. 나는 아버지를 제일 좋아했다. 아버지는 가족들이 바라는 것은 무엇이든 해결해 주셨다.

돌아가시기 전 우리에게 마음속의 이야기를 해주겠다고 하셨는데 가족도 없는 차디찬 감방에서 홀로 생을 마감하시면서 아버지는 어떤 심정으로 돌아가셨을까. 그런 아버지를 생각하면 가슴이 갈기갈기 찢겨 나간다. 이 가슴에 맺힌 설움 그 어디에 하소연하랴. 아버지가 언젠가는 가족의 품으로 돌아오리라 생각했는데 그 희망마저 없어졌다.

수용소에서 있었던 일이다. 보위부에서는 수용소에 들어오는 갓난아이나 배 안에 있는 태아도 무조건 죽였다. 갓난아기를 데리고 젊은 여자가 수용소에 들어왔다. 그런데 간수가 "더러운 중국 놈의 씨 종자."라며 갓난아이를 아기엄마가 보는 앞에서 바닥에 내동댕이쳤다. 아이는 며칠 후 끝내 숨지고 말았다. 아기엄마는 그 자리에서 실신하고 말았다. 하루가 지나서 정신이 돌아온 엄마는 밥도 먹지 못

하고 하루하루 살아갔다. 부모는 자식이 죽으면 가슴에 묻는다고 했다. 그것도 자기 명을 다 살고 죽은 것도 아니고, 아기엄마는 자신 때문에 아기가 죽었다고 생각을 하니 오죽하겠는가. 가슴을 긁으며 흐느끼는 엄마의 심정을 누가 알겠는가. 아마도 아기엄마는 세상을 하직하는 날까지 죄인으로 살아갈 것이다.

언젠가 TV에서 극진한 모성애라는 뉴스진행자의 목소리에 끌려 눈길을 TV화면으로 돌렸다. 앵커가 어미토끼와 뱀이 사투를 벌였다는 이야기를 하고 있었다. 그것을 들으면서 나는 생각했다. 토끼하고 뱀하고 싸우면 당연히 뱀이 이길 것이라 생각했다. 그런데 TV 속에 나오는 어미토끼는 자기 새끼를 잡아먹으려는 뱀을 향해 혼신의 힘을 다해 뱀을 공격하는 것이었다. 어미의 끈질긴 공격에 뱀은 급기야 도망을 치기 시작한다. 도망을 치는 뱀을 끝까지 따라가서 어미토끼가 뱀을 죽이는 것을 보았다. 하물며 짐승도 자기 새끼를 사랑하고 위험에 처하면 혼신의 힘을 다해 새끼를 위험에서 구해낸다.

그런데 탈북여성들은 인간의 기본적인 모성애, 자식을 지킬 의무마저도 갖지 못하고 살아간다. 끝까지 자식을 지키지 못한 엄마의 마음은 죽어서도 그 한을 풀지 못하리라 본다.

누구에게 말할 수도 없는 원한 맺힌 그들의 운명을 그 누가 구원하리, 가슴 치면 물어봐도 하늘은 무정하고 땅을 치며 물어봐도 산천도 대답 없네.

나는 이 책을 쓰면서 아버지와 오빠 그리고 수많은 탈북자들의 영혼을 위로하고 싶었다.

시한부의 삶

아파도 아프다고 말도 못 하고,
힘들어도 힘들다고 말도 못 하고 눈물 나도 눈물 흘리지도 못하고,
왜 그랬냐고 묻는다면 살아야 하기에 그랬다고 답하리라.
그렇게라도 했기에 여기까지 잘 온 거 아닌가.
– 김현태의 『한 번쯤은 위로 받고 싶은 나』

낮에는 농장에 나가 일을 하고 퇴근해 올 때에는 집에 땔나무를 해가지고 내려온다. 그런 일을 하루 이틀 계속 반복하다 보니 내 몸은 나도 모르게 소리 없이 죽음의 길로 들어서게 되었다. 추방되어 한 달 남짓 감기 증상처럼 시작된 병은 나아질 기미를 보이지 않는다. 먹는 것은 변변치 않은데 죽어라 힘들게 일하다 보니 몸이 견디지를 못한 것이다. 그렇게 감기가 왔다고 감기약을 한 달 가까이 먹어도 좀처럼 감기는 낫지를 않았다.

그러던 어느 날 오후에 일하러 나가서 삽질을 하는데 옆구리에 심한 통증이 와서 일을 못하고 조퇴하고 집으로 왔다. 다음날은 아예 출근을 못 하고 집에 있었다. 며칠을 일하러 나가지 않으니 분조장이

출근하라고 자꾸 추궁을 한다. 그래도 나는 몸이 아파서 출근을 할 수가 없어서 집에 있었다. 당시에는 병인 줄도 모르고 일을 하다가 어느 날 갑자기 옆구리가 쑤시고 아프고, 앉아 있는 것도 무거운 짐을 지고 앉아 있는 것 같은 느낌을 받는다.

그렇게 힘들게 지내고 있는데, 어느 날 앞집에 사시는 할머니가 하시는 말씀이 그 집 할아버지가 진맥을 볼 줄 안다고 한번 봐 달라고 얘기해보라고 귀띔해 주신다. 할머니 이야기를 듣고 나는 점심을 먹고 앞집 할머니 댁에 찾아가 할아버지께 "내가 아픈데 어디가 아픈지 좀 봐 주세요."라고 부탁드렸다. 내 이야기를 듣고 계시던 할아버지는 오늘 아침에 환자 한 명을 봐서 오늘은 안 된다고 내일 다시 오라고 말씀하신다. 그날은 할 수 없이 그냥 집으로 돌아왔다. 다음 날 할아버지 댁에 또 찾아갔다. 그날 할아버지는 나를 진맥하시더니 "니 빨리 병원 가봐라."라고 말씀하신다.

할아버지는 의사는 아니지만 진맥을 보고 내 몸에 무슨 병이 있다는 것을 알고 계신다. 하지만 할아버지는 의사가 아니기 때문에 병명을 이야기하지 못한다. 무슨 병인지 병명을 왜 이야기해주지 않느냐고 물으니 의사가 아니기 때문에 함부로 말하면 안 된다고 하신다. 할아버지는 독학으로 의료학을 공부하신 분이셨다. 할아버지 말씀 듣고 다음날 십 리를 걸어서 창태리에 있는 작은 병원(진료소)에 찾아 갔다. 마침 의사 선생님이 계셔서 선생님께 진찰을 보았다. 선생님이 진찰하시고 나에게 "빨리 큰 병원에 가라"고 하신다. 그러시면서 나를 보고 하시는 말씀이 결핵이라고 말씀하신다. 리에 있는 진료소에 갔다 와서 다음날 할아버지 댁에 찾아갔다. 할아버지가 시물시

물 웃으시며 "그래, 병원에서 의사선생님이 뭐라고 하시더냐."라고 물으신다. 나는 할아버지께 선생님이 나를 보고 결핵이라고 말씀하시더라고 말씀을 드렸다. 내 이야기를 듣고 계시던 할머니가 "우리 집 영감이 니 병이 무엇인지 진즉에 알고 있었다"고 이야기하신다. 할아버지는 웃으시면서 이미 알고 있었다고 말씀을 하신다.

그때 할아버지는 나에게 이렇게 이야기하신다. "니 내할아버지 시키는 대로 할 수 있으면 내한테 온나." 그 말을 듣고 나는 할아버지에게 어떻게 하면 병을 완치할 수 있느냐고 물었다. 할아버지 말씀이 "어떤 이들은 나할아버지한테서 진단만 받고는 처방을 해주면 그대로 따라 주지 않으면서 계속 진단만 봐 달라고 한다"고 하시면서 "니는 내가할아버지 하라고 하는 대로 하면 병이 나을 수 있다."라고 말씀하신다. 할아버지는 6가지 약초약초 이름은 잘 기억나지 않는다를 불러 주시면서 달여 먹으라고 한다. 그리고 내가 모르는 약초는 할아버지가 직접 캐다 주셨다.

작업반에는 진단서를 제출하고 그날부터 낮에는 약초를 캐러 다니고, 밤에는 달여 먹은 지 2달 정도 지났을 때 할아버지는 저를 보시면서 하시는 말씀이 여자는 병이 빨리 나으려면 생리부터 생겨야 한다고 말씀하신다.

나는 감방에 들어가 밥을 안 먹기 시작해 얼마 안 되어서 몸이 약해지면서 생리가 자동으로 없어졌다. 나는 할아버지 처방에 따라 열심히 한약을 쓴 덕분에 약 먹기 시작한 지 8개월 만에 생리가 다시 생기게 되었다. 나는 병마와 싸우면서도 먹고살기 위해 일을 해야 했다.

하루는 옆집에 사는 미옥 언니가 나를 찾아와 자기네 집 아저씨 옷을 해야 하는데 해 줄 수 있느냐고 묻는다. 그러면서 하는 말이 전

에 시내에 옷을 잘한다고 하는 양복점양장점 여섯 곳을 갔는데 모두가
원단이 작아서 하지 못한다고 돌아왔다고 이야기한다. 그 말을 듣고
나는 미옥 언니에게 일단 말만 들어서는 모르니까 원단하고 언니네
집 아저씨 몸 치수사이즈를 알아야 내가 알 수 있을 것 같다고 이야기
하고 시간되면 아저씨를 모시고 한번 우리 집에 오라고 했다. 그날
저녁 미옥 언니가 집에 아저씨를 모시고 우리 집에 왔다. 나는 일단
원단과 미옥 언니네 아저씨 신체 사이즈를 먼저 확인하고 언니에게
이야기했다. "언니, 내 기술로 언니네 아저씨 옷을 만들 수는 있는데
언니가 보다시피 우리 집에 아무것도 없는 상태여서 할 수가 없다"고
이야기했다. 내 이야기를 듣던 언니가 자기네 집에 재봉틀미싱이 있
으니까 자기네 집에 와서 해달라고 부탁한다. 나는 다음날부터 이틀
동안 그 집 아저씨 옷을 해주었다.

옷을 해주고 나는 그 삯으로 현금을 받을 수가 없었다. 돈을 받으
면 돈으로 쌀을 사기가 힘들었다. 모두가 식량이 부족하다 보니 식
량을 파는 사람이 없다. 그래서 나는 돈 대신 옥수수쌀을 3kg을 받았
다. 옷을 해주고 돈 대신 식량을 받는 식으로 그렇게 우리 집 식량을
조금씩 해결해 나가는 데 보탬이 됐다. 그것도 일감이 없는 날에는
집에 있는 재산을 팔 수 있는 것은 모조리 팔아먹었다.

다음날 미옥 언니네 아저씨가 작업반에 회의 참석하러 가면서 전
날 내가 해준 옷을 입고 갔다고 한다. 미옥 언니네 아저씨가 작업반
문을 열고 들어서는 순간 그곳에 있던 사람들이 하나 같이 "와!" 하고
탄성을 질렀다고 한다. 그곳에는 우리 언니도 회의에 참석하려고 있
었다. 우리언니도 그 광경을 보고 우리 동생이 옷을 이렇게 잘하는지

처음 알았다고 했다. 예전에는 언니가 내가 옷을 만드는 것을 한 번도 본 일이 없어서 언니도 그 옷을 보고 깜짝 놀랐다고 이야기한다.

정치범이라는 이유 때문에 사람들이 나에게 옷을 해달라고 부탁하는 사람이 없었는데 미옥 언니네 아저씨 옷을 보고 난 다음부터 사람들이 나에게 옷을 해달라고 하나 둘 부탁하기 시작한다. 옷을 만들 때마다 나는 집에 미싱이 없어서 집에 미싱이 있는 사람들 옷밖에는 못 해 주었다.

하루는 언니가 작업반에 평양 종합병원에서 일하던 분인데 퇴직을 하고 잠깐 친척집에 왔다고 하면서 그분한테 가보라고 한다. 나는 언니가 말해준 그 집을 한번 찾아갔다. 그분 친척집에 도착하니 많은 사람들이 그분한테 병을 보이려고 와 있었다. 나도 내 순서가 될 때까지 기다려서 그분한테 치료를 받았다. 그분이 내 몸 상태를 보시더니 다른 사람들 보고 하는 말이 "저 처녀 부모들 바보 아니야. 처녀가 다 죽게 생겼는데 뭐 해."라고 말하는 것이었다. 진료를 마치고 집으로 돌아오면서 나는 너무 속상해서 엉엉 울면서 집으로 돌아왔다.

아버지가 계시면 내 몸이 이렇게 될 때까지 놔두시지 않을 분인데 안 계시니까 "저 처녀 부모들 바보 아니야."와 같은 말을 듣는 게 너무 속상했다. 그때 내 몸 상태는 양쪽 폐에 물이 차서 걸을 때마다 옆구리에서 물소리가 들렸다. 설상가상으로 배는 복막염까지 겹쳐서 배는 아기를 가져서 6개월 지난 임산부 배보다 더 불룩했다. 그러다 보니 주변 사람들은 나를 보고 오래 못 산다고 한마디씩 했다.

C. 힐티는 이렇게 말했다.

"고통은 사람을 강하게 만든다. 그러나 고통으로 강해지지 못한 사람은 죽고 만다. 행복할 때는 우리가 고난을 어떻게 견딜 수 있는지 알지 못한다. 고난 속에서 비로소 우리는 자기 자신을 알게 된다."

하루는 자다가 밤 11시 30분경에 자는데 왜 잠도 못 자게 소리를 친다고 나를 막 욕을 하는 소리가 들려온다. 당시 나는 소리를 질렀는지는 모르겠는데 자다가 잠깐 정신을 잃었다가 정신이 돌아왔다. 숨도 못 쉬고 거의 죽다 다시 살아났다. 저승과 이승을 오가며 헤매다가 언니가 "자는데 잠도 못 자게 소리치냐고." 하며 욕을 하는 소리에 간신히 정신이 돌아왔다. 호흡이 멈추면서 한참 사경을 헤매다가 5분 후에 다시 호흡을 하기 시작하면서 언니에게 말했다. 사람이 숨을 쉴 수가 없어서 죽을 지경인데 지금 불도 안 켜고 뭐 하냐고 하니까 언니는 그제서야 불을 켜고 내 얼굴을 들여다보더니 동생이 죽어 간다고 엉엉 울기 시작한다. 그러더니 옷을 입고 나와 병 봐주시는 할아버지를 찾아간다. 언니가 할아버지를 찾아가서 우리 동생 다 죽어 간다고 말씀을 드리니 할아버지가 하시는 말씀이 "그럴 때 꿀이 좋은데."라고 말씀하셨다고 한다.

다음날 언니는 양봉하는 집에 가서 우리 집 사정을 이야기하고 꿀 1kg을 외상으로 얻어 와서는 나보고 빨리 먹으라고 한다. 나는 그 꿀을 앉은 자리에 앉아 다 먹었다. 언니는 앉은 자리에 앉아 1kg 꿀을 다 먹고 있는 나를 보고 "야, 느끼하지 않니?"라고 묻는다. 나는 "응,

느끼하진 않는데."라고 말하고 계속 먹고 있었다. 언니는 그 뒤로 두 번이나 꿀을 외상으로 더 가져다 나에게 주었다.

영원한
절망은 없다

창태리로 올라가 두 달이 되어가던 어느 날부터 나는 감기몸살로 일을 하다가 분조장에게 말하고 들어왔다. 그날 이후로 나는 일을 하지 못하게 되었다. 감기 증상으로 시작된 몸은 보름이 지난 이십 일이 가까워지는데도 나아질 기미를 보이지 않는다. 나는 계속 언니에게 감기약만 가져다 달라고 했다. 아무리 약을 먹어도 별 차도가 없다. 한 달째 감기증상이 낫지 않아 작업반에 있는 진료소에 갔다. 의사선생님이 나를 보고 빨리 큰 병원으로 가라고 한다. 다음날 나는 회령시 큰 병원으로 갔다. 큰 병원에 가도 약도 없다. 단지 진단서만 해 줄 뿐이다. 100리 길을 걸어가 고작 3일 진단서를 해서 집에 왔다가 다시 병원으로 가야 하는 것이다.

나는 북송되어 처음으로 막내이모네 집에 갔다. 우리 때문에 얼마나 고생했는지는 모르겠는데 막내이모나 이모부는 나를 사람취급도 안 한다. 나를 보는 이모와 이모부의 눈길은 곱지 않았다. 이모부는 나에게 이렇게 이야기한다. "너희가 성공해서 남한에 갔다면 우리가 너희 도움을 받을 것 같아." 탈북하기 전에 우리는 이모네가 살기 어려워서 많이 도와주었다.

병원에 왔다가 잘 곳이 없어서 병원에서 15리 길을 걸어서 이모네 집으로 왔다. 하룻밤을 지내고 나는 다음 날 일찍 집으로 가야 한다. 100리 길도 넘는 길은 하루 종일 빨리 걷지 않으면 하루 만에 집에 도착하기 힘들다. 나는 회령시 병원에 가면 막내이모네 집에 가서 자고 집에 돌아온다. 병원에서 진단서를 한 달 기간으로 해주어서 나는 한 달에 한 번씩 회령시 병원에 가야 했다.

세 번째로 이모 집에서 잤던 날 일이다. 다음날 아침을 먹고 이모와 이모부는 출근하고 나는 먹은 것을 거두고 방청소를 하다가 우연히 식장 위에서 막내이모가 셋째 이모에게 쓴 편지를 보게 되었다. 편지 내용은 막내이모가 우리가 탈북하려는 것을 안전부_{경찰서}에 신고를 한 것이 너무 후회스럽다는 내용이 적혀있었다.

아무리 남들이 손가락질하고 웃어도 필경 우리는 자신_{막내이모}의 언니이고 조카인데도 남보다도 더 우리를 경멸한다. 나는 편지를 보고 다시 접어서 그 자리에 놓았다.

나는 집안 청소를 다하고 나와 창태리로 돌아왔다. 병원에 갔다가 집에 돌아오면 최소 3일은 걸린다. 내가 집에 없으면 집에는 먹을 것이 없다. 100리 길을 걸어서 온다고 지친 몸도 쉬지 못하고 나는 먹고살기 위해서 옷을 만들러 다녀야 했다. 옷 한 벌 해주고 옥수수국수 세 사리2kg 정도 받을 때도 있고 옥수수쌀이나 콩 같은 것도 받기도 한다. 그렇게 조금씩 생기는 식량을 조금씩 조금씩 덜어서 언니 모르게 감추어 두었다. 언니 성격은 다음에는 굶더라도 지금은 먹는 성격이고 반대로 나는 다음을 생각해서 지금을 굶는 성격이었다. 그렇게 언니 모르게 조금씩 모아둔 식량을 내가 시 병원에 갈 때마다 언니에게 "내가 없는 동안 쌀이 없으면 어디에 쌀이 있으니 그것을 먹으라"고 했다. 시 병원에 갔다 오면 아무리 빨리 갔다 온다고 해도 2박 3일이 걸린다. 그동안 내가 옷을 만들지 못하기 때문에 식량이 따로 들어올 데가 없다. 내가 시 병원에 갔다 오면 예비 식량마저 다 먹고 없다. 병원 갔다 와서 바로 일감이라도 있어서 옷을 만들면 먹을 것이 해결이 되는데 그것마저도 없으면 우리는 먹을 것이 없어서 굶어야 했다.

땔나무가 없어서 나는 산에 올라가 나무를 잘라 놓았다. 나무를 실어오려고 옆집에 사는 아저씨에게 부탁을 해서 점심시간에 잠깐 소를 쓰기로 했다. 나는 산에 나무를 실어오려고 언니 일 끝나는 시간을 맞추어서 산으로 가고 있었다. 산으로 걸어가다가 보니 마침 그날따라 언니네 분조에서 일하는 옆을 지나가게 되었다. 한참 걸어가다 보니 말소리가 들려오기에 나는 고개를 돌려서 언니가 일하는 곳을 바라보았다.

그날 언니네 분조장이 없어서 대리분조장이 분조를 책임지고 일을 했다. 언니하고 대리분조장하고 옥신각신하는 모습이 보인다. 처음에는 별 문제가 아니라고 생각하고 걸어가고 있었는데 멀리에서 들려오는 소리가 점점 커지기 시작한다. 나는 가던 걸음을 멈추고 그들이 하는 이야기를 들어보았다. 하지만 거리가 멀어서 그들이 하는 이야기가 무슨 내용인지 알아들을 수가 없었다. 한참 서서 바라보노라니 언니가 울고 있는 모습이 보인다. 그것을 보는 순간 내 눈에는 뵈는 게 없었다.

나는 언니가 있는 곳으로 뛰어갔다. 뛰어가면서 들자니 언니하고 대리분조장하고 소를 쓰는 문제 가지고 이야기하고 있었다. 소를 키우는 주인은 소를 쓰라고 했는데 대리분조장이 나서서 소를 못 쓰게 하는 것이었다. 언니는 소 주인에게 허락을 받고 소를 쓰는데도 대리분조장이 뭔데 소를 쓰지 말라고 하는가 하면서 울고 있는 것이었다. 그때 내가 서있던 곳에서 언니가 일하던 곳까지 300m 거리가 되었다.

나는 뛰어감과 동시에 대리분조장의 멱살을 잡고 이야기하였다. "아저씨, 우리 언니가 소 주인에게 미리 허락을 받고 소를 쓰는 건데 아저씨가 뭐길래 소를 쓰지 말라고 해요."라고 말했다. 대리분조장은 나에게 "야, 이 간나가시나 이거 안 놔? 이거 놔!"라고 말한다. 나는 대리분조장보고 "간나, 그래. 난 간나야. 소 한번 쓰는 게 무슨 죽고 사는 문제라고 이렇게 난리를 피우냐고." 하면서 나도 같이 반말을 하였다. 그러니 대리분조장은 나에게 "이 간나 말 똑바로 안 해?"라고 말한다. 나는 대리분조장에게 "니부터 나한테 말을 똑바로 해라. 야, 소 쓰는 것보다 더 큰 죄 짓고도 죽지 않고 여기까지 창태리 와서 산다. 왜 그래." 하면서 계속 반말을 했다.

그때 언니는 나에게 그만하라고 하며 자꾸 말린다. 그러니 함께 일하던 분조원들이 대리분조장하고 나를 떼어내려고 한다. 난 싸움이 끝날 때까지 대리분조장의 멱살을 놓을 수가 없었다. 아무리 죄 짓고 사는 사람들이라고 해도 그렇지, 이렇게까지 사람을 업신여기는 것을 참을 수가 없었다. 나는 대리분조장에게 "야, 너 우리 집에 남자가 없이 여자들만 산다고 그렇게 깔보냐"고 물었다. 그러면서 옆집 소 주인 이름을 부르며 우리 집에도 저런 남자 한 명만 있어도 니가 우리를 이렇게까지 깔보지 못했을 것이라고 말했다. 한참을 시끄럽게 싸우는 소리에 동네에서 많은 사람들이 구경을 나왔다. 아저씨 한 사람은 언니 보고 동생이 보통이 아니라고 이야기했다고 한다. 언니는 그 아저씨에게 "말두 마세요. 우리 동생 독종이에요."라고 말했다.

하루는 옷을 해주고 집으로 돌아오니 김치가 집에 있었다. 김치를 좋아하는 나는 들어가자마자 김치를 한 입 먹고 있는데 언니가 집에 들어오면서 먹지 말라고 한다. 나는 영문을 모르고 눈이 멀뚱멀뚱해서 언니를 쳐다보았다. 언니는 김치에 대한 사연을 이야기한다. 어머니가 앞 동에 사는 젊은 부부네 집에 들어가서 김치를 한 독이나 다 퍼왔다고 한다. 그래서 지금 언니가 그 집에 가서 "우리 엄마가 정신이 없어서 김치를 다 퍼갔다"고 이야기하고 온다고 한다. 언니와 나는 그 김치를 다시 그 독에 갖다 넣었다. 젊은 부부는 우리에게 아무 말도 없었다. 우리는 너무 미안하다고 이야기했다.
한번은 어머니가 하루 종일 걸어서 새벽 2시가 되어서 이모 집에 도착했는데 막내이모는 우리 어머니이모에게는 큰언니를 집에 들이지도 않고 돌려보내서 어머니는 쉬지도 못하고 밥도 못 먹고 다시 100리

길을 되돌아와야 했다. 북한이라는 나라가 사람들을 형제도 모르는 파렴치한 인간으로 만들어 놓았다.

M. 아우렐리우스의 명상록에는 이런 글이 있다.

"절망하지 말라. 좋은 것들을 성취하고 싶은 마음은 간절하나 비록 성취하지 못한다 하더라도 낙담하지 말라. 혹시 쓰러지더라도 다시 일어서도록 노력하고 어려움을 극복하도록 노력하라. 모든 사건의 본질과 사물의 본질을 터득하라."

그렇게 우여곡절 끝에 가을이 왔다. 나는 농장에서 옥수수를 가을걷이한 밭을 다니면서 옥수수 이삭을 주우러 다녔다. 그것도 낮에 하면 사람들이 뭐라고 해서 낮에는 못 다니고 밤 11시가 지난 후부터 새벽 3시 사이에 나가서 옥수수를 주웠다. 하룻밤에 나가면 한 배낭 30kg씩 옥수수 이삭을 주워왔다.

하룻밤을 했는데 벌써 누가 신고를 해서 보위원이 우리 집에 와서 나보고 밤에 옥수수 주우러 나가지 말라고 한다. 나는 그래도 계속 나가서 옥수수를 주워왔다. 13일을 꼬박 옥수수 이삭을 주워오니 제법 많이 모였다. 그해 가을이 되면서 우리는 굶주림에서 조금 벗어날 수 있었다. 옥수수로 배불리는 아니더라도 먹고 살 수 있을 정도로 만들어 주고 나는 다시 탈북할 계획을 세우기 시작했다.

떠올리면 마음이 아파오는
한 사람, 아버지

항상 내 마음을 울적하게 하는 두 글자 가족. 오늘도 알 수 없는 가족들의 생사를 생각하면 가슴이 찢어지듯 아프게 저려 옵니다. 저 멀리 북쪽 하늘을 바라보노라면 멀리 두고 온 부모, 형제 생각. 지금 어떻게 지내고 있을까? 지금 이 시간에도 굶주림에 시달리고 있겠지. 어머니는 살아계시는지 가려야 갈 수 없고 잡으려야 잡아 볼 수 없는 어머니의 손길이 그리워 멀리서 막내딸 부모님 사랑이 그리워서 울고 또 울어봅니다. 좋은 음식, 좋은 과일, 좋은 옷을 입을 때면 더욱 더 그립습니다.

2002년 5월 27일 저녁 잠자리에 누워서 꿈나라로 갔다. 꿈속에서 아버지 시신을 안고 목 놓아 울었다. 꿈속에서 큰소리로 "아버지!" 하고 소리치며 울었다. 살아생전 그토록 아껴주고 사랑해주던 이 막내 딸 울고 또 울면서 "이렇게 빨리 가시면 저는 어떻게 합니까." 그렇게 흐느끼면서 잠에서 깨어났다.

단 한 번만이라도 아버지를 불렀을 때 대답해 주었으면 좋겠다. 살아 계실 때 내 친구들이 집에 오면 그렇게 반가워하시던 아버지였다.

자식들의 앞길에 그늘이 질까 봐 말없이 자신의 모든 것을 다 바쳐 살아오신 훌륭한 아버지셨다. 1995년 9월부터 1996년 1월까지 너무나 짧은 시간이지만 세월은 너무나 큰 슬픔을 나에게 안겨주었다. 이 슬픔은 나에게선 잊으려야 잊을 수 없고 지우려야 지울 수 없는 날들이 되었다.

나는 슬플 때면 테이프에 담긴 아버지 목소리를 자주 듣곤 한다. 테이프 속에 아버지 목소리를 들을 때마다 나는 이런 생각을 해 본다. 테이프에서 들려오는 아버지 목소리와 함께 아버지가 녹음기 카세트 안에서 나왔으면 좋겠다는 생각을 한다. 때로는 아버지가 좋아하던 시를 읊기도 한다. 이 시는 아버지가 좋아하던 시다.

어머니 편지

어디선가 멀리 들려오는 바람소리도
어쩌면 달려오는 네 발자국 소리만 같아
자다가도 깨어나 창문을 열어 본다 아들아 내 아들아

어머니 품을 떠날 때 그리도 쉽게 떠나더니
돌아올 길 어찌하여 이다지도 멀기도 먼 곳인가

아 두 번 다시 돌아오지 못할 수도 있는 길이었기에
두 번 다시없는 청춘시절을 깡그리 다 바치는 길이었기에
어머니는 이토록 잠 못 이루며 기다리는 것이 아니냐

밤은 깊어도 이른 새벽에도 고향집 사립문은 언제나 열려있고
복숭아나무 열매 무르익어 너를 기다리는 고향집 뜨락으로
떠나던 그날처럼 돌아와 다오 돌아와 다오

김일성 부자의 철창 없는 감옥에서 온갖 권리를 유린당하고 있는 세상에서 인간다운 삶을 갈망하시더니 끝내 희망을 보지 못하시고 저 세상에 가신 가엾은 아버지였다. 아버지가 계시는 먼 하늘나라 바라보며 아버지의 사랑하는 막내딸 오늘도 애타게 목 터져라 부르고 또 불러 봅니다. 달을 보며 눈물 흘려도 사무치게 먼 그리움은 멈추지 않는다.

도문을 거쳐 남양으로 북송 되던 날 코피를 흘리시는 아버지 모습을 바라보는 이 딸의 가슴은 찢어지는 듯 아팠습니다. 우리 가족을 위한 일이라면 그 어떤 위험도 감수하시던 한 집안의 가장이었고 나에게는 더없이 훌륭한 아버지였다.

오빠가 갓 태어나서 원인 모를 병으로 앓고 있었다. 잘 먹지도 못

한 탓에 뼈에 가죽만 씌워 놓은 것 같이 피부를 한쪽으로 밀면 피부가 힘이 없어서 제자리로 돌아오지도 않을 정도로 심하게 앓고 있었다. 금방이라도 숨이 넘어갈 것 같은 아들을 보며 아버지는 용하다고 하는 의사들을 찾아가 원인을 알아보셨다. 뜻밖에 도롱뇽이 좋다고 하는 이야기를 듣고 그 다음날 바로 깊은 산속으로 들어가 도롱뇽을 잡아왔다. 도롱뇽을 먹고 오빠는 차츰 아주 느리게 기운을 회복해 나갔다.

그렇게 살아난 오빠가 10살 때 황달로 병원에 입원을 해도 뚜렷한 회복을 보이지 않았다. 아버지는 오빠를 한 달 후 퇴원시키고 집으로 데리고 와서 아버지가 치료해 주기로 마음을 다잡으셨다. 누군가 황달에 참외꼭지가 좋다고 하는 말을 듣고 참외꼭지를 구하러 나섰다. 북한에서는 참외나 수박 같은 과일은 듣고 보자고 해도 볼 수가 없다. 그런데 그것도 12월 동지섣달에 어디 가서 참외꼭지를 구한단 말인가? 하지만 자식을 사랑하는 아버지의 열정에는 동지섣달도 문제가 되지 않았다. 아버지는 농장에서 일하는 사람들에게 물어물어 우리가 사는 곳에서 30리가 넘는 산골로 들어가 참외밭을 싹싹 뒤져서 참외꼭지를 5개를 가지고 집으로 돌아오셨다. 아버지는 참외꼭지를 가마목아랫목에 말려 가루를 내어서 오빠의 코에 넣어주었다. 그렇게 한 덕분인지 1년 뒤 오빠는 황달이 깨끗하게 나았다.

1992년 가을 어느 날 아침, 여느 날과 같이 나는 출근을 하였다. 하루 일이 끝나고 퇴근해 집으로 돌아오니 아침에 보았던 아버지는 어디 가고 불과 몇 시간 사이에 아버지는 거죽밖에 없는 상태가 되었다.

아침부터 시작한 설사로 탈수 상태에 빠진 것이다. 그런 상황에서 우리는 약도 없고 아버지에게 별 도움을 드리지 못하고 있었다. 그런데 그런 아버지를 보시고 어머니는 잠시 제정신으로 돌아왔는지 우리에게 한마디 하신다. "얘들아, 너희들은 아버지가 아픈데 누구도 신경 쓰는 애가 없니. 너희 아버지는 너희들을 위해 모든 것을 다 바쳤는데."라고 말씀하신다. 그날 저녁 우리는 아버지를 모시고 병원에 찾아갔다. 아버지는 탈수가 너무 심해서 일주일간 병원에 입원을 해야 했다. 우리 가족을 위해 한평생 바쳐 오신 아버지께 다 자란 이 딸이 효도 한 번 할 수 없었던 이 세상이 원망스러웠다.

나는 어렸을 때 아버지가 할머니께 효도하시는 모습을 보면서 나도 나중에 크면 아버지가 할머니께 하시는 것만큼은 아니더라도 그 절반만이라도 부모님께 효도하리라 마음먹으면서 청년시절을 보냈다. 지금은 효도하고 싶은데 부모님이 안 계시니 효도하고 싶어도 할 수가 없다.

한 많은 이 세상을 사시면서도 자식들에게 해주실 말씀이 많으신데 입 한번 잘못 벌렸다가는 쥐도 새도 모르게 잡아가는 세상을 사셨던 불쌍하신 아버지. 북한의 앞날을 미리 보시고 배고픔에 시달리며 살아갈 자식들이 불쌍해 탈북을 했다가 대사관 앞까지 갔는데 대사관 문턱을 넘지 못하고 북송 되어 감옥에서 저세상으로 가신 아버지를 생각하면 이 마음 천 갈래 만 갈래 찢어진다. 어쩌다 한 번씩 맛있는 것이 생기면 언제 한번 본인 입에 넣어 본 적이 없으셨다. 탄광에서 가끔씩 갱 안에 들어갈 일이 생길 때면 꼭 도시락 통에 사탕을 받아서 집으로 가져오셔서 우리 입에 넣어주시던 자상한 아버지였다.

나는 어렸을 때 말도 못 하게 개구쟁이였다. 하루는 식장 위에 올려놓은 꼬부랑라면국수를 먹고 싶은데 키가 작아서 식장에 올라가서 꺼내려다가 식장 위에 대야가 떨어지면서 구멍이 났었다. 나는 엄마에게 욕을 먹을까 봐 구멍 난 대야를 살짝 돌려놓고 구멍이 보이지 않게 올려놨다. 그날은 무사히 지나갔는데 며칠 뒤 대야가 깨진 것을 발견한 엄마가 누가 그랬느냐고 따진다. 내가 아무 말도 못 하고 있으니 엄마가 "너는 나중에 뭐가 되려고 하니?" 하면서 욕을 하신다. 아버지는 그런 어머니에게 그만하라고 하신다. 그래서 "아이가 아니냐. 그런 걸 알면 어른이지."라고 말하신다.

어렸을 적에 나는 물을 하도 좋아해서 여름이면 늘 강에 나가 놀았다. 강에 나가서 물놀이하고 수영하고 그러다 귀에 물이 들어가면서 나는 한동안 귀 때문에 고생을 했다. 1년 넘게 귀에서 누런 진물이 나오면서 귀에서는 진물 냄새가 났다. 그리고 진물이 항상 귀에 고여 있어서 잘 들리지도 않았다. 그런데도 나는 여름이면 계속 강에 나가 살았다. 아버지는 나를 보며 너 그러다 진물로 인해서 고막이 녹아버리면 영원히 귀머거리청각장애로 살아간다고 이야기한다. 고막이 녹는다고 해도 어린 나는 그 말의 뜻을 이해하지 못하고 시간만 나면 강에 나갔다. 하루하루 내 귀에서는 점점 더 심한 악취가 나고 점점 더 심한 진물이 나오게 되자 아버지는 남자도 아닌 여자애를 귀머거리청각장애로 만들면 안 된다고 하시면서 병원에 데리고 다니시면서 치료를 해주었다.

병원에 가도 특별한 약은 없다. 그냥 면봉으로 진물을 닦아내고 연고를 발라 주는 것이 전부였다. 아버지 따라 병원에 갔던 첫 날, 병원에서 선생님이 어떻게 했는지 귀가 너무 따갑고 아파서 나는 큰 소리로 엉엉 울었다. 아버지는 그런 나를 업고 한 30분 정도 걸었다. 나는 그때까지도 울음을 그치지 못했다. 그때 나는 9살이었다. 나는 또래 애들보다 덩치가 큰 편이어서 아버지는 나를 업고 힘드셨을 텐데 아무 내색을 하지 않으신다. 그러면서 아직도 귀가 많이 아프냐고 물어본다. 며칠을 병원에 다니다 안 돼서 집에서 하루에도 몇 번씩 내귀를 닦아내고 약을 넣어주신다. 그런 아버지 덕분에 나는 다행히도 고막이 녹지는 않았지만 듣는 데는 조금 문제가 있다. 그래서 그런지 요즘은 몸이 조금 피곤하고 그러면 귀부터 이상이 생긴다.

1992년에는 집하고 직장 사이 거리가 너무 멀어서 아버지에게 자전거 사 주시면 안 되느냐고 말씀드렸다.

아버지는 내가 말하면 잘 들어주시는 편이다. 그런데도 나는 자전거는 큰 물건이고 그리고 나는 여자라서 사 주실 거라는 희망보다는 그래도 말씀을 드렸다. 아버지는 내 말을 듣고 바로 돈을 들고 자전거를 파는 집으로 가자면서 나를 앞세우고 자전거 파는 집에 가서 자전거를 사주셨다. 다음날 아침 5시에 일어나 아버지는 나에게 자전거 타는 방법을 가르쳐 주었다.

만약 지금 아버지가 살아계시면 '차를 선물해 줄 수 있는데.'라는 생각을 한다. 그런데 아버님이 안 계시니 하고 싶어도 할 수가 없다. 가족에 대한 아버지의 진실한 사랑을 아낌없이 다 주었다. 아버지는 우리가 어떻게 인생을 살아야 하는가를 말이 아닌 몸소 실천으로 보여 주었다.

살아생전 그렇게 오고 싶어 하시던 한국으로, 아버지의 딸이 지금 한국에 왔습니다. 아버지, 나의 아버지가 되어주어서 정말 자랑스러웠고 존경합니다. 그리고 저는 아버지 딸로 태어나 너무 행복했습니다. 세월의 눈비를 다 맞으시며 자식들을 품어 키워주신 나의 아버지, 보고 싶은 아버지 어머니 사랑합니다. 이 세상에서 가장 아름다운 이름 아버지, 어머니. 부디 불효자 이 죄인을 용서해주시옵소서.

그래도
살아남아야 했다

운명이 가하는 고통에 우리는 인내심을 가지고 맞서야 하며,
적이 가하는 고통에는 남자다운 용기로 맞서야 한다.
- 투키디데스

유난히 어린 시절부터 김일성一家 공부를 싫어했다. 그러다 청년
기 시절에는 넥타이를 매고 다니는 것이 너무 싫어서 사로청에 가맹
할 때는 죽기보다 싫던 김일성공부를 열심히 해서 단번에 내 목에 걸
고 다니던 넥타이를 풀어버렸다.

사회적인 문제 때문에 아버지가 우리에게 말씀은 하지 않으셨지
만 아버님의 영향으로 김일성과 김정일에 대한 불신은 나의 마음에
꽉 차 있었다. 내가 어렸을 적 일이다. 여름날, 여느 날과 같이 밖에
서 친구들과 놀고 있는데 사이렌 소리가 들렸다. 갑자기 웬 사이렌소
리지? 하면서 놀던 것을 멈추고 귀를 기울이고 있었다. 방송에서 흘
러나오는 소리가 이국나라 중국의 누가 서거를 했다고 한다. 서거를

했다는 말을 들으면서 그때 어린 마음에 혼자서 '김일성은 언제 죽지. 빨리 죽었으면 좋겠다.'는 생각도 했다.

1994년에 7월 8일 직장회사에서 오전 일을 마치고 점심 먹으러 집으로 가고 있었다. 집에 거의 도착할 당시 내 앞에서 한 동네에 사시는 할머니가 걸어가고 있었다. 갑자기 사이렌 소리가 울리기 시작한다. 나는 영문을 모른 채 속으로 '또 무슨 일이지?' 하면서 할머니 옆을 막 지나려고 할 때였다. 내 앞에서 걸어가던 할머니는 마주 오는 할머니를 향해 걸어가면서 그 할머니에게 이야기를 하기 시작한다. 내 앞에 할머니가 "수령님이 돌아가셨대."라고 울면서 이야기한다. 나는 그 할머니들이 하는 이야기를 듣고 집에 들어오자마자 TV를 켰다. TV에서는 김일성 장군님이 서거하셨다고 방영하고 있었다.

나는 TV를 보면서 '빨리 죽어야 하는 인간이 이제야 죽었다고 욕을 하면서 다음은 어떻게 될지'가 궁금했다. 김일성 장례식이 끝나고 수령님의 후계자라며 방송에서 김정일 우상화를 선전했다. 당시 김일성은 죽어서도 인민들을 못살게 굴었다. 김일성의 장례기간 내내 24시간 계속 사람들을 동원해서 동상이나 연구실에서 울게 만들었다. 아침부터 시작해서 조직별로 시간을 정해서 김일성 연구실이나 동상에 나가 울고 오라고 한다. 새벽 2시에 잠을 자고 있는데 인민반장통장이 집집마다 돌아다니면서 우리 인민반이 김일성연구실이나 김일성동상에 나가 울고 올 시간이라고 한다. 나는 그곳에 나가지 않으면 정치적으로 큰 문제가 발생하기에 마지못해 나가야했다. 거기에 나가면서도 속으로는 '김일성은 죽어서도 사람들을 괴롭힌다.'고 이렇게 쌍욕을 하면서 나갔다. 마치 나는 도살장에 끌려가는 기분이었다.

"은덕을 후하게 베푼 자는 선한 보답을 받고 남에게 원한을 주면 깊은 재화를 받는다."

이 말은 에머슨이 한 말이다.

한번은 직장에서 일을 하다가 오후 5시가 되어서 우리 직장에서 김일성연구실에 가야 한다고 한다. 우리는 하던 일을 멈추고 직원들과 김일성연구실로 갔다. 연구실에 30분을 넘게 엎드려서 울고 나오는데 내 뒤에 자리 잡고 있던 여자애가 나에게 하는 말이 "언니, 근데 나는 왜 눈물이 안 나와요?"라고 말을 한다. 나는 주변을 살피면서 조용히 그 애한테 이야기했다. "야, 너네 친척도 아니고 너에게 아무것도 해 준 게 없는데 무슨 그리 안타까운 게 있겠니. 다 형식적으로 우는 거야. 그렇게 안 하면 뭐라고 하니 어쩔 수 없는 거지." 그 애는 아무 말도 하지 않는다. 그 애는 나에게 이야기했으니 망정이지 혹시 마음 나쁜 사람에게 말했으면 아마 정치범으로 끌려갔을지 모른다. 나는 그 애에게 "그런 말은 함부로 하는 거 아니다 조심해." 하고 일러주었다.

장례식 마지막 날은 직장에서 아예 TV를 가져다 놓고 아침부터 일도 하지 않고 TV 앞에 모여 앉아 장례식이 끝날 때까지 울어야 했다. 몇 시간째 계속 울다가 모두 지쳐서 마지막에는 울지도 않고 그냥 TV만 보고 있었다. 그런데 며칠 후 생활총회시간에 사로청위원장이 김일성 장례식날 울지 않았다고 얼마나 욕을 하는지 나는 속으로 사로청위원장이 가증스러워 보였다.

하루는 직장에서 일을 하고 있는데 옆에 앉아 일을 하던 오○○ 씨가 뜬금없이 "야, 세상에 허리둘레가 1미터허리사이즈 30 나가는 사람이 있을까?"라고 말한다. 조용히 앉아 일을 하다가 누구도 말을 하지 않아서 내가 오 씨에게 "세상에 허리둘레 1미터 나가는 사람이 어디 있냐." 하고 말했다. 내 말을 듣던 오 씨가 나를 쳐다보더니 눈으로 김일성초상화를 가리키며 사인을 보낸다. 나는 어이가 없어서 한참을 고민하기 시작했다. 이런 말은 잘못하면 정치범으로 영원히 햇빛을 보지 못한다는 사실을 누구보다도 잘 알고 있었기 때문이다. 나는 다른 말은 하지 않고 오 씨에게 "야, 너 행동 조심해야겠다." 하고 말았다. 오 씨는 그제야 정신이 드는지 나를 보고 "이○○야 다른 사람에게 말하지 마라." 한다. 나는 오 씨에게 내 걱정은 하지 말라고 이야기해 주었다. 나는 그날 속으로 나뿐만 아니라 다른 사람들도 말을 못 해서 그렇지 속으로는 김일성·김정일에 대한 불만이 있다는 것을 느꼈다.

어느 날은 내가 자전거를 타고 출근을 했다. 그 당시 북한에서 여자들이 자전거 탄다는 것은 상상도 할 수 없었다. 그런데 자전거를 타고 출근하는 나를 보면서 직장회사 아저씨들이 "야, 너는 전쟁이 일어나면 그 자전거 타고 동북중국으로 가면 되겠다." 하면서 나에게 농담을 던진다. 그 말에 나는 '북한이 전쟁이 일어나면 북한체제를 위해 전쟁에 나갈 사람이 몇이나 있을까.' 생각했다. 서로가 말을 잘못하면 감옥에 가는 것이 두려워서 말을 못 할 뿐이지 속으로는 사람들이 딴 궁리만 하고 있다는 사실에 또 한 번 놀라지 않을 수 없었다.

나는 더 말할 것도 없었다. 나는 늘 혼자서 두만강 건너 중국 산을 바라보면서 '언제쯤 나도 자유롭게 살 수 있을까.' 생각했다. 죽기보다도 더 싫은 김일성一家 공부 그리고 매주 토요일마다 하는 생활총화는 나에게는 싫다 못해 고역이었다. 먹을 게 없어 겨우 이어대는 형편에도 김일성一家 공부와 생활총화는 무조건 참가해야 했다.

김일성은 자급자족한다고 말해놓고 외국에서 닭과 돼지 사료를 사들여서는 그것을 백성들에게 식량으로 공급하였다. 학교 다니는 아이들조차도 책가방 대신 장사 배낭을 메지 않으면 안 되었다. 어린 아이들은 고사리 같은 손으로 밭에 나가 옥수수, 벼, 콩알을 주워야 했다. 먹고 살려고 사람들은 산에 올라가 생땅을 뒤집고 옥수수를 심고 열심히 가꾸어 한 해 농사를 지었다. 그렇게 애써 가꿔온 곡식을 한 푼도 거두지 못하고 국가에 몰수당한다. 국가의 허락을 받지 않고 했다는 이유로 보위부에서 모조리 걷어갔다. 굶주림으로 움직일 힘조차도 없는 사람들이 영양실조로 목숨을 잃었다.

러시아가 붕괴되면서 북한은 지독한 식량난과 경제난으로 기아 현상으로 빠져들었다. 그런 북한 땅에 어머니가 홀로 계신다. 내가 한국에 와서 어머니를 모셔오려고 여러 차례 시도해 보았지만 끝내 어머니를 모셔오지 못했다.

한 번은 어머니를 모셔오려고 브로커를 막내이모 집으로 보냈다. 브로커의 연락으로 이모하고 통화를 할 수 있었다. 나는 이모에게 어머니를 보내달라고 부탁을 했다. 하지만 이모는 우리 엄마를 보내지 못하겠다고 말한다. 그래서 나는 이모에게 우리 엄마 일로 이모네 집이 피해 가는 일이 없도록 할 테니 우리 엄마를 보내달라고 부탁했다. 그런데 이모는 우리 엄마를 보내줄 생각은 안하고 자기이모가 잘

돌볼 테니 돈을 달라고 한다. 그 말을 듣고 나는 이모에게 아무 말도 안 하고 전화를 끊었다. 예전에 우리가 잡혀나갔을 때 이모와 이모부는 나에게 "너희들이 남한에 갔으면 우리이모네가 너희 지원을 받을 것 같아?"라고 이야기했다. 그렇게 말한 사람들이 이제 와서 우리가 다시 잘되어 잘사니까 조카인 나에게 지원을 해달라고 손을 내민다.

내가 북송 되어 이모 집으로 갔을 때 아주 사람 취급도 안 하고 역적 취급을 하던 것도 모자라 우리 엄마가 이모네 집으로 찾아갔을 때 집에도 들여놓지 않고 쫓아내 다시 100리 길을 돌아와야 했던 일들이 필름처럼 지나간다. 나는 이모의 구원의 손길을 거절했다. 그 후 엄마와의 연락을 할 수 없게 되었다. 이제나 저제나 돌아오지 않는 자식을 기다리며 차디찬 방에 앉아 먼 산만 바라보고 있을 어머니를 생각하면 눈물이 앞을 가린다. 나는 항상 여름이 가고 가을이 오면 배고픈 설움에 추위를 견뎌내야 할 어머니 생각을 하면 마음이 찢어지듯 아프다. 어머니는 지금 무얼 하고 계실까? 혹시 살아계시는지…….

절망 속에서
만난 사람들

이래도 저래도 죽을 바엔 북한에서 죽고 싶지 않았다. 그래도 잘 먹다가 죽고 싶은 생각이 들었다. 그래서 나는 다시 중국으로 들어왔다. 중국에 들어와서 언니에게서 한번 들은 아저씨를 찾아갔다. 아저씨에게 나의 사정을 이야기했다. 아저씨는 두 번 다시 생각할 것 없이 바로 나를 데리고 연길시내에 인심 좋은 할머니 집을 소개해주셨다. 그때 당시 중국에서 인신매매가 많이 발생하던 시기인데도 아저씨는 아무런 대가도 없이 나를 보내주었다. 나는 참 좋은 사람들을 만난 것 같아 고마웠다.

할머님은 나에게 중국에서 살려면 돈이 있어야 한다면서 나에게 일자리를 구해 주었다. 덕분에 나는 돈도 벌 수가 있었다. 그러다 같이 일하는 언니의 소개로 지금의 신랑을 만났다. 그 당시 나는 남자를 만나는 것보다 앞으로 내가 살아갈 생각만 하다 보니 남자를 크게 신경 쓰지도 않았다.

하루는 내가 일을 하는데 같이 일하는 언니에게 손님이 찾아왔다. 그때까지도 그 사람이 누군지 몰랐다. 훗날 알게 된 일인데 그때 찾아온 사람이 지금의 시어머니였다. 아들이 보기 전에 어머니가 먼저 나를 보고 첫눈에 마음에 들어서 속으로 저 처녀가 내 며느리가 되면 좋겠다고 생각했다고 했다.

한 달 후 내가 일하는 복장점양장점 남자가 찾아왔다. 옆에서 일하던 언니가 내 옆구리를 꾹 찌르면서 잠깐 밖에 나오라고 한다. 밖에 나가니 웬 남자가 서 있었다. 같이 일하는 언니가 자기 사촌동생이라고 소개해주었다. 나는 그날 잠깐 만나고 들어와 다시 일을 시작했다. 남자를 보는 순간 내가 생각하는 그런 스타일이 아니었다. 그래서 크게 마음에 담지 않고 지내고 있었다.

한국으로 시집간 막내딸이 할머니네 집에 출산을 하려고 친정집에 온다고 같이 있기 힘들게 되면서 나는 큰아버지 집에 가게 되었다. 큰아버지 집에 가니 큰어머니가 나 때문에 피해를 볼까 봐 힘들어 하시는 것 같았다. 나도 큰아버지 집에 피해를 주고 싶지 않아 앞으로에 대한 고민을 하고 있었다. 그런 와중에 큰어머니의 아버지 조카 이○○네 집에 가있으면 좋겠다고 하신다. 그 집 아내는 외국에 가고 없고 남자 2명이 사니까 그곳에 가서 집 청소도 하고 빨래도 해주면서 살면 되겠다고 한다. 더 좋은 점은 이○○가 ○○에 다니니까 그 집에는 경찰들이 안 갈 것 같다면서 말한다.

다음날 점심시간에 이○○가 큰아버지 집에 왔다. 우리는 점심을 먹고 이○○랑 큰아버지 집에서 나왔다. 이○○와 함께 나는 그 집에 갔다. 19살짜리 아들이 있었다. 나는 다음날부터 밥도 하고 집안 청소도 하고 빨래도 하고 지냈다. 이○○는 매일 친구들 하고 술을 먹고 집으로 돌아오다 보니 저녁 늦게 들어온다.

그날도 나는 이○○를 기다리다가 10시가 넘어도 들어오지 않아서 내가 먼저 잠자리에 누워서 잠들었다. 그런데 자다가 잠자리가 축축한 느낌이 들어 깨어나 보니 이○○가 잠자다가 쉬를 했는데 내가 깔고 자는 이부자리까지 젖어 있었다. 나는 일어나서 누구도 모르게 그 이불을 밖에 내놓았다. 혹시 그 일을 알게 되면 이○○가 나를 보는 게 부끄러워서 함께 있는 것이 불편해질까 봐 모르는 척하고 있었다.

며칠 뒤 이○○가 친구들을 데리고 와서 술판을 벌이기에 나는 그 자리에서 피해 나와서 큰아버지 집에 가서 자고 다음날에 이○○네 집에 돌아왔다. 와이프가 없으니 친구들이 와도 별로 크게 신경 쓰지 않고 술을 먹다가 자고 다음날에 가고 그런다. 그렇게 15일째 되던 날 저녁 그날도 이○○가 들어오기 전에 내가 먼저 잠이 들었다. 잠결에 내 몸을 더듬는 느낌이 들어서 내가 소리를 지르니 그 집 아들이 우리 방으로 들어왔다. 이○○의 아들은 방으로 들어서더니 바로 나에게 폭행을 가하기 시작한다. 이○○의 아들은 나에게 "우리 엄마 왜 외국에 나갔는지 알지." 하면서 나에게 무차별 폭행을 가하였다. 나는 억울하고 분해서 앉아서 눈물도 나오지 않는다. 아무런 저항도 할 수가 없었다.

혼자서 정해진 곳도 없이 오늘은 여기서 내일은 저기서, 이렇게 정처 없이 떠도는 인생이다 보니 이런 일을 당하고도 떳떳하게 말도 못하고 죽도록 맞아도 누구 하나 내 마음 알아주는 사람도 없었다. 두 번째로 두만강을 건너면서 '내 잘못된 행동으로 내 부모 얼굴에 먹칠하는 일을 절대로 하지 않으리라' 결심을 했건만……

나는 그날 저녁 이○○의 아들에게 차라리 맞아 죽고 싶었다. 25년 동안의 아름다운 순결이 한순간에 와르르 무참히 무너지고 말았다. 나는 움직이지 않고 이○○의 아들이 때리는 대로 다 맞으며 앉아 있는데 이○○가 나에게 "야, 빨리 옷 입고 나온나." 하고 말한다. 그래도 나는 계속 앉아 있었다. 그러니 이○○가 "야, 니 왜 그리 차지냐." 하면서 나를 데리고 밖으로 나왔다. 밖에 나오는 순간 나는 너무 억울해서 오열을 터트리기 시작했다. 눈물 고인 내 앞길은 천리만리 가시길이었다. 20대, 꽃다운 청춘시절 내 가슴은 피로 멍들었다.

순결은 가장 더러운 곳에서도 영혼이 맑은 공기를 마실 수 있게 한다. 주베르는 이렇게 말한다.

"순결은 아침 이슬과 같고 금욕이거나 절제이다. 여자의 으뜸가는 영광은 마음과 행동의 순결이다. 순결하고 덕망 있는 여인과 같이 값진 보물은 이 세상에 없다. 너희는 뱀같이 지혜롭고 비둘기같이 순결하라."

그 집에서 나와 이○○는 나를 데리고 자기 친구가 운영하는 식당으로 갔다. 우리는 그곳에서 하룻밤을 지내고 다음날 아침 일찍 나는 같이 일하던 언니 집으로 갔다.

나는 같이 일하던 언니네 집으로 가면서 생각했다. 언니가 소개해주던 남자는 내가 바라던 그런 스타일은 아니지만 마음이 착하고 그 집은 아들만 셋이니 내가 들어가서 잘하면 예뻐해 주시겠지 라고 생각했다. 이런 생각을 하면서 억울한 일을 당하는 것보다 차라리 시집을 가면 그래도 어디를 갔다 오면 기다려주는 사람이 있고 밥을 못 먹었으면 밥 먹으라고 말해주는 사람이 있어야 될 것 같아서 시집가기로 결정을 내렸다.

그렇게 나는 지금의 신랑을 만났다. 시댁에서는 나를 받아들이고 나의 호적을 만들어 주려고 많은 노력을 했는데 법이 엄격하다 보니 끝내 하지 못했다. 그러다 보니 나 한 사람 때문에 시댁에서도 사이렌 소리가 들리면 모두가 놀라서 심장을 조이면서 살아간다.

나는 한 번씩 동네에 경찰차가 오면 놀라서 연길에 나가 처음 만났던 할머니 댁으로 피했다 오곤 했다. 할머님은 언제든지 내가 가면 항상 반갑게 맞아주곤 하신다. 2002년 7월 17일 낮에 이상한 전화를 받았다. 나는 이상한 전화를 받고 놀라서 그날 저녁에 할머니 집에 갔다가 7월 22일에 시댁으로 왔다.

중국사회에 적응해 나갈 수 있도록 옆에서 돌봐주던 이○○언니가 있었다. 시골에서 살다가 인신매매꾼에 납치되어 구사일생으로 돌아온 후로 시골에서 공포에 떨면서 한 해 농사를 마무리하고 더 이상 시골에서 살다가는 죽을 것 같아 연길시로 거주지를 옮겨왔다. 시골에서 살기가 힘들어서 무작정 시내로 나와 우리는 언니의 도움으로 시내에서 살아가는 데 별 어려움 없이 살아가게 되었다. 언니는 시골에서 연길시내로 나온 신랑이 일자리를 구해주고 또 우리가 살아갈 집까지 마련해주었다.

1999년 1월 어느 날 병원에 나가다가 버스역에서 이○○의 친구 김○○아저씨를 만났다. 김○○씨는 바쁜 일정도 미뤄가면서 중국 말도 모르는 내가 병원에 혼자 가는 것이 마음에 걸린다면서 나를 데리고 병원에 가주기도 했다. 평상시에 나를 별로 좋아하지는 않았지만 인신매매꾼에 납치되어 잡혀 가던 날 위기에서 날 구원해준 ○○아저씨, 덕분에 나는 장애인에게 팔려가지 않았다. 중국에서의 근 8년이라는 세월을 살면서 단지 북한 사람이라는 이유로 무시를 당하면서 살아야만 했다. 세상은 어디가나 나쁜 사람도 있고 좋은 사람도 있었다. 그래도 나쁜 사람보다 좋은 사람들이 더 많은 것 같다.

나는 순간순간 위기가 닥칠 때마다 옆에서 나를 보호해 준 사람들이 있었다. 그런 사람들의 보호 속에서 나는 언제 발생할지 모르는 위기 속에서 항상 무사히 살아갈 수 있었다. 적극적으로 나를 도와주는 사람들이 있었기에 나는 앞으로 닥칠 어두운 미래에 대한 실망보다 내일에 대한 희망을 안고 살아갈 수가 있었다. 기나긴 여정 속에서 이렇듯 나는 때로는 위험한 일이 닥쳐와도 그때마다 나를 도와주는 사람들을 많이 만나 위험한 순간을 벗어날 수 있었다.

그들은 절망과 두려움에 지친 나에게 위로와 희망을 안겨주었다. 나는 죽을 때까지 나를 도와준 분들을 잊지 못할 것이다. 나는 살면서 나를 도와준 사람들과 언제나 나를 따뜻하게 보살펴준 할머니를 잊어본 일이 없다. 명절 때마다 할머니를 찾아뵙고 할머니 생신 때도 할머니를 찾아갔다. 내가 힘들 때 할머니가 나를 보살펴 주고 보호해 주신 거에 비하면 내가 하는 것은 별것 아니지만 그래도 아주 조금씩이라도 할머니에 대한 나의 작은 성의로 보답하고 싶었다. 그분들이 있었기에 나는 지금 이런 행복을 누리고 있지 않을까. 나는 이 자리를 빌려 그분들에게 진심으로 감사의 인사를 전하고 싶다.

우리가 살아가는 하루하루가 기적이다

죽고 싶어도
죽을 수가 없었다

납치 사건 이후로 항상 불안에 떨면서 살아가다가 우리는 연길시
내로 나와 살았다. 시내로 나오면서 우리는 시골에서 키우던 강아지
도 데리고 나왔다. 강아지 이름은 미미였다. 시내에 나와서 며칠 안
됐는데 강아지가 잘 먹지도 않고 잘 놀지도 않고 있다. 처음에는 조
금 아프다가 나아지겠지 하고 별 신경을 쓰지 않았다. 그런데 날이
갈수록 미미가 야위어가고 볼일도 제대로 보지 못하고 힘들어하기
에 미미를 안아보았다. 강아지를 안으려고 하는 순간 강아지가 보통
아픈 게 아니구나 조금 아프다가 나을 병이 아니었구나 알게 되었다.
매번 아플 때마다 며칠만 지나면 툭툭 털고 일어나니까 이번에도 그
렇게 될 줄 알았는데 이번에는 그런 게 아니었다.

미미를 만지니 하체에는 아예 온기가 없고 차가웠다. 아, 미미가 내 불찰로 죽어가고 있구나. 나는 아픈 미미를 혼자 남겨두고 일 나 갔다가 집에 들어오니 미미가 일어나지도 못하고 집으로 들어오는 나를 바라보면서 꼬리를 흔들어준다. 나는 미미 곁에 앉아서 쓰다듬 어 주었다. 그런데 조금 있더니 미미가 눈도 감지도 못하고 나를 보 면서 숨을 거둔다. 나는 미미를 부르며 소리 내 울었다.

이 세상에서 나를 좋아하는 사람도 일찍 세상을 떠나고 너까지 이 렇게 빨리 내 곁을 떠나가니 하며 나는 엉엉 울었다. 미미가 죽고 나 는 3일을 울면서 지냈다. 미미가 죽고 내가 너무 슬퍼하니까 아는 사 람들이 나에게 하는 말이 "사람도 아니고 강아지가 죽었는데 그렇게 슬퍼하냐"고 한다. 그러면서 "울지 말고 다른 강아지 더 키우라"고 한다. 미미가 죽고 3일 지나서 나는 미미를 산에 가서 묻어주었다. 말 못하는 강아지였지만 "미미야, 너하고 함께 사는 동안 나는 행복 했다. 만약에 다음세계에서 다시 태어난다면 그때에는 인간으로 태 어나 나와 오래오래 함께 잘 살아보자. 하늘나라 가서도 행복하게 잘 뛰어 놀아야 된다." 미미는 나를 제일 좋아하고 나를 잘 따라 다녔다.

신랑은 중한합작 기업에서 일을 하고 나는 복장점양장점에 취직하 고 일을 하게 되었다. 나는 떳떳하지 못한 신분 때문에 항상 남들보 다 일찍 출근하고 저녁에는 밤 12시에 퇴근을 하였다. 복장점에 들어 가서 나는 처음 한복치마를 만들기 시작했다.

복장점에 기공이 나까지 10명이었다. 8명은 저고리한복를 만들고 나와 다른 한 사람은 치마를 담당하고 있었다. 일은 본인이 한 개수에 한해서 월급을 준다고 하였다. 치마 하나를 만들면 중국 돈으로 3원을 받았다. 복장점에 들어가 첫 월급을 500원을 좀 더 벌었다. 첫 월급날 같이 일하던 언니가 하는 말이 "한복 치마를 만들어서 한 달 월급을 500원을 받는 사람을 처음 본다."라고 나에게 말을 한다.

그 언니는 그 복장점에서만 20년을 한복만 해온 언니였다. 그러다 보니 많은 사람들이 치마를 하는 것을 보았는데 치마를 만들어서 많이 받아봐야 200~300원을 받았다고 한다. 같이 치마를 만들던 아줌마가 집에 사정이 있어서 출근을 하지 못하게 되면서 그다음부터는 내가 혼자서 복장점에 들어오는 치마를 다 하게 되었다. 치마를 내가 혼자 하는데도 한복을 만드는 속도보다 치마를 만드는 속도가 빨라서 한복은 할 게 많은데 치마는 일감이 없어서 놀고 있었다.

그러다 한 언니가 한복감을 내놓으면서 로반사장에게 원단은 한복을 하기 힘든 원단이라서 못하겠다고 이야기하는 것을 보고 그 언니에게 아까 하기 힘들다고 한 저고리한복를 내가 해보면 안 되느냐고 물어보았다. 그 언니는 내 말을 듣고 얼른 나에게 한복원단을 내놓았다. 내가 원단을 받아 들고 한 번도 한복을 해 본 경험이 없으니 옆에서 좀 가르쳐 달라고 했다. 그러니 흔쾌히 알았다고 말한다. 나는 한복원단을 펼쳐놓고 하나하나 배워나가기 시작했다. 20년을 한복만 했다고 하는 언니에게도 도움을 받아가면서 한복을 만들고 있는데 로반사장이 치마를 하던 애가 한복을 한다고 하니 나를 보고 "야야, 니한복을 만드는 법도 안 배웠는데 어떻게 한복을 만든다고 그래. 괜히 한복원단 망치지 말고 놔둬라."라고 하는 것이다. 나는 로반사장의 말을 들으면서 속으로 '그래, 배우지는 않아도 할 수 있다. 어디 한번 로반_{사장} 니가 이기나 내가 이기나 한번 해보자.' 그렇게 해서 한복을 시작했다.

20년 한복만 한 언니는 2시간이면 한복 1개를 만들었다. 나는 그 날 한복을 하루 종일 만들었다. 저녁에 내가 만든 한복을 보던 로반_{사장}이 "니 이름 누가 지었니. 니 이름 잘 지었다. 내 인정한다. 니가 한복 만드는 법을 배우지 않고 할 수 있다는 거 인정한다."라고 말을 한다. 그렇게 다음 날부터 치마를 다른 사람에게 주고 나는 한복을 만들게 되었다. 한복을 하나 만들면 중국 돈으로 9원을 주었다. 나는 하루에 하나씩 한복을 만들면서 하나를 만들 때마다 10분씩 시간을 앞당겨 끝내는 습관을 하게 되었다. 그러다 보니 한 달이 지나서부터는 한복 하나를 만들 때 3시간이면 충분히 만들 수 있게 되었다. 그러다 3개월 만에 20년을 한복만 한 언니가 한복 하나를 만드는 수준에 같이 도달할 수 있었다. 그렇게 한복을 만들기 시작해서 3개월 만에 중국 돈 1,000원을 넘게 받았다.

하루는 신랑이 나에게 동생이 돈을 빌려달라고 해서 통장을 동생에게 주었다고 한다. 나는 그 말을 들으면서 화가 머리끝까지 올라와서 신랑하고 엄청 싸웠다. 내가 처음으로 시댁에 들어가 농사일을 할 때 일을 못한다고 엄청 뭐라고 하던 사람이 누구였는데 하면서 신랑하고 싸웠다. 신랑은 자기 동생이 빌려달라고 하는데 안 줄 수도 없고 해서 주었다고 한다. 주는 것도 왜 혼자 주느냐고 자기가 혼자 번 돈도 아닌데 왜 나하고 한마디 상의도 안 하고 주었는가 하고 물었다. 신랑은 거기에 대해서는 아무런 말도 하지 않으면서 자기 동생한테 돈을 준 것이 그렇게 화나는 일인가 하며 나한테 화를 내고 있다.

사실 도련님은 돈은 못 벌면서 돈을 보면 다 쓰는 성격이었다. 나는 그것도 그렇고 농사를 지을 때 나에게 분가해서 신랑하고 둘이만 살면 굶어 죽는다고 하던 사람이 우리에게 와서 돈을 빌려달라고 하니 무슨 낯으로 그런 말을 할 수가 있지 싶었다.

나는 중국말도 잘 못해서 집에 사람이 찾아오는 것을 싫어했다. 그런데 신랑은 그런 나를 혼자 두고 시간만 있으면 놀러 나간다.

2002년 4월 어느 날 나는 중국말도 잘 못하는 데다가 외로워서 신랑에게 놀러나가지 말고 나하고 같이 있어 달라고 말했다. 신랑은 그렇게 이야기하는데도 놀러나간다고 옷을 입고 있었다. 그런 신랑을 보면서 나는 신랑 옷을 잡으면서 가지 말고 같이 집에 있어달라고 말을 해도 화를 내더니 급기야 내가 잡고 있는 자기 옷을 칼로 썩썩 잘라내고 나가버린다. 혼자 앉아 있는 나는 신랑에게 버림받은 마음이었다. 사람이 어쩌면 그렇게 같이 있어달라고 애원을 하는데 미안한 마음도 없이 거기다 칼을 가지고 옷까지 베고 놀러 나갈 수가 있을까? 세상에 믿고 사는 사람이 오직 신랑 한 사람밖에 없는데 어쩌면 신랑은 나를 안 좋아할지도 모른다는 생각이 들었다. 그래서 나는 신랑이라고 믿고 사는 사람도 저러는데 이 세상에 누가 나를 좋아할까 하고 생각해 보니 아무도 없는 것 같았다. 사람은 믿음을 상실하면 삶을 향한 의지도 상실한다.

나는 혼자서 눈물을 흘리면서 신랑에게까지 이런 대우를 받으며 살 바엔 차라리 죽는 게 낫겠다고 생각을 했다. 언제 잡힐지 모르는 불안함과 사이렌 소리만 들어도 심장이 멎는 것 같은 공포 속에서 살면서 오로지 하나의 희망이라고 생각하고 살아가는 사람의 냉정하고 차가운 현실 앞에서 나는 내 자신을 보듬어줄 용기마저 잃어가고 있었다. 나는 천천히 일어나 방에 들어와 더 생각할 것도 없이 방문을 잠그고 칼로 내 손목을 베었다.

팔목을 가로로 자르면 피가 잘 안 나올 것 같아 핏줄을 따라가면서 칼로 난도질했다. 순간 피가 흘러나오기 시작했다. 흐르는 피를 보면서 나는 아버지를 떠올렸다. 아버지를 생각하면서 '아버지 이 딸도 아버지 곁으로 가려고 합니다.' 했다. 그런데 그 순간 이런 말소리가 들려오는 것 같았다. "니가 여기서 이렇게 죽으면 좋아할 건 아버지를 죽인 그 사람들뿐이다. 조국을 배신하고 중국에 가더니 결국은 그렇게 죽을 거면서." 나는 정신을 가다듬고 일어나 앉았다. 그리고 피 흐르는 손을 잡고 '그래, 죽더라도 여기서 죽으면 안 돼.'라고 생각했다.

나는 피나는 손에 붕대를 감았다. '지금 내가 여기서 이런 일을 극복하지 못하고 죽어서 아버지 곁으로 가면 아버지가 얼마나 속상하실까.' 생각하면서 나는 반드시 대한민국으로 갈 것이라고 결심하고 또 결심했다. 조금 있으니 신랑이 방문을 여는 소리가 들려온다. 나는 방문을 열어주었다. 신랑이 방으로 들어오면서 문은 왜 잠그고 있느냐고 묻는다. 나는 아무 말 없이 방에서 나왔다.

우리는 오래 살기 위해서가 아니라 옳게 살기 위해 노력해야 한다. 세네카의 말이다.

우리가 살아가는 하루하루가 기적이다

"인생에는 독특한 리듬이 있다. 인생의 음악은 각자가 작곡해나가지 않으면 안 된다. 사람에 따라서는 불협화음이 점점 퍼져서 나중에는 멜로디의 주조를 압도하거나 말살해버리는 수가 있다. 또 때로는 불협화음이 너무 강해서 멜로디가 중단되어 권총자살도 하고 강물에 뛰어들기도 한다. 이러한 인생은 별도로 치고 정상적인 인생은 엄숙한 행진이나 행렬처럼 끝까지 지속되는 법이다."

어떤 성공도 시련이나 고난을 이기지 않고는 이룰 수 없다. 확실한 꿈과 희망을 가지고 희망의 끈을 놓지 않고 그 꿈을 향해 꾸준히 매진한다면 기회는 반드시 찾아온다. 탈북한 우리들보다도 더 어려운 상황에도 불구하고 희망을 품고 꿈을 가꿔나가는 사람들이 있다는 것을 잊지 말자. 너무 늦어서 못 할 일이란 없다. 진정으로 그 일을 하고 싶다면 아직 늦지 않았다. 게으른 매미가 되고 싶은가, 아니면 부지런한 개미가 되고 싶은가? 선택은 우리의 마음에 달려있다.

4

우리가 살아가는
하루하루가 기적이다

시련은 있어도
좌절은 없다

한국을 가려고 시도하다가 두 번이나 사기를 당하고 이번에는 5,000원을 주고 가짜 신분증을 만들고 계속되는 사기에도 여전히 한국을 가려고 하고 있다. 일이 잘 풀리지 않아 아무런 일도 하고 싶지 않고 손을 놓고 속수무책으로 살아가고 있다. 무엇을 먼저 해야 하고 어떤 것을 해야 할지 갈피를 잡을 수가 없다. 지금은 한국 가는 것 외에는 아무것도 생각하고 싶지 않았다. 오직 머릿속에는 단 한 가지 생각뿐이다. 한국으로 가야만 내 꿈과 희망을 펼쳐나갈 수 있을 것이다.

중국에서의 불법체류자의 생활은 너무 힘들고 한 고비 한 고비 넘을 때마다 많은 슬픔과 고통을 이겨내야 했다. 언제쯤 내 마음속 무거운 짐을 훌훌 털어 버릴 수 있을까. 한국으로 가야만 나는 두 다리

두 팔을 뻗고 잘 수 있을 것이다.

　하루는 양장점에서 일을 하는데 같이 일을 하는 언니가 자기 동생이 한국과 일본 수속을 한다고 하면서 이번에 자기네 신랑이 일본으로 나간다고 한다. 나는 그 집의 아저씨가 일본 가는 것을 보면서 같이 일하는 언니에게 나는 한국으로 가고 싶은데 동생에게 부탁해서 한국으로 가게 해달라고 부탁을 했다. 정작 부탁은 했지만 이번에는 큰 기대는 하지 않았다. 여러 번의 사기를 당하다 보니 그냥 밑져야 본전이지 하는 식으로 내 입에서 한국을 가겠다는 말이 노래처럼 흘러나온다. 그렇게 한국에 가겠다고 하고는 별 기대를 하지 않았는데 하루는 출근을 해서 막 일을 시작하는데 양장점에 전화 벨소리가 울린다.

　2003년 5월 15일 아침에 심양에서 로반사장에게 전화 왔다. 전화를 끊고 로반사장이 나를 보며 한국 가겠다고 한 사람 한국 가고 싶으면 오늘 저녁에 바로 심양으로 들어오라고 한다며 한국을 가겠느냐고 나에게 물어본다. 나는 생각할 것도 없이 선뜻 응해 나섰다. 나는 하던 일을 다른 사람에게 주고 다른 일은 대충 정리하고 신랑에게 전화를 했다. "자기야, 나 지금 한국으로 가려고 그러는데 지금 심양으로 들어가야 할 것 같아." 하니 신랑은 아무 말도 하지 않는다. 집에 돌아와서 간단하게 갈아입을 옷에 소지품을 챙겨서 기차역으로 향했다. 기차역에 와서 심양으로 가는 기차표를 사고 차 시간을 기다리고 있는데 신랑 친구가 가는 도중에 먹으라고 먹을 것을 한가득 사가지고 역으로 왔다.

앞으로 어떤 결과가 될지 몰라서 나는 잠시 시댁에는 알리지 않고 신랑하고 둘이서 심양으로 갔다. 그런데 생각지 않던 사람이 나타나 잘 가라고 하면서 먹을 것을 주는데 어쩐지 한편으로 이번 일이 잘 될 것 같은 예감이 들었다. 심양에 도착하니 한국 수속을 해주는 사람이 역에 나와 있었다. 그 사람은 우리를 민박집으로 안내했다. 우선 오늘 저녁 자고 내일 다시 오겠다고 한다. 우리는 그 사람이 하라는 대로 민박집에 묵었다.

다음날 우선 머리는 파마하라고 한다. 그날은 하루 종일 미용실에 있었다. 먼저 파마를 하고 다음 염색을 하고 머리를 자르고 하루 종일 내 몸에 변화를 주었다. 하루 종일 미용실에 앉아 머리를 하고 왔는데도 쉬운 일이 아닌 것 같았다. 그날 저녁은 민박집에 와서 저녁을 먹고 일찍 누워서 잠이 들었다. 다음 날은 우리를 데리고 사진관에 갔다. 사진관에 가서 사진을 찍고 우리를 보고 민박집에 가서 기다리라고 한다.

우리는 다음 날부터 민박집에서 먹고 자고 먹고 자고 외에는 아무 것도 하지 않고 기다리기만 하였다. 이틀 사흘 지나도 아무런 연락도 없어 어떻게 되는 건지 걱정이 되기 시작했다. 우리가 아는 건 아무것도 없었다. 연락을 하려고 해도 전화번호도 없고 오직 그 사람이 연락이 와야 우리는 알 수 있는 상황이었다. 사흘째 아무런 연락이 없어서 나는 밤에 잠도 못 자고 있었다. 그런데 다음날 민박집으로 연락이 왔다. 민박집 아줌마가 우리에게 전화를 받으라고 한다. 지금 빨리 어디로 나오라고 한다. 한국 수속을 해주는 사람이 내일 한국에 가는데 당시 한국에서 유행하는 옷과 신발 그리고 가방을 사주었다. 그리고 마지막으로 한국 돈이 있어야 된다면서 한국 돈을 환전하는 곳으로 우리를 데리고 간다. 신랑은 나에게 한국 돈 15만 원을 환전해서 내 지갑에 넣어준다.

한편 우리가 일주일째 연락이 되지 않자 어머니는 내가 일하던 복장점에 연락을 해서 내가 지금 심양에 있다는 것을 알고 한국 수속을 주는 사람에게 전화를 해왔다. 한편 시댁에서 아버님은 나를 한국으로 못 보내겠다고 하신다. 돈을 들여서 한국에 보냈는데 만약 신랑을 버리면 돈도 잃고 사람도 잃는다며 한국 가는 것을 반대하신다. 아버님 이야기를 들으신 어머니는 보내자니 아버님 말씀대로 내가 한국 갔다가 다시 돌아오지 않으면 자기네가 손해를 볼 것 같고 안 보내자니 계속 쫓겨 다니는 신세지, 어머니는 가운데서 이러지도 저러지도 결정을 내리지 못하는데 아주버님_{신랑 형}은 저를 한국에 보내 주어야 된다고 이야기했다.

나는 다시 전화를 드린다고 하고 전화를 끊었다. 그리고 그날 저녁에 시댁에 전화를 하였다. "어머니 저 지금 한국 가려고 심양에 와 있습니다."라고 말씀 드렸다. 한국에 간다는 소리에 시댁에서는 모두 놀라는 눈치였다. 이때까지 중국에서 잘 살아 왔는데 한국에 간다고 하니 혹시 내가 한국에 가서 시댁으로 돌아오지 않을까 많이 걱정하고 있는 것 같았다. 수화기 너머에서 어머니의 목소리가 심상치 않았다. 아버님은 나를 한국에 보내지 말라고 한다는 것이다. 나는 시어머니의 이야기를 이해를 못 하는 것은 아니었다.

어머니의 말씀이 끝날 때까지 나는 듣고 있다가 어머니께 말씀드렸다. "어머니, 사람한테 기회라는 것이 계속 오는 것이 아닙니다. 그렇기 때문에 저는 이 기회를 놓치고 싶지 않습니다. 그리고 제가 한국 가는 것이 마음에 걸리는 게 많다는 것도 알고 있습니다. 신랑하고 연결되는 자식도 없는 저를 보내자니 마음에 걸리는 거 저도 모르는 건 아닙니다. 허나 자식이 없는 것을 전제조건으로 보지 마세요. 지금 중국에 자식이 있는 조선족교포들도 한국에 돈 벌려고 나갔다가 자식을 버리고 이혼하는 사람이 많습니다. 자식이 있든 없든 그건 큰 문제가 아니라고 봅니다. 그렇다고 내가 지금 여기에서 한국 간다고 마음이 변하고 안 변하고는 여기에서 말하고 싶지 않습니다." 내 말을 듣던 어머니가 나에게 말씀하셨다. "나는 네 마음을 알기 때문에 한국에 보내려고 한다." 고 말씀하신다. 그리고 더 이상 아무 말 없이 어머니는 전화를 끊으신다.

그날 저녁 민박집에 왔다. 신랑에게도 어머니께 드렸던 그 말을 똑같이 해주었다. 다음 날 우리는 한 호텔에서 한국 수속을 해주는 사람을 만났다. 그곳에서 한국 남성분도 만났다. 2003년 5월 25일 심양공항으로 나오기 전에 한국 남성분이 나에게 비행장에서 여권 검사를 할 때 어떻게 하라고 몇 가지 주의사항을 알려 준다. 그리고 비행장으로 향해 출발했다. 신랑은 비행장까지 가지 못하고 그곳에서 우리는 헤어졌다. 신랑은 그 길로 연길로 돌아갔다. 2003년 5월 25일 그날은 일요일이었다. 심양공항에 들어서니 나가는 홈이 세 곳이었다. 많은 사람들이 출국을 하려고 줄을 서서 기다리는 상황인데 나는 거기에 서서 어느 쪽으로 나가면 무사히 통과할 수 있을까 고민을 했다. 여권을 검사하는 곳은 세 곳이었다. 세 곳 중에 2명은 남자고 1명은 여자였다. 남자분한테 줄을 서서 기다릴까 어디에 설까 고민을 하는

데 여자가 검사하는 줄에는 사람이 많지 않았다. 나는 고민할 것 없이 바로 사람이 적은 곳에 줄을 서 있었다. 줄을 서 있는 동안 심장은 한없이 방망이질 치고 얼굴은 화끈 달아올랐다. 혹시나 얼굴이 뻘개졌을까 싶어 화장실에 가서 거울을 보며 내 얼굴색을 확인했다. 다행히도 얼굴색은 변하지 않았다.

그때 마음속으로 아버지한테 잘되게 해달라고 얼마나 소리쳤는지 모른다. 마침 내 차례가 왔다. 여기에서 잘못되면 나는 완전 죽은 목숨이다.

알렌 코헨의 말이 생각난다.

"모험은 안정보다 더 위대하며, 삶에는 아직도 개척해야 할 영토가 무궁무진하다."

나는 여권을 내밀었다. 비행장에 나오기 전에 남자분이 주의를 주던 것처럼 계속 검사하는 사람만 쳐다보고 있었다. 여권을 검사하는 사람은 여권을 보다 나를 한 번씩 쳐다보고를 2~3번을 반복한다. 그때마다 나는 눈을 똑바로 뜨고 그 여자를 쳐다보았다. 그러더니 나를 보고 신분증을 달라고 한다. 나는 너무 긴장한 나머지 여자가 하는 말이 들리지가 않았다. 신분증을 달라고 세 번을 이야기하는데 중국말로 1번, 한국말로 2번 말한다. 그래도 알아듣지 못하니까 내 뒤에서 대기하고 있던 한국 남성이 신분증을 보자고 이야기한다고 하는데도 알아듣지 못하였다. 할 수 없이 한국 남성이 지갑에서 자기 신분증을 꺼내 보여주면서 이걸 보자고 한다고 이야기한다. 그때야 비로소 말이 귀에 들어온다.

사람이 긴장을 하니까 말이 귀에 들어오지 않는다. 그때 내가 늦게나마 신분증을 꺼내서 여권 검사하는 여자에게 주니 그 여자는 계속 여권하고 신분증을 기계에다 대보고 여권 앞뒤로 뒤져보더니 도장을 들고 꾹 찍어준다. 도장을 찍어주는 순간 내 눈에는 눈물이 핑 돈다.

그러나 그 상황에서 눈물을 흘리면 안 된다고 마음먹고 울컥하는 마음을 가까스로 잡고 대기실에서 나와 의자에 앉았다. 다른 사람들이 볼까 봐 눈물을 훔쳐가면서 얼마나 울었는지 모른다.

얼마나 꿈에 그리던 한국행인가. 몇 년에 걸쳐 성공한 일인지 모른다. 나는 비행기에 앉아서도 긴장감을 늦출 수가 없었다. 혹시라도 지금이라도 와서 나를 잡아갈 것 같은 느낌이 들어서 비행기가 다 이륙할 때까지 얼마나 마음을 졸이며 출발 시간만 기다렸는지 모른다. 이런 내 마음을 알 리 없는 시간은 그날처럼 더디게 가기는 처음인 것 같았다. 기다리던 끝에 비행기 문이 닫히고 안내 방송이 흘러온다. 지금 우리 비행기는 심양공항을 출발하여 한국으로 가는 비행기입니다. 비행기가 상륙하는 순간 나는 마음속으로 '성공이다 ~~~~!'를 외치면서 얼마나 눈물을 흘렸는지 모른다. 기나긴 시련의 시간이 가져다 준 희망이었다.

대한민국을
사랑합니다

내가 어디에서 태어났고 어디서 어떻게 살아왔는지는 중요하지 않다.
내가 살아오는 동안 무엇을 했느냐에 관심을 두어야 한다.
– 조지아 오키프

오늘날 대한민국을 위해 아무것도 한 것이 없는 나와 같은 탈북자들을 동포애의 따뜻한 정으로 받아주고 행복하게 살게 해 준 대한민국 국민들 앞에 머리 숙여 진심으로 감사를 드립니다.

비행기가 이륙을 함과 동시에 안내 방송이 흘러나온다. "우리 비행기는 심양공항을 출발하여 대한민국 인천공항에 도착하였습니다." 9년이라는 외롭고 기나긴 시련의 항해 끝에 내가 찾은 희망의 등대였다. 인천공항에 도착해서 나는 황홀한 인천공항을 보면서 신기함보다도 부모형제를 버리고 왔다는 죄책감과 이곳으로 함께 오지 못한 가족을 생각하면서 눈물을 걷잡을 수가 없었다.

공항에 들어와서 또다시 여권 검사를 받게 되었다. 이번에는 중국과 달리 여권 검사하는 사람이 내 여권을 보더니 이 여권이 누구 거냐고 물어본다. 나는 내 여권이라고 말했다. 그러니 여권을 검사하는 사람이 다른 사람을 부르더니 그 사람이 나에게 누구 여권인지 제대로 이야기하라고 한다. 한참을 서서 내 여권이라고 하니 나를 보고 하는 말이 우리가 전문여권만 보고 일을 하는 사람인데 이 여권을 보고 모르겠는가 하면서 이 여권이 가짜라면서 자기 따라오라고 한다. 그 사람을 따라간 곳은 공항 출입국사무소였다.

내가 들어가니 많은 사람들이 나를 쳐다본다. 나를 데리고 간 사람이 동료들과 말을 하는데 여권을 보여 주면서 이 사람이 가짜여권으로 한국에 왔다고 이야기한다. 그러면서 나를 보고 집 주소를 말하면 다음 비행기로 중국에 보내겠다고 한다. 나는 계속 내 여권이라고 우겼다. 그러니 그 사람이 자꾸 버티면 경찰을 부르겠다고 한다. 경찰이 오면 내가 더 손해라고 하면서 빨리 집 주소를 말하라고 한다. 경찰을 부르겠다고 하기에 나는 더 이상 말을 하지 않았다. 나는 경찰이 오는 것이 나에게 유리한 조건이라고 생각했다.

한참 지나서 사복을 입은 경찰이 나에게 와서 집 주소를 말하면 집으로 돌려보내겠다고 이야기한다. 순간 나는 눈물을 흘리면서 "나는 중국 사람이 아닙니다."라고 말했다. 경찰이 나를 보면서 중국 사람이 아니면 어디 사람이냐며 계속 집 주소를 말하라고 한다. 나는 그때 경찰에게 북한에서 왔다고 말했다. 경찰은 내가 북한에서 왔다고 하는데 믿지 못하는 눈길이었다. 그러더니 진짜 북한에서 왔느냐고 하더니 종이 한 장과 볼펜을 주면선 탈북한 경위를 간략하게 적으라고 한다. 나는 너무 긴장한 탓에 손을 떨면서 글을 썼다. 한 장을 다 써내려갈 무렵 검은색 양복을 입은 남성들 6명이 내 주변에 서있었다. 그리고 내가 쓴 종이를 받아서 프린터에 6장을 복사하더니 한 사람이 한 장씩 나눠 가진다.

남자 3명이 나를 데리고 공항 뒷문으로 나와 차에 타라고 한다. 차를 타러 가면서 한 사람이 나에게 물어본다. "진짜 북한 사람 맞아요?" 한다. 나는 진짜 북한 사람 맞다고 말했다. 그런데 한국말을 왜 이렇게 잘하느냐고 물어본다. 나는 한국에 오려고 한국말을 배웠다고 말했다. 그리고 3시간 가까이 달려서 국정원에 도착하니 큰 철문 앞에 군인들이 보초를 서고 있었다. 나는 속으로 또 나를 어떤 감방에 넣는다고 생각을 했다. 처음에는 국정원인 줄 몰랐다. 국정원에 들어가면서부터 내 설움에 계속 울었다. 국정원에 들어가서 내 발 사이즈를 재고 옷 사이즈를 물어본다. 한참 후 남자분이 세면도구에 운동복추리닝을 가져다주면서 자기 따라오라고 한다. 같이 따라간 곳은 2층 한 방문 앞이었다. 문을 열더니 나에게 들어가라고 한다. 국정원 직원은 내 뒤를 따라 들어오면서 방 안에 있는 사람들에게 이 사람 잘 달래라고 계속 울기만 한다면서 이야기하고 나간다.

나는 신발을 벗고 한쪽 구석에 자리를 잡고 앉아 있었다. 한참을 훌쩍거리고 있는데 한 언니가 내게 다가와서 어디서 왔느냐고 물어본다. 나는 그 언니의 물음에 언니를 올려 보면서 내 눈을 의심했다. 어떤 감방일 것이라 생각을 했는데 이게 웬일인가. 전부 다 탈북자들만 있는 곳이었다. 한 방에 13명이 있었는데 나는 계속 울면서 들어가던 상황이라 거기에 있는 사람들을 마주 볼 수가 없었다. 나는 탈북자들이 그렇게 많을 줄은 생각도 못 했다. 그 언니는 나에게 "어디서 왔고, 한국에 어떻게 왔는가?" 하고 묻는다. 그렇게 이야기를 나누면서 나는 그곳이 국정원이라는 것을 알게 되었고 탈북자가 그렇게 많이 한국에 들어왔다는 것도 알게 되었다.

3일 동안 울었다. 함께하지 못한 가족 생각, 살아생전 그렇게 오고 싶어 하시던 아버님 생각에 눈에서는 눈물이 멈출 줄 몰랐다. 고○○ 언니가 울고 있는 내게 다가와 "왜 우니. 울지 마라. 니가 울면 우리도 울고 싶어."라고 말을 한다. 그 순간 나는 더 이상 눈물을 흘릴 수가 없었다. 내가 지금 내 생각만 하다 보니 옆 사람들의 생각을 안 했구나 싶어서 너무 미안했다. 나는 더 이상 울지 않기로 결심을 했다.

한국에 와서 국정원 생활을 할 때 처음으로 경찰 사이렌 소리를 들었다. 한국에서의 사이렌 소리는 더 이상 공포로 들리지 않고 정겹게 들렸다. 아무리 사이렌 소리를 크게 내도 나는 더는 주눅이 들지 않고 당당해졌다. 중국 같았으면 나도 모르게 혼자 마음을 졸이면서 살았을 것인데 이제는 내가 그럴 이유가 없었다. 두 팔, 두 다리를 뻗고 잘 수 있는 것이 너무 좋았다. 나는 국정원에서 한 달을 지냈다. 국정원에서의 생활은 비록 자유는 없었지만 더 없이 행복했다.

내 조국은 세계요, 내 종교는 선을 행하는 것이다. T. 페인은 이렇게 말했다.

"내가 건강하고 부유하게 살 수 있는 곳이면 어디나 나의 조국이라고 생각한다. 우리 조국은 세계요, 우리 동포는 전 인류이다. 자기

의 조국을 모르는 것보다 더한 수치는 없다. 자기의 조국은 어디든 자기가 잘 지낼 수 있는 곳이다. 내가 가장 번영하는 곳에 나의 조국이 있다. 모든 사람의 모든 애정은 하나의 조국에 묶여진다."

나는 앞으로의 꿈과 희망을 그려보았다. 사회에 나가서 내가 할 일들을 생각해보았다. 며칠이 지나자 나는 조서를 받게 되었다.

조서를 받는 동안에는 독방에서 일주일 동안 혼자 지내야 했다. 방에 달린 작은 창문이 하나 있었다. 어느 날 밖에서 왁자지껄하는 소리가 들려왔다. 나는 창문가에 얼굴을 붙이고 밖을 내다보았다. 먼저 조서를 마친 사람들이 운동장에 나와 농구를 하고 있었다. 나는 외로움과 지루함을 달래보려고 한참을 내려다보았다. 잠시 후 인터폰이 울리더니 나를 보고 창문에서 떨어지라고 한다. 밖을 내다보면 안 되는 것 같았다. 그 다음부터는 아무리 밖을 보고 싶어도 나는 꾹 참았다. 독방에서 내가 할 수 있는 것은 아무것도 없었다. 오직 먹고 자는 것 외에는 감방이 따로 없다는 느낌이 들었다.

조서를 받는 내내 매일 같이 1:1 심문이 이루어졌다. 국정원에서는 남한에 침투하는 북한공작원과 탈북자로 위장하여 한국으로 들어오는 중국 조선족들을 가려내는 일을 했다. 매일 같은 질문을 할 때도 있었다. 나는 두 번의 탈출 경로와 중국에서의 삶을 하나도 빠짐없이 사실대로 말했다.

하루는 나를 심문하던 국정원 직원이 나를 보고 진짜 북한 탈북자가 맞느냐고 물어본다. "네." 하고 대답했다. 이번에는 나를 보고 그런데 왜 이렇게 탈북 경위에 대해서 잘 아는가 하고 물어본다. 나는 내가 겪은 일인데 내가 모르면 누가 아느냐고 다시 물었다. 국정원 직원은 나의 물음에 아무 말도 안 하고 나간다. 후에 안 일이지만 중국 조선족들이 다른 사람의 탈북 경위를 외우고 들어오는 일이 있다고 한다.

조서가 끝나는 날 국정원 직원은 나에게 거짓말 탐지기 검사를 하였다. 거짓말 탐지기 검사를 해도 별다른 이상이 없자 국정원 직원이 나에게 "이승희 씨 이름이 진짜네요."라고 한다. 나는 "네, 진짜 제 이름이 맞습니다."라고 대답했다. 그리고 "저는 거짓말을 안 합니다."라고 이야기했다. 그렇게 일주일이라는 조서기간이 끝나고 독방에서 나오면서 조서가 끝난 사람들과 합류했다. 조서가 끝나면 약간의 자유가 주어진다. TV도 볼 수 있고 밖에 나갈 수 있는 조건도 된다.

조서가 끝나고 며칠 지나서 국정원 직원이 갓 조서를 마친 사람들 4명을 데리고 서울시를 구경시켜 주고 옷을 사러 백화점에 가기도 했다. 모두들 즐거운 시간을 보내며 웃고 떠드는 시간에 나는 자가용 뒷좌석에 앉아 선글라스를 쓰고 소리 없이 눈물만 흘렸다. 함께 하지 못한 가족을 생각하니 서울의 아름다운 풍경을 차마 눈 뜨고 볼 수가 없었다. 함께 나간 사람들은 국정원 직원에게 "점심으로 뭐 먹고 싶은데 그것 사 주세요.", 또 "어디 가고 싶은데 그곳으로 가주세요." 하면서 웃고 떠든다. 나는 눈을 감고 조용히 앉아 있었다. 하루 종일 아무 말도 하지 않는 나를 보고 국정원 직원이 물어본다. 이승희 씨는 왜 웃지도 않고 동료들과 어울리지 않느냐고 나에게 말한다. 나는 설움에 잠겨 아무 말도 할 수가 없었다. 국정원 직원은 대답을 못 하는 나를 보고 더 묻지 않는다.

우리들이 먹고 구경하고 쇼핑하는 데에 대한 계산은 국정원에서 지불해주었다. 우리가 생활하는 데 불편함이 없이 모든 것은 국정원에서 제공해주었다. 근심걱정 없이 사는 것이 고마웠다. 대한민국을 위해 아무것도 한 일이 없는 수많은 탈북자들을 받아주고 대한민국에서 살아가는 데 어려움이 없도록 많은 배려를 해주었다.

중국에서 한국으로 올 때 그 무엇도 필요 없고 단지 신분증만 해결하면 된다고 생각을 했었다. 한민족이라는 이 세 글자 때문에 나와 같은 탈북자들에게 정부에서는 정착금도 지원해주고 무료로 배울 수 있는 과정을 제공해주었다. 국정원에서 앞으로 내가 살아가는 데 필요한 모든 것을 제공해주었다. 국정원에 있을 때 나는 결심을 하게 되었다. 지금의 내가 받은 것에 대해 언젠가는 나도 꼭 보답하리라. 정말 대한민국이 너무 고마웠다. 그리고 행복했다.

"하루에도 백 번씩 나는 나의 삶이, 살아 있는 혹은 죽은 사람의 노고에 의존하고 있다는 것을 되새긴다. 그리고 받은 것만큼 되돌려 주기 위해 얼마나 많이 노력해야만 하는가를 스스로 일깨운다." - 알버트 아인슈타인

다시
시작하는 삶

배움이 없는 자유는 언제나 위험하며
자유가 없는 배움은 언제나 헛된 일이다.
−존 F. 케네디

하나원을 퇴소하고 2003년 8월 26일에 대구로 내려왔다. 하나원에서 집 배정을 해주었다. 나는 대구에 내려와 일주일을 쉬었다. 8일째 되는 날 나는 신변보호 담당관과 함께 대구고용지원센터를 방문했다. 새터민을 담당하는 분에게 미용을 배우고 싶은데 어느 학원에 가야 하는지를 알아보았다. 새터민을 담당하는 담당자분이 나를 보고 하는 말이 조금 더 집에서 쉬고 대구 지리도 알고 난 뒤 학원을 다녀도 늦지 않다고 한다. 지금 이 상태에서 학원 갔다가 집도 못 찾아가면 어떻게 하겠느냐고 묻는다. 나는 담당자에게 괜찮다고 꼭 지금 학원에 다니고 싶다고 말했다. 나의 확고한 결심에 담당자분이 그러면 내일 다시 지원센터로 방문을 하라고 한다. 담당자는 자기와 함께 학원에 가자고 한다.

다음날 나는 새터민 담당자와 함께 미용학원을 방문했다. 모든 수속을 새터민 담당자가 해주었다. 나는 다음날부터 미용학원에 다니기 시작했다. 미용학원을 나간 첫날 나는 미용학원을 마치고 집으로 돌아오려고 버스에 올랐다.

버스를 타고 1시간 가까이 지나면 내가 아는 거리에 있어야 할 시간인데 아무리 창밖을 내다보아도 내가 아는 거리가 아니다. 집으로 가는 버스 번호는 맞는데 '이상하다. 여기가 어디지?' 하면서 가는데 버스는 어느새 종착역에 도착했다. 종착역에 도착해서 보니 집 방향하고 반대 방향의 버스에 올라서 다른 곳으로 가버린 것이다. 역시 고용센터 담당자 말대로 집도 못 찾아간 것이다. 나는 다음 버스를 타고 대구 시내를 한 바퀴 돌아서 집으로 돌아왔다. 그 이후 집을 못 찾는 일은 한 번도 없었다.

나는 미용학원에 다니기 시작한 지 45일 만에 겨우 필기시험을 볼 수 있었다. 다른 사람들은 학원에 들어와 일주일 만에 필기시험을 보았다. 나는 수업시간에 한마디도 알아들을 수 없었고 책의 내용도 알아볼 수가 없었다. 분명 같이 쓰는 한국말인데 내가 알아들을 수 있는 말이 한마디도 없었다. 미용에 관한 용어는 모든 것이 영어식 한국말이라 더욱 어려웠다. 할 수 없이 집에 와서 필기시험에 관한 책을 펼쳐놓고 밤낮을 가리지 않고 계속 반복해서 보고 또 보았다. 그렇게 한 책을 처음부터 끝까지 6번을 보게 되니 조금씩 내용을 알아가게 되었다.

필기시험 보러 가기 전날 선생님은 나에게 "이승희 씨 부담 갖지 말고 그냥 이런 데도 있네." 하는 식으로 갔다 오라고 한다. 너무 기대를 하면 그만큼 실망도 크다면서 나에게 편안한 마음으로 갔다 오라고 한다. 선생님은 나에게 그 말을 세 번이나 했다. 나는 부담 갖지 말고 갔다 오라는 선생님의 말을 들으면서 순간 화를 내면서 "선생님, 그만 말하세요. 저 공부 많이 했습니다."라고 큰 소리로 말을 했다. 순간 선생님은 깜짝 놀라시며 "나는 승희 씨를 걱정해서 말한 건데 미안하다"고 사과를 하신다. 나는 선생님께 "물론 저도 선생님이 저를 생각해서 말씀하시는 거 이해를 못 하는 건 아닌데 그래도 그런 말 하지 마세요."라고 말했다.

당시 학원에 나 말고 다른 새터민이 있었는데 필기시험에서 6번을 탈락하면서 선생님이 나도 실망을 할까 봐 나에게 해주신 말씀이었다. 필기시험은 오전 10시에 공단에서 보았다. 그날 필기시험을 보는 사람이 200명 가까이 왔다. 우리 학원에서도 26살 아가씨하고 나하고 두 사람이 갔다. 시험을 보는 내내 긴장을 한 탓에 손이 떨려서 시험을 어떻게 보았는지도 잘 모르겠다.

오전에 시험을 본 결과는 오후 3시에 게시판에서 확인할 수 있다고 한다. 나는 점심도 먹지 않고 오후 3시까지 공단에서 결과가 나오기를 기다렸다. 오후 3시에 나온다는 시험결과가 2시 30분경에 나왔다. 나는 게시판에서 내 시험 번호를 찾았다. 나의 시험번호가 맨 윗줄에 첫 번째로 적혀있었다. 나는 너무 기뻐서 나의 신변보호담당관에게 전화를 했다. "형사님, 저 필기시험에 합격했어요."라고 하자 수화기 너머에서 형사님이 "수고했다. 니가 잘할 것이라는 생각을 고용센터에 갔을 때 니가 하는 것을 보고 알아보았다"고 말씀하셨다. 20일 뒤 실기 시험 날짜가 잡혀 있었다. 나는 고민할 필요 없이 실기시험을 신청하고 학원으로 왔다.

그날 우리 학원에서 같이 간 아가씨는 탈락되고 나는 합격을 하고 학원에 오니 제일 먼저 축하해주신 분이 나를 가르쳐 주시던 선생님이셨다. 선생님은 진심으로 나를 축하해 주셨다. 그날 나는 선생님께 저번에 "선생님이 저를 생각해서 해주신 말씀인데 화를 내서 죄송하다"고 말씀드렸다. 선생님은 "아니다. 내가 이승희 씨 마음을 미처 몰랐다"고 했다. 선생님께 "저 20일 뒤 실기시험을 등록하고 왔습니다."라고 하니 선생님은 나에게 너무 빨리 신청한 것 아니냐고 말한다. 아직 진도가 나가지 않은 신부화장과 횡거 웨이브수업 진도를 나에게 빨리 가르쳐 달라고 선생님께 부탁드렸다. 선생님은 진심으로 내가 잘되기를 바라셨고 나에게 필요한 모든 기술을 전수해 주었다.

나는 학원 문을 여는 시간인 오전 9시에 도착해서 학원이 문을 닫는 밤 10시까지 쉬지 않고 점심을 먹지도 않고 열심히 연습을 하고 또 연습을 했다. 나는 다른 사람들을 신경 쓰지 않고 오직 연습에만 집중을 했다. 물도 마시지 않고 오직 연습하고 화장실 가는 것 외에는 다른 것은 전혀 하지 않았다. 나는 학원에 들어가 65일 만에 실기시험을 보았다.

공단에서 실기시험을 보았다. 그라데이션 컷트가 첫 번째 시험이었고 다음은 롤, 파마를 말고 신부화장을 하는 식으로 하여 모든 것을 주어진 시간 내에 완성을 해야 한다. 마지막 신부화장을 하는데 나는 모델이 없어서 내가 모델이 되었다. 시험이 끝나고 다른 사람들은 가족들이 와서 차에 대기하고 있다가 데리고 가는데 나는 얼굴에는 신부화장을 하고 미처 지우지도 못하고 그대로 버스에 올랐다.

얼굴에는 평상시에 하는 화장이 아닌 화장을 하고 부끄러워서 얼굴도 못 들고 버스에 앉아서 오늘 같은 날 가족이 없는 외로운 생각을 하고 있는데 스피커에서 '불효자는 웁니다' 노래가 흘러나온다. 순간 나는 너무 외로워서 버스에서 울고 말았다. 울면서 학원에 도착했다. 학원에 들어와서 신부화장을 지우고 나는 집으로 돌아왔다. 실기시험에 대한 결과는 일주일 뒤 인터넷으로 발표한다고 한다. 나는 일주일 뒤 컴퓨터 앞에 앉았다. 순간 시험을 보는 것보다 더 긴장되는 느낌. 나는 인터넷에 들어가 나의 주민번호를 적고 마우스를 누르려는 순간 크게 한 번 심호흡을 하고 마우스를 눌렀다. 나의 시험 결과는 합격이었다.

다음날 학원에서 원장님이 나를 부르시더니 학원이 생긴 이래에 두 달 만에 자격증을 취득하는 사람이 없었다면서 나를 축하해 주었다. 언제나 웃으며 기술을 배워 주신 강○○ 선생님 그리고 나에게 필요한 도구들을 아낌없이 지원해주신 박○○ 원장님 그리고 함께 배우면서 도와준 수강생들의 도움으로 자격증을 빨리 취득할 수 있었다.

학원 다니는 동안 나는 내성적인 성격으로 크게 말도 하지 않고 있으니 같이 공부하는 사람들이 나를 보고 바보인 줄 알았다고 한다. 3개월이 지나면서 사람들과 말을 하게 되었다. 자격증을 취득하고 며칠 뒤 학원에서 강○○미용실에 나를 소개해 주었다. 나는 오전에는 학원에서 기술을 배우고 오후에는 미용실에서 실전기술을 배우

우리가 살아가는 하루하루가 기적이다

게 되었다.

　2005년에 대경대학 뷰티학과에 입학했다. 당시 나의 꿈은 교수가 되는 것이었다. 그래서 남들보다 많은 공부를 했고 많은 자격증도 취득하였다. 나는 대경대학을 졸업하고 낮에는 일하면서 밤에는 학점은행제 공부를 했다. 미용사자격증, 미용실기교원자격증, 두피관리사자격증, 피부관리사자격증 등 뷰티에 관한 자격증은 모두 취득하고 추나요법에 관한 교사자격증도 취득하였다. 한국은 스펙을 중요시하기 때문에 나는 앞만 보면서 열심히 공부하고 자격증을 취득하였다. 그러다 2008년 12월에 출산을 하면서 공부도 일도 중단하였다. 나는 출산과 함께 아이 양육만 하면서 집에서 몇 년을 쉬었다. 집에서 몇 년을 쉬다 보니 나의 생활은 온데간데없고 하루 종일 다람쥐 쳇바퀴 돌리듯이, 나도 아침에 일어나면 아이를 어린이집에 보내고 집 청소하고 빨래하고 하면 아이가 어린이집에서 돌아온다. 아이하고 놀다가 저녁 먹고 자고 매일 똑같은 하루가 계속 반복해서 돌아가다 어느 날 이렇게 살면 안 되겠다는 생각이 들었다. 다시 하던 공부를 해야겠다고 마음먹고 대학원을 알아보기 시작했다. 나는 다시 꿈꾸고 다시 웃으며 다시 행복해지고 싶었다.

　"끝없이 전진하기 위해서는 자신이 가치 있다고 믿어야 한다. 그리고 많은 것을 받아들여야 한다. 또한 자신이 큰일을 할 수 있다고 믿어야 한다. 그러면 당신의 계획은 실현될 것이다." - 나폴레옹

살아가는 힘이 되어준
따듯한 남쪽 사람들

나는 탈북을 하면서 참 많이도 울면서 살아왔다. 한창 꽃피며 살아야 할 스물세 살 나이에 정치범이라는 인생을 살면서 감옥에서 아버지와 오빠가 죽고 나는 죽지 못해 살았다. 다시 중국에 들어와 근 8년이라는 세월을 살면서 북한 사람이라는 이유로 깔보고 말도 함부로 하고 사람 취급도 하지 않는 세상에서 오직 '대한민국에 가리라'는 믿음 하나로 세상을 살아오다 마침내 2003년 5월 25일에 꿈에 그리던 한국에 들어왔다.

2003년 8월 26일에 대구에 내려와 생활하면서 3년이라는 세월을 눈물 속에 살아왔다. 아침에 나갔다가 저녁에 집에 들어오면 텅 빈 집에 앉아 부모님을 생각하면서 하염없이 눈물만 흘리면서 살았다.

외로움에 울고 좋은 것만 보아도 부모님 생각에 울었다.

중국에서 신랑을 만나 살던 어느 날이었다. 신랑은 자고 있는 나를 깨우면서 바나나를 사왔다고 했다. 그러면서 껍질 깐 바나나를 잠이 덜 깬 나의 입에 넣어 주던 신랑을 보면서 나는 차마 바나나를 먹지 못하고 엉엉 울음을 터트렸다. 갑자기 울고 있는 나를 보면서 신랑은 그렇게 가족이 그립느냐고 물어본다. 내가 살아온 과거를 신랑에게 아무리 이야기해도 신랑은 이해를 못 하는 것 같았다.

북한속담에 "길은 걸어봐야 그 길이 얼마나 멀고 긴지 알고 물의 깊이는 물을 건너봐야 안다"고 했다. 신랑은 나의 과거를 아무리 들어도 본인이 직접 경험해보지 못했기 때문에 나의 설움과 외로움을 이해하기 힘든 것 같았다. 한국에 들어와서 부모에 대한 나의 그리움은 더욱 간절했다. 그토록 아버님이 오고 싶어 하시던 땅에 와서 기쁜 일이 생겨도 울고 좋은 것을 먹어도 울면서 지냈다.

1년이 지난 2004년 12월 어느 날, 볼일이 있어서 부산으로 가다가 옆에 앉은 어르신을 알게 되었다. 전화를 받는 나의 말소리에 그분은 아주 조심스럽게 "혹시 실례가 되지 않으면 한 가지 물어도 괜찮아요?"라고 묻는다. 나는 "네." 하고 대답했다. "혹시 고향이……." 하고 물으신다. 나는 "고향이 북한입니다."라고 말씀드렸다. 어르신은 나에게 몇 년 전에 장백산^{백두산}관광을 갔다 오면서 그때 두만강 옆에서 북한을 본 일이 있다면서 그때 북한을 본 이야기를 나에게 해주었다. 어르신하고 이야기하는 동안 어느새 부산에 도착했다. 어르신은 마지막으로 나에게 전화번호를 주면서 대구로 갈 때 같이 가자고 하신다.

나는 부산에서 2시간가량 볼일을 보고 어르신께 전화를 했다. "선생님, 저는 볼일 보고 대구로 가야 하는데 혹시 같이 가실 수 있어요?"라고 물어 보았다. 어르신은 부산역에서 기다리라고 하신다. 어르신은 부산에 있는 자신의 누님 댁에 누님을 찾아뵙고 가는 길이라고 하였다. 내 전화를 받고 어르신 누님 댁에서는 어르신이 오자마자 다시 대구로 간다며 일어나니, 누님은 그 여자가 어떤 여자인지도 모르는데 동생이 집에 왔다가 그냥 간다고 하니 우리 동생이 단단히 꽃뱀 같은 여자에게 홀린 것 같다고 했다. 어르신은 누님의 만류에도 부산역으로 나오셨다. 어르신은 나를 데리고 부산 해수욕장을 구경시켜주고 싶다고 하셨다.

그날 어르신 따라 나는 부산해수욕장을 구경하고 대구로 왔다. 대구에 와서 어르신은 나에게 집에 가서 혼자 밥 먹으면 맛이 없으니 밥 먹고 가자고 하신다. 어르신은 동대구역 근처 식당에 들어가서 국수를 사주셨다. 국수를 드시면서 어르신은 나에게 "우리 이 국수처럼 오래 알고 지내자"고 말씀하신다. 그날 그렇게 보내고 나는 힘들 때마다 어르신께 전화를 하곤 했다.

한국에 와서 북한에 있는 어머니와 언니를 모셔 오려고 브로커를 통해서 북한의 가족을 한국으로 데려와 달라고 부탁을 했다. 그런데 브로커의 사기로 나는 힘든 나날을 보내게 되었다. 하루는 미용실에서 퇴근을 하고 집에 들어오니 밤 11시가 막 넘어서고 있었다. 집에 들어와서 불을 켜고 1분 안 됐는데 밖에서 문 두드리는 소리가 들려온다. 내가 누구냐고 물으니 포항에서 사는 사람인데 북한에 가족 데

228
우리가 살아가는 하루하루가 기적이다

리고 오는 일 때문에 왔다고 한다. 브로커 업자는 내가 준 돈을 자기가 가지고 이 사람들은 돈을 못 받았다고 나에게 와서 돈을 달라고 한다.

그날 우리 집에 남자 5명에 여자 1명이 찾아왔다. 나는 그 사람들에게 나는 너네하고 일을 시작하지 않았기 때문에 나한테 볼일 있으면 내일 낮에 오라고 했다. 그러니 그 사람들은 30분을 넘게 우리 집 현관문을 두드리고 있다. 옆집에서 시끄러우니 조용해달라고 하면 미안하다고 하면서 계속 현관문을 두드린다. 할 수 없이 나는 신변보호담당관에게 전화를 했다. 우리 집에 지금 밖에 많은 사람들이 와서 행패를 부리고 있다고 하니 형사님이 "알았다. 내 금방 갈게." 하신다.

15분 지나서 형사님이 우리 집에 도착했다. 형사님이 오셔서 사건의 내막을 알아보시고 그 사람들을 우리 집에서 내보내고 나에게 이 사건의 처음 발단은 니가 시작을 했기 때문에 니가 돈을 주지 않으면 안 될 것 같다고 하신다. 저 사람들은 나한테서 꼭 돈을 받으려고 잡도리를 했기 때문에 내가 돈을 안 주고는 힘들 것 같다는 것이다. 그러면서 앞으로 계속 저녁 늦게 집에 와서 행패를 부리면 나만 스트레스를 받는다고 한다. 그날 형사님이 그 사람들에게 "이승희가 지금 돈이 없으니 나중에 돈을 주겠다." 하고 돌려보냈다. 나는 그 사람들에게 돈을 주는 일로 법원에 찾아갔다.

법원에 가니 새터민을 담당하시는 변호사가 따로 있었다. 새터민을 담당하는 변호사는 1994년부터 1997년 일본에 유학하여 노동법을 공부하던 중, 한국인 피해자들이 일본 법정을 상대로 재판을 진행하는 것을 구경하면서 일제 강제징용 피해자에 관심을 가지기 시작했다. 당시 일본의 변호사들이 한국인 피해자들을 위해 변론하던 것을 보고, 대한민국 변호사로서 부끄러움을 느꼈으며, 이를 계기로 한국에서 강제징용 피해자들의 소송을 담당하게 되었다는 그 유명한 최봉태 변호사였다. 나는 새터민을 담당하는 최봉태 변호사를 찾아가 나의 이야기를 하였다. 내 이야기를 듣던 변호사님은 나를 보고 돈을 안 줘도 된다고 하신다. 나는 변호사님께 "그러면 밤늦게 그 사람들이 와서 행패를 부리면 그럴 때는 어떻게 해야 합니까?" 물었다. 변호사는 그러면 "돈을 줄 때 여기 와서 내최봉태 앞에서 주어라."라고 말한다. 다음날 나는 그 사람들을 변호사 사무실로 오라고 했다. 변호사는 그 사람들을 보면서 "내최봉태가 얘 오빠다."라고 소개를 한다. 변호사는 돈을 주면서 더 이상 돈을 달라는 일이 없도록 각서를 쓰게 하였다. 앞으로 또 다시 이런 일이 생겨도 나와는 상관없다는 확인서까지 받고 그들을 돌려보냈다.

오빠라는 말에 내 마음속에서 묘한 감정이 돌기 시작한다. 나는 이때까지 살면서 나의 오빠와 사촌들 외에는 다른 사람들에게 언니나 오빠라는 말을 해 본 일이 없을뿐더러 남에게 언니, 오빠라고 부르는 자체를 이상하게 생각했다. 그런 나에게 나의 오빠가 아닌 다른 사람에게서 오빠라는 말을 들으면서 이렇게 다정하게 느껴보기는 처음이었다.

나는 한 번의 실수로 가족과 헤어져서 몇 년을 혼자 살면서 혈육의 정마저 잃어가고 감정도 메말라가고 있었다. 봉태 오빠는 나에게 혈육의 정을 다시 알게 해주었다. 오빠는 그날 이후로 나의 보호자가 되었다. 오빠는 친구들을 만날 때마다 나에게 전화해서 친구들을 소개해 주었다. 오빠는 친구들을 소개해주면서 사람을 많이 알아두면 내가 어려울 때 도움이 된다고 한다.

2009년 여름, 봉태 오빠의 소개로 김○○ 국장님을 알게 되었다. 국장님을 처음 뵙던 날, 국장님은 우리 마을에 마을도서관이 있는데 아느냐고 묻는다. 내가 마을도서관이 있는 줄 몰랐다고 하니 국장님은 나에게 도서관을 소개해주셨다. 도서관을 들어가면서 국장님은 마을도서관이 어떻게 건립되었는지 설명해주셨다.

마을 주민들이 동네 아이들을 위해 집에서 통장을 들고 나와 마을도서관을 만들었다고 했다. 딱히 갈 곳이 없던 동네 아이들을 위해 마을 주민들이 마음을 합쳐 만들어진 도서관이라는 이야기를 들으면서 마음이 뭉클했다. 동네 아이들을 위해 아줌마들이 집에서 통장을 들고 나오다니. 내가 살던 북한에서는 누군가가 그 누구를 위해 이런 일을 할 수 있으리라는 것은 상상조차 할 수 없다.

나는 도서관을 이용하면서 많은 도서관 봉사자분들을 알게 되었다. 특히 거기에서도 나의 눈길을 사로잡는 한 사람이 있었다. 그 사람은 김○○ 관장님이었다. 관장님은 우리 동네 맏언니 같다는 느낌이 들었다. 어른, 아이 할 것 없이 누구나 한결같은 마음으로 품어주는 마음, 그런 모습을 보면서 '나에게는 저런 마음이 없는데 관장님은 어떻게 저런 마음이 생길까.'하는 생각도 해보았다. 그렇게 나는 아띠와 인연이 점점 깊어지게 되었다. 나는 힘들 때마다 관장님에게 고민을 이야기하면 관장님은 그 고민을 해결해주는 흑기사였다. 나는 이렇게 많은 관심과 따뜻한 사람들 속에서 어렵고 힘든 일이 있어도 힘과 용기를 가지고 살아갈 수 있게 되었다.

지난 세월을 생각하며 외로움과 슬픔으로 하루하루 살아가던 내
가 따뜻한 남한 사람들을 만난 후부터 외롭고 힘들 때마다 따뜻한 사
람들의 이름을 언제나 부르면 따뜻한 위로가 되어서 헝클어진 마음
을 다독여 주곤 했다. 불안해하는 동생을 감싸 안아주는 사랑이 있어
서 사는 일이 힘들 때나 어딘가에 화를 내고 싶을 때 나직이 소리 내
어 그들을 불러보면 마음이 편안히 가라앉곤 했다.

큰아들 나이가 나와 같다면서 큰아들 생각하면 내 생각이 난다는
어르신도 있었다. 반대로 작은아들이 나와 나이가 같다고 하시면서
작은아들 생각하면서 나를 생각하시는 어르신도 계셨다. 미국에 여
행 갔다가 손녀 옷을 사면서 손녀 나이와 같은 우리 딸 옷까지 사 오
시는 곽 회장님도 계셨다. 회장님은 주기적으로 나에게 전화를 하면
서 우리 딸이 보고 싶다며 꼭 딸과 함께 사무실로 오라고 한다. 회장
님 전화를 받고 딸을 데리고 회장님을 찾아뵈면 회장님은 늘 봉투에
현금을 넣어서 딸에게 예쁜 옷 사주라고 말씀하시면서 나에게 건네
주신다. 크고 작은 일이 너무 많아서 여기에 다 적기는 힘들지만 내
가 살아가는 데 힘이 되어준 사람들이 있었기에 삶의 힘들고 지칠 때
도 용기를 내어 본다.

나는 혼자가 아니었다. 언제나 나를 응원해 주는 따뜻한 이웃이
있었다. 따뜻한 사람들이 있기에 이 겨울 영하 15도의 한파에도 내
마음은 봄날같이 따뜻하기만 하다.

"받은 상처는 모래에 기록하고 받은 은혜는 대리석에 새기라."- B. 프랭클린

9년에 걸쳐
북한, 중국, 대한민국 대구까지

자신의 가능성을 실현할 수 있는 인간은 행복한 사람이다.
- 로버트 레슬리

2003년 5월 25일, 나는 이 땅에 두 번째로 다시 태어났다고 해도 과언이 아니다. 자유를 찾아 북한을 떠나 어언 9년이라는 너무 긴 세월을 돌아 대한민국으로 들어왔다. 남쪽에서 북쪽까지는 지척인데 대한민국으로 오는 과정에서 너무도 많은 시간과 세월이 흘렀다. 그 세월 속에 고통과 설움을 안고 죽을힘을 다해 남쪽으로 오게 되었다. 기나긴 시련의 시간이 가져다준 희망이었다.

대한민국으로 오는 길에 얼마나 많은 사람들이 목숨을 내놓아야 했는지 모른다. 자유와 희망을 찾아 죽음을 무릅쓰고 탈북을 두 번이나 시도했다. 그러나 북한을 빠져나온 중국에서의 삶은 그리 호락호락하지 않았다.

9년에 걸쳐 북한, 중국, 대한민국 대구까지 생사의 갈림길에서 북송과 함께 감옥에서 아버지와 오빠의 죽음. 죽지 못해 살아가다가 단 1분 1초를 살아도 사람답게 살고 싶어서 또다시 국경을 넘어야 했다.

어머니는 자신의 모든 것을 다 바쳐 한평생 김일성·김정일을 위해 충성을 다하다가 어느 날 당 비서의 갑작스런 해고에 급기야 정신병자 정신질환자 진단을 받는다. 어머니는 그래도 직장에 나가서 일하고 싶어 하셨다.

김일성 만나러 평양에 간다고 나서서는 기차역에서 12시간을 넘게 기다리다 기차가 오지 않아 평양에 못 가게 되었다. 그러면서 직장에서 누구도 나오라고 하는 사람이 없는데도 어머니는 누구도 하지 않는 석탄재를 버리는 산에 혼자 올라가서 일을 하고 계셨다. 밤 10시까지 들어오지 않아 온 가족이 어머니를 찾아 나섰다. 날마다 더해가는 어머니 병세에 아버지는 해보지 않은 방법이 없었다. 그럼에도 불구하고 어머니 병은 날마다 점점 더 심각해졌다. 아버지는 희망이 보이지 않는 북한의 현실을 놓고 많이 고민하셨다. 고민 끝에 아버님은 나에게 "나는 아버지 이제 다 살았다. 하지만 너희들이 먹을 것이 없어 배낭 위에 배낭을 메고 다니는 모습을 차마 눈 뜨고 볼 수 없다"고 말씀하셨다.

우리는 1995년에 9월에 두만강을 건너게 되었다. 자유의 기쁨도 잠시, 우리는 3일 만에 북경 대사관 앞에서 대사관 문턱을 넘지 못하고 중국 경찰에 체포되었다. 우리는 북경수용소에서 일주일을 지내다가 도문을 걸쳐 남양으로 북송되었다. 북송되기 전 도문다리 앞에서 아버지는 우리에게 "지금 온 가족이 다 잡혀 나가지만 이중에서도 누가 어떻게 잘 살지는 아무도 모른다.'고 하셨다. 그런 아버지의 얼굴에는 거의 힘이 없어 보였다. 그렇게 우리는 북한정치범수용소에서 근 4개월을 보냈다.

가족을 살리기 위해 두 달을 감옥에서 생으로 굶었다. 그러다 마지막에는 앉아 있으라고 하는데 힘이 없어서 옆으로 쓰러졌다. 그 후 얼마 지나지 않아 우리 가족 중 여자 3명은 창태리로 추방되고 아버지와 오빠는 주모자로 수용소에 다시 들어가게 되었다.

창태리에 올라가서 농사를 지으면서 살아가다 결핵과 복막염을 같이 앓으면서 죽지 못해 살아가다가 또다시 중국으로 탈북을 하게 되었다. 중국에 들어와 좋은 아저씨의 소개로 인심 좋은 할머니를 만나 살다가 두 달 후 할머님 집 사정으로 같이 지내지 못하게 되었다. 그 후 딱히 정해진 곳이 없이 이곳저곳으로 방황하는 생활을 하다가 아버지 조카에게 성폭행을 당하고 그 집 아들에게 죽도록 폭행을 당하면서 차라리 맞아 죽으려고 결심을 했다. 그날 이후 나는 같이 일하던 언니가 소개해준 남자와 함께 살기로 결심을 하고 남자와 동거 생활을 시작하였다. 동거생활을 시작한 지 1년도 안 되어 인신매매 납치꾼에 잡혀가다 극적으로 살아 돌아왔다.

그 후 시골에서 살지 못하고 연길시로 나와서 살았다. 연길로 나와 한국에 가려고 시도를 하다가 두 번의 사기를 당했고 한 번은 5,000원을 주고 가짜 신분증을 만들었다. 그래도 거기에서 포기하지 않고 기어이 한국으로 가리라는 결심을 한다. 나를 좋아해주던 강아지 미미의 죽음 앞에서 또 한 번 이 세상에 혼자가 되는 외로움과 슬픔에 잠기기도 했다. 그러다 신랑과 싸우면서 신랑의 냉정한 행동에서 버림받은 것 같다는 생각에 자살을 시도하기도 했다. 손목을 그냥 가로로 그으면 잘 안 죽을 것 같아 핏줄을 따라가면서 칼로 핏줄을 베고 흘러나오는 피를 보았다. 그런데 갑자기 어디선가 여기서 이렇게 죽으면 좋아할 건 아버지와 오빠를 죽인 사람들밖에 없다는 소리가 들려오는 것 같았다. 나는 정신을 차리고 죽어도 한국에 가리라는 마음을 다시 가졌다.

H. 발자크는 이렇게 말한다.

"불행이야말로 우리의 가장 훌륭한 스승이다. 불행은 돈과 사람의 가치를 가르쳐 준다. 역경에 처해 있으면서 타락하지 않는다면 그 자체만으로도 매우 위대하다."

나는 온갖 시련을 다 이겨내고 마침내 2003년 5월에 대한민국 인천공항에 도착했다. 인천공항의 황홀한 풍경을 볼 새도 없이 눈에서는 하염없이 눈물만 흘렀다. 살아생전 그렇게 오고 싶어 하시던 아버님을 생각하면 가슴이 찢어진다.

국정원에서 3일은 눈물로 지내다 같이 있는 언니의 한마디에 옆사람을 생각하지 못하고 내 설움에만 잠겨 눈물을 흘린 것이 미안해 그 후 누구도 모르게 샤워하면서 울었다. 한민족이라는 세 글자 때문에 국정원에서 탈북자들에 대한 따뜻한 대우에 감동을 받아 앞으로 살아가면서 언젠가는 꼭 보답하리라 결심을 하고 국정원을 나왔다.

천국 같은 하나원 생활은 발바닥에 털이 날 지경이었다. 하나원에서 우리들에게 대한민국 법에 대하여 가르쳐주고 이 나라에 잘 정착할 수 있는 법을 가르쳐주었다. 통일부에서는 앞으로 탈북자들이 살아가는 데 불편하지 않게 하나하나 많은 관심을 기울였다.

2003년 8월 26일에 하나원을 퇴소하고 대구에 집을 배정 받고 왔다. 앞으로의 꿈은 미용교수였다. 대구에 와서 일주일 만에 미용학원에 등록을 하고 65일 만에 대한민국에서의 첫 자격증을 취득하였다. 스펙을 중요시하는 대한민국에서 살아가려면 자격증이 필요하다는 생각이 들었다. 나는 낮에는 현장에서 기술을 배우고 밤에는 학교에서 공부하면서 하나하나 배워 나갔다. 그리고 국정원에서 나와의 약속을 지키기 위해 시간이 날 때마다 짬짬이 봉사활동을 시작하였다. 그러다 2005년에 대경대학에 입학을 하였다. 2006년에 대경대학을 졸업하고 낮에는 일을 하면서 밤에는 학점은행제를 다니기 시작했다. 그렇게 공부하면서 나는 많은 자격증을 취득하였다. 오직 교수가 되려는 꿈을 가지고 열심히 지식과 기술을 배웠다.

아이를 출산하면서부터 대학공부와 교수의 꿈은 무기한 보류 상태로 내게서 멀어지고 있었다. 세상에 태어난 딸아이를 보면서 피곤함도 즐거움과 행복으로 느꼈다. 행복에 빠져 딸만 키우면서도 문득문득 '대학공부는?', '내 꿈은?' 하는 생각에 가슴은 허전했다. 그때마다 아이의 웃는 얼굴을 바라보았고 엄마의 품에서 자라고 있는 딸을 생각했다. 그렇게 나의 모든 것을 포기하고 딸을 키우는 데 모든 정성을 다하였다.

어느덧 딸은 학교에 입학을 했다. 때가 되면 학교 가는 것이라고 생각하며 애써 무덤덤했었는데 입학식 끝난 다음 날 아이에게 성공

일기장을 만들어 주면서 왜 자꾸만 눈물이 나오는지 모르겠다. 성공 일기장에 엄마의 마음을 전하고 싶어서 몇 가지 글을 적어서 주었다. 엄마가 적어준 글의 뜻을 어린 딸이 완전히 이해하기는 어렵겠지만 언젠가는 이해하리라 믿으면서 적어주었다. 그때 써주었던 글을 몇 가지 적어본다.

*책만큼 위대한 스승은 없다.
*책은 결코 사람을 배신하지 않는다.
*책 속에는 천 가지 종류의 곡식도 있고 황금으로 지은 집도 있고 온갖 부귀영화가 들어있다.
*독서는 (이○○)를 명품으로 만든다.
*무언가를 간절히 원하면 그것이 이루어진다.
*독서로 세상의 지배자가 되라!
*노력 없는 성과는 없다.

책 속에 세상의 원리와 법칙이 고스란히 담겨져 있다는 것을 아이에게 알려주고 싶었다.

한국의 교육문화를 알아야 아이를 키울 수 있을 것 같아서 나는 2014년 12월에는 독서논술지도사 자격증과 수학지도사 자격증도 취득하였다.

희망은 생각보다
믿을 만하다

세상에서 가장 행복한 사람은
일하는 사람, 사랑하는 사람,
그리고 희망이 있는 사람이다.
-에디슨

나는 9년이라는 세월을 외로움과 슬픔 속에서 하루하루 살아가면서 혈육의 정마저 잊어가고 있었다. 그런 나에게 대한민국은 삶의 보금자리를 마련해주고 따뜻한 품으로 나를 안아주었다. 중국에서 한국으로 들어올 때 나는 다른 것 다 필요 없고 오직 주민등록증만 해결해주면 좋겠다고 생각했다. 대한민국은 한민족이라는 세 글자 때문에 나와 같은 탈북자들을 받아주고 살아갈 수 있게 해주었다. 나는 대한민국에서 살면서 짐이 되지 않기 위해서 열심히 살아가리라 다짐했다. 한 달간의 국정원 조사를 마친 뒤 두 달간의 하나원 생활을 마무리하고 하나원을 퇴소했다. 그리고 대구에 임대주택을 받고 대구로 왔다. 대구에 와서 일주일을 쉬면서 생활에 필요한 것을 장만하

우리가 살아가는 하루하루가 기적이다

였다.

대구에 와서 삼 일째 되는 날 대구종합사회복지관 복지사 선생님 들과 구룡포에 갔다. 나는 바다를 보면서 눈물을 흘렸다. 아버님은 북한에서 살면서 선장이 되는 게 꿈이셨다. 그런데 출신성분이라는 족쇄 때문에 아버지는 그 꿈을 이룰 수가 없었다. 나는 바다를 향해 큰소리로 "아버지!" 하고 외쳤다. 눈물이 하염없이 흘렀다. '지금 이 순간 함께 있었으면 얼마나 좋으랴.' 나는 바다에서 눈을 뗄 수가 없 었다. 한국에 와서 몇 년은 관광을 다니지 못했다. 좋은 곳에 가고 맛 있는 것을 먹을 때면 가족들 생각에 자꾸 눈물이 나고 혼자서 한국에 와 있다는 생각에 너무 죄스러웠다.

나는 대구에 내려와 일주일 쉬고 다음 날 고용지원센터에 찾아가 내가 공부할 수 있는 학원을 알아보았다. 담당자분이 내게 무궁화직 업전문학교를 소개해 주셨다. 나는 그 다음 날부터 무궁화미용학원 에 다니기 시작했다. 나는 미용교수라는 꿈을 세우고 열심히 노력을 했다. 그러나 학원에서 수업시간에 설명하는 선생님의 말씀을 한마 디도 알아들을 수가 없었다. 같은 한국말이라고는 하지만 수업시간 내용을 전혀 알아들을 수가 없었다. 하루 이틀 학원에 다니면서 이것 이 내가 할 일이 맞는지 고민하기 시작했다. 학원에서 주는 미용필기 시험에 관한 책은 또 얼마나 두껍고 큰지 그 하나만으로도 나의 기를 꺾는 듯했다. 하지만 이미 나는 미용교수라는 꿈을 가지고 있었다.

나는 학원에서 집으로 돌아오면 앉아서 새벽 3시까지 매일 무작정 미용필기시험 책을 보았다. 그렇게 45일 동안 미용필기시험 책 한 가 지를 처음부터 끝까지 6번을 보았다. 보고 또 보고 계속 반복해서 보다 보니 조금씩 미용에 대한 용어도 익히고 뜻도 이해할 수 있게 되었다. 학원에 들어오는 남한 사람들은 일주일 만에, 그것도 선생님의 수업도 듣지 않고 필기시험에 응시하고 합격하는 것을 보면서 조금은 부러울 때도 있었다. 나는 속으로 '쟤네들은 어쩌면 저렇게 잘하지.'라고 생각했다. 그래도 나는 급하게 시험을 보고 탈락하는 것보다는 정확하게 공부를 해서 한 번에 합격을 해야 된다는 생각을 했다. 드디어 시험을 봐도 되겠다는 확신이 왔다. 나는 학원에 들어가 45일 만에 필기시험을 보았다. 시험 보기 전날 혹시 탈락이 되면 내가 실망을 할까 봐 걱정해주신 선생님께 괜히 화를 내기도 했었다.

필기시험 합격을 받고 누구보다도 기뻐해주시던 분인 나를 걱정해주시던 선생님, 그리고 나를 담당한 신변보호담당관님, 여기에 다 적을 수는 없지만 나를 위해 기도해주시고 기뻐해주신 선생님들 그리고 친구들이 너무 고마웠다. 부모님께 알려드리고 싶은데 그럴 수 없는 상황에서 주변의 많은 사람들이 나를 걱정해주고 같이 기뻐해주어서 너무 고마웠다.

필기시험 이후 20일 만에 다시 실기시험에 도전하였다. 이번에도 나를 가르쳐주시는 선생님은 나에게 "이○○ 씨 너무 급하게 시험원서를 신청한 것 아니에요?"라고 하신다. 나는 선생님께 "선생님, 이번에도 할 수 있습니다."라고 말씀드렸다. 선생님은 "그래요. 그러다 혹시 탈락되면 실망하게 돼요. 좀 더 시간을 갖고 시험을 보는 것이 나을 것 같은데……."라고 하시면서 말끝을 흐리신다. 나는 선생님께 "선생님, 지금 신부화장법과 횡거 웨이브 수업을 한 번도 하지 못했는데 수업진도를 빨리 빼주시면 안 됩니까?"라고 물었다. 선생님은 흔쾌히 그렇게 해주신다고 하셨다. 나는 파마를 마는 연습을 하다가도 신부화장을 연습할 수 있는 사람만 있으면 선생님을 불러서 신부화장법을 가르쳐 달라고 부탁을 드렸다. 선생님은 언제든지 환하게 웃으시며 나의 부탁을 들어주셨다. 선생님은 내가 모르는 부분에 대해 개별적으로 다시 강의해 주면서 용어가 어려운 것은 두 번 세 번 반복해서 쉽게 해설해 주셨다.

오전 9시에 학원 문을 열고 저녁 10시에 학원 문을 닫을 때까지 한 번도 의자에 앉아 쉬지도 않았다. 심지어 점심시간에 다른 사람들이 점심을 먹을 때도 나는 밥도 안 먹고 열심히 연습하고 또 연습을 했다. 그리하여 실기시험 일주일을 남겨두고 실기시험에서 합격하는 사람들의 실력과 내 실력을 비교해 보았다. 나는 이번 시험에도 합격할 수 있다는 확신을 가졌다.

실기시험 보는 날, 시험이 끝나고 나는 내 얼굴에 그려진 신부화장을 지우지도 못하고 학원으로 왔다. 그날도 학원선생님은 나를 보시더니 추운 날 시험을 보고 오느라 고생했다고 하면서 나를 반겨준다. 일주일 뒤 공단 홈페이지에서 시험결과를 확인할 수 있다고 한다. 일주일이 지나 나는 컴퓨터 앞에 앉아 시험 보는 것보다 더 떨리는 마음으로 결과를 보았다. 내 예상이 맞았다. 내 이름 옆에 합격이라는 글씨가 보였다. 다음 날 학원에 도착하니 학원 원장님부터 시작해서 나를 가르쳐주신 선생, 모든 학원선생님들이 나를 축하해 주셨다. 학원 원장님은 저에게 "학원이 생겨서 두 달 만에 미용사 자격증을 취득하는 사람이 처음이라고." 하시면서 학원에서 파티를 해 주셨다. 누구보다도 아낌없이 기술을 전수해주신 선생님과 원장님을 비롯한 동료수강생들의 도움이 있었기에 가능한 일이라고 본다. 2005년에 대경대학에 입학을 하였다. 대경대학에 다니면서 나는 많은 기술과 이론 공부를 배워나갔다. 한국에 정착한 지 3년 만에 5개 자격증을 취득했다. 그리고 많은 미용대회에 입상하여 과학 기술부 장관상과 통일부 장관상 등 여러 가지 금상과 대상을 받기도 했다. 대경대학을 졸업하고 나는 학점은행제과정을 공부하였다. 학점은행제를 마치고 대학원공부를 하려고 마음을 가졌는데 아이를 출산하면서 나의 대학 공부는 무기한 보류 상태로 내게서 멀어지고 있었다. 아이를 낳고 몇 년은 아이를 키우면서 집에만 있었다. 나의 꿈과 내 생활은 어디에도 없고 오직 아이를 위해서 살아가는 것 때문에 마음이 허전했다. 그럴 때마다 나는 아이의 웃음을 보면서 위로를 삼았다.

나는 다시 내 꿈을 향해 나가려고 요즘 대학원 준비를 해나가고 있다. 북한에서는 아무리 하고 싶어도 할 수가 없었고 아무리 애를 써도 이룰 수 없었다. 하지만 대한민국에서는 지금 내가 하고 싶은 일은 포기하지 않는 한 언제든지 성공할 수 있다. 꿈을 이루기 위해 열심히 노력하다 보면 언젠가는 꼭 정상에 오를 수 있는 것이 민주주의 사회이다.

북한에서는 자유라는 희망을 품고 죽음을 각오하고 두만강을 넘었다. 중국에서는 경찰만 보아도 공포에 떨어야 했고 수많은 어려움과 두려움 속에서도 오직 자유라는 꿈과 희망을 포기하지 않고 살았다.

두려움을 극복한 사람에게는 실패는 있어도 좌절은 없다. 우리는 변해야만 남한 사회에서 이길 수 있고 살아남을 수 있다. 우리가 정복해야 할 것은 산이 아니라 자기 자신이다. 삶의 목표가 있는 사람은 쉽게 흔들리지 않는다. 나의 성공의 열쇠는 내가 쥐고 있다. 나는 삶과 맞서 싸울 때 기적이 찾아온다는 것을 보여주고 싶었다. 다치고 상처 받는다고 해도 끝까지 포기하지 않으면 언젠가는 성공한다. 나는 사람들에게 가슴속 꿈과 희망을 세상에 펼치라고 말해주고 싶다.

나는 대한민국에서 참다운 삶을 살고 싶었다. 수많은 어려움과 두려움에 부딪혀 희망을 잃기도 했고 시련을 겪기도 했다. 많은 시련 속에서도 좌절하지 않고 다시 일어날 수 있었던 것은 꿈과 희망이 있었기 때문이다. 로버트 고디드는 이렇게 이야기한다.

"불가능이 무엇인가는 말하기 어렵다. 어제의 꿈은 오늘의 희망이며 내일의 현실이기 때문이다."

이제는 모두가
알아야 한다

1990년 고난의 행군이 시작되면서 수많은 아사자가 발생했다. 죽지 못해 살아가던 북한주민들은 삶을 위해 두만강과 압록강을 건넜다. 사람들은 끝내 나서 자란 고향을 등지고 기약할 길 없는 길에 목숨을 걸고 북경을 넘어가기 시작했다. 가난과 굶주림을 모르는 세상을 찾아 떠났다.

최근 수많은 탈북자들의 증언이 잇따르는 가운데 북한에 대한 실상이 공개되면서 세계에서도 북한 인권문제를 논의하고 있다. 세계는 지금 북한 인권문제에 많은 국가들이 동참하고 있다. 한국과 미국, 영국, 일본 등 북한 인권문제 관심국은 비공개로 북한 인권문제와 최고책임자를 국제 형사 재판소에 회부한다는 내용의 결의안 초안을 작성했다.

북한의 핵실험 도발은 '핵 개발 중단이나 포기는 하늘이 무너져도 있을 수 없다.'면서 끊임없는 핵실험을 감행하고 있다. 북한에서 핵실험은 2006년 10월 9일 1차 핵실험을 시작으로 2009년 5월 25일 2차, 2013년 2월 12일 3차 핵실험에 이어 네 번째가 된다.

김일성一家들은 대대로 핵실험을 감행한다. 북한당국은 국영방송과 TV를 통해 "장군님만 계시면 우리는 이긴다.", "사회주의는 지키면 승리한다"고 북한 인민들에게 선전하고 있다. 김일성一家는 공산주의라는 체제를 내세우고 인민들을 끝없이 억압하고 약탈을 일삼아왔다. 인민들은 짐승보다도 못한 삶을 살아가면서도 김일성·김정일이 세운 공산주의 체제가 있어서 북한이 제일 잘사는 줄 알고 있다. 김일성一家에 충성하는 사람들도 많다.

내가 아는 여인은 굶어 죽을 수 없어 중국에 와서 살면서도 김정일이 내세우는 주체사상에 대한 변함없는 마음을 가지고 있었다. 그것을 보면서 나는 서글픈 마음과 안타까움을 금할 수 없었다.

우리가 사는 동네에서 누구도 내가 북한 사람이라는 사실을 아는 사람이 없었다. 하루는 그 집에 아줌마가 자기 집 며느리라고 하면서 우리 시댁에 놀러 왔다. 나는 내 신분이 알려지는 것이 두려워서 별로 말을 하지 않고 우리 시어머니와 아줌마하고 그 집 며느리하고 이야기를 했다. 이야기하다가 우리 시어머니가 그 집 며느리보고 한국에 가라고 하니 그 여성은 놀라는 기색으로 우리 시어머니를 보면서 "남조선 괴뢰들이 있는 남조선에 어떻게 가요. 못 가요. 나는 절대로 남조선에 안 갈 겁니다."라고 말을 한다. 부모 형제 떠나서 이국땅에 와서 사람 취급도 못 받으며 살아가면서도 어떻게 저런 말을 할 수 있을까? 나는 그 여인을 다시 보았다.

북한 김정은 정권은 애초부터 인권은 물론이고 국제사회질서와 법은 안중에 없고 대화와 타협의 대상이 될 수도 없는 폭력집단이다. 인민들이 굶어죽어도 안중에도 없고 해마다 김일성一家의 탄생일을 정해놓고 그때마다 불꽃 축제 행사를 진행한다.

인민들은 당만 믿다가 굶어 죽어나가기 시작했다. 먹을 것이 없어 풀이란 풀은 다 캐 먹다 보니 이제는 풀마저도 뜯어 먹을 것이 없었다. 풀을 먹고 풀독이 올라 얼굴이 흉악하게 변한 사람들도 있었고 코가 문드러진 사람도 있었다. 가마에 넣을 옥수수 한 줌이 없어 농장 밭에 들어가 옥수수를 따다가 경비원에게 잡혀서 정치범수용소에 끌려가고 심지어 총살까지 당하고 있다.

김일성은 전쟁 때 무고한 월남자 가족들을 총살하고 국가적으로 매립시켰다. 한국전쟁에서 미군이나 국군, 국군포로, 일제기관에서 일을 했던 사람들을 닥치는 대로 끌어다 처형하고 정치범수용소로 끌어갔다. 그리고 그들을 대대로 종파분자로 낙인찍고 처벌했다. 그것도 모자라 그들의 후손들은 얼굴도 보지 못한 조상들의 출신성분 때문에 사회적으로 아무리 당에 충성하고 일을 잘해도 국가로부터 인정받지 못했다.

지난날은 월남자 가족으로 살다가 오늘날 탈북자 가족이라는 또 아픈 사연을 가슴에 묻고 살아가는 사람들이 수없이 많다. 일본사람들의 차를 운전한 죄로 할아버지는 6·25전쟁 때 고모와 함께 월남했다.

아버지는 한평생 혈육의 그리움으로 살아오셨다. 혹시라도 TV에서 혈육의 만나는 드라마나 이산가족 만나는 장면을 보시면 눈물을 흘리시던 아버지. 오늘날 내가 탈북자 가족으로 살아가고 있다. 살아생전 혈육의 그리움으로 평생 살아오신 아버님의 그 마음을 그땐 미처 몰랐다. 오늘날 내가 탈북자로 살아가면서 혈육을 그리워하시던 아버지의 마음을 알게 되었다.

어느 날 남조선에서 사는 동생이 오빠를 찾는다는 소식을 듣고도 오빠가 북한에서 살고 있다고 대답을 할 수가 없었다고 한다. 애타게 오빠를 찾는 동생에게 오빠가 살아있다고 대답을 못 한 것은 아버지가 입당하면서 월남자 가족이라는 사실을 숨기고 살아오셨기 때문이었다. 동생이 남쪽에 살아있는 사실이 드러나면 쥐도 새도 모르게 온 가족이 정치범수용소로 끌려가는 것이 두려워 혈육의 그리움을 한평생 가슴에 안고 살아오셨다. 아버지는 서울에 살고 있는 동생_{고모}의 주소도 알고 계셨다. 평생 혼자 가슴에 새기고 살다가 돌아가시기 전에 우리에게 이야기해 주겠다고 말씀하셨다. 차디찬 정치범수용소에서 생을 마감하시면서 얼마나 동생이 그리웠을까. 아버지는 가슴속에 품고 살던 슬픔의 덩어리를 끝내 풀지 못하고 저 세상으로 가셨다.

1994년 김일성의 죽음과 함께 찾아온 고난의 행군시기에 사람들은 먹을 것을 찾아 국경을 넘기 시작했다. 삶과 자유를 위해 국경을 넘은 그들의 운명은 순탄치 않았다. 굶지 않으려고 국경을 넘었건만 중국에서의 탈북자들의 생활은 호락호락하지 않았다. 굶지 않고 밥을 먹는 대신 불법체류자라는 신분 때문에 거리에서 경찰만 보아도 공포에 떨어야 했다. 하루하루 숨어서 살아가다 보니 자유가 없었다.

인신매매꾼들에게 잡혀서 몇 차례 팔려가는 여성들도 있었다. 팔려가는 것도 억울한데 거기에 폭행까지 가하고 탈북자들은 어디 가도 인간 대접을 받지 못했다. 북한에서 왔다는 이유로 사람을 깔보고 무시한다. 탈북여성들은 중국에서 성노리개로 살아가고 있다. 탈북자들은 중국에서 온갖 수모와 멸시를 받으면서도 북한에 있는 가족들을 생각하며 한 푼 두 푼 모아 집으로 돌아오다 국경에서 같은 동족에 의해 죽기도 했다.

돌아오다 잡히면 정치범수용소로 끌려갔다. 정치범수용소에서의 생활은 짐승보다 못한 삶을 겪게 했다. 탈북했다가 잡혀서 포승줄에 온 가족이 한 줄로 묶인 채로 회령시내를 끌려다니다 사람들이 던지는 돌에 맞아 그 자리에서 즉사하기도 했다.

중국에서 교회나 한국사람 한 번 만난 것이 죄가 되어 목숨도 내놓아야 했다. 고생고생하며 벌어온 돈을 보위부에 뺏기지 않으려고 수단과 방법을 가리지 않고 몸에 숨겨서 가지고 온다. 하지만 보위부에서 인간이 상상 못 하는 비인간적인 행동으로 탈북자들의 돈을 빼앗으려고 날뛴다. 지금도 그 지옥 같은 정치범 수용소 감옥에서 온갖 권리를 유린당하고 사람들이 고문이나 매를 덜 맞으려고 인간임을 버리고 짐승처럼 살아간다.

나는 지금도 잠에서 지옥 같은 세상을 살아가던 악몽에 시달린다. 온 밤 꿈속에서 국경을 넘으면서 군인들에 쫓기면서 사경을 헤매기도 한다. 김일성一家가 세운 공산주의 체제가 어머니 당이라고 교육시키면서 하는 행동은 인간의 탈을 쓴 야수들이었다.

언젠가 어렸을 때 보았던 영화에 나오는 대사가 생각이 난다. 영화 제목은 〈군당책임비서〉다. 거기서 주인공인 군당책임비서가 "엄마가 아이를 혼내는데 아이는 달아날 생각을 안 하고 아이는 엄마의 치마 속에 기어 들어간다. 왜 그런 것 같소?"라고 일꾼에게 묻는다. 일꾼이 군당책임비서의 말에 대답을 못하니 군당책임비서가 일꾼에게 "아이는 엄마가 자기를 사랑하는 것을 알고 엄마가 혼내는 것은 속상해서 그러는 것을 알기 때문이요."라는 대사가 나온다. 언론이나 영상매체를 통해서 인민들에게 엄마는 자식을 사랑한다고 보여주면서 사람들을 매도하고 죄를 씌워서 정치범수용소로 끌어가고 사형도 서슴지 않는다.

김일성一家의 잔인하고 무모한 사실을 세계에 널리 알려야 한다. 북한은 거대한 감옥이다. 철창 없는 감옥에서 온갖 권리를 유린당하고 짐승처럼 살아가고 있다. 한 많은 세상을 저주하고 원망하면서도 어디에 하소연할 데도 없는 세상이 김일성一家가 만든 공산주의 체제이다. 북한에서 인민이 굶어 죽어도 상관하지 않고 오직 자기가문의 영광만 생각하는 북한과 달리 남한은 오히려 서로 도우며 더불어 살아가는 세상이다. 그 속에서 나와 같은 사람들이 지난날 외로움과 설움을 이겨내고 좋은 이웃을 만나 웃으며 이 세상을 살아간다.

21세기에 아직도 인간 이하의 삶을 살아가는 이런 나라가 있다는 것을 알아야 한다. 모두가 북한이 어떤 곳인지 알아야 할 것이다. 북한은 철창 없는 하나의 거대한 큰 감옥이다. 그 속에서 인민들은 짐승보다 못한 삶을 살아가며 자유와 인권을 유린당하고 있다. 나는 지난날의 아픔을 결코 잊지 않을 것이다.

삶이 힘들고 지칠 때마다 억울하게 돌아가신 아버님과 오빠를 생각하며 항상 열심히 살아나가고 있다. 지금 북한의 자유와 민주화를 위해 남한에서 많은 사람들이 열심히 싸우고 있다.

국제 사회가 북한인권문제에 동참하고 있다. 세계의 많은 사람들이 김일성一家 독재정권의 반인륜적 범죄행위를 규탄하고 있다. 나도 적은 힘이나마 동참하고 있다. 나는 대한민국을 더 아름답고 밝은 세상을 함께 만들어가는 국민의 한 사람으로 열심히 살아가고 있다.

매일 매일 나는 날갯짓 하네
진리가 요구하는 부드러움을 담아
내가 날갯짓을 멈출라치면
그들은 (안 된다며) 어깨를 들썩이네

나는 진실을 향해 쉼 없이 날개를 퍼덕이네
나는 착오와 오류의 가족을 향해 날아가네
가서, 오래 전 잃어버린 아들을 데려오듯
그 오류를 보듬어 집으로 데려오네

퍼덕이는 나의 날갯짓은 진실의 몸짓
나의 날갯짓은 톱날처럼 휜 소나무를 파고드네
나는 올바른 것을 가르친다네
하지만 학장에게 설명하기는 어려워
진실이란 어렵고 미묘한 것이므로

아, 진실을 말하는 것은 얼마나 외로운 일이었던지

- 윌리엄 스태퍼드의 「문학 강사」

우리가 살아가는
하루하루가 기적이다

햇살이 따뜻한 5월 봄에 꿈에 그리던 한국으로 왔다. 국정원에서 한 달 동안 생활하면서 내가 느낀 것은 대한민국 사람들은 참 따뜻한 사람들이라는 것이다. 그들을 보면서 한민족의 동포애를 느꼈다. 대한민국이 어렵고 힘들 때는 나는 북한에서 아주 풍요롭게는 아니더라도 그래도 편안하게 살았다. 그러다 대한민국이 점점 잘살게 되고 북한은 어렵게 살게 되면서 나는 이 나라에 왔다. 국민들이 피와 땀을 바쳐 지금의 대한민국을 만들었다. 나는 이 땅을 위해 아무것도 해 놓은 일이 없는데 대한민국은 나를 받아주었다. 앞으로 열심히 살아서 언젠가는 대한민국과 국민을 위해 꼭 보답하면서 살아가리라 결심을 했다.

대구에 임대주택을 받고 이곳에 정착의 뿌리를 내리기 시작했다. 신변보호담당관님과 함께 대구에 왔던 날이 엊그제 같은데 어언 십여 년이 지났다. 하나원에 있을 때 가졌던 꿈을 이루기 위해 일주일만 쉬고 공부를 시작하였다. 대구에 내려온 지 며칠이 안 되어서 대구 지리도 잘 모르는데 좀 더 쉬면서 어느 정도 대구 지리도 알고 공부해도 늦지 않다는 고용지원센터 담당자의 만류에도 배우려는 내 의지를 굽히지 않았다. 그렇게 학원등록하고 학원 간 첫날, 방향을 보지 않고 무작정 집으로 가는 버스번호만 보고 탔다가 집하고 반대로 가보기도 했다.

그러던 어느 날 학원에서 집으로 가려고 버스정류장에 나왔다. 버스정류장에 도착하니 20대 초반의 청년이 쥐고 있던 돈 400원을 나에게 보여 주면서 버스를 타야 하는데 돈이 모자라서 버스를 못 탄다고 돈을 달라고 한다. 나는 얼른 지갑에서 1,000원을 꺼내서 주었다. 당시 버스 한 번 타는데 600원이었다. 그런데 다음 날 그 버스정류장에 가니 이번에는 다른 사람이 또 버스비가 없다며 돈을 달라고 이야기한다. 그날은 잔돈이 없어서 주지 못했다. 다음 날 학원에 가서 전날에 있었던 일을 이야기했다. 내 이야기를 들은 학원 학생들이 하나같이 돈을 주지 말라고 나에게 말을 한다. 요즘 그런 사람들이 그렇게 해서 돈을 계속 요구한다고 말을 한다. 나는 다음부터 주지 않았다. 그리고 보니 그다음부터 돈 달라고 하는 사람이 없어졌다.

하루는 미용사 필기시험 준비를 하느라고 집에서 공부하고 있는데 초인종이 울려서 문을 열고 나가니 어떤 남자와 여자분이 있었다.

그들은 나를 보며 불교에서 나왔는데 불우한 사람들을 도와 달라고 한다. 그리고 저세상에 간 사람들의 영혼을 기린다고 한다. 그날 지갑에 돈이 없어서 안 한다고 집으로 들어가려는 순간 그들이 현관문을 잡고 그러면 물이라도 한잔 달라고 하면서 문을 놓지 않는다. 나는 그럼 집에 들어와서 물이나 한잔 먹고 가라고 했다. 그들은 집에 들어와서 물을 마시고 나갈 생각은 안 하고 앉아서 계속 불우이웃을 돕는 데 돈을 달라고 이야기한다. 그래서 주고 싶은데 돈이 없다고 이야기했다. 그러니 남자가 엉덩이를 붙이고 자는 척한다. 나는 이 사람들이 그냥은 안 가겠구나 생각이 들었다. 그래서 지갑을 꺼내 보이면서 5,000원이 있었던 것을 주었다. 그 5,000원도 내 돈이 아니었다. 전날 한 동에 사는 애가 나에게 공단에 시험 보러 가면 자기 미용사 자격증을 좀 찾아 달라고 했다. 그러면서 자격증을 받을 때 수수료가 든다면서 주던 돈 5,000원이었다. 나는 그들에게 그 이야기를 하면서 주었다. 그러니 그제야 엉덩이를 들고 나간다. 그 이후로 모르는 사람은 절대로 집에 못 들어오게 한다.

그 후 학원에 가고 있는데 이번에도 여자와 남자분이 나를 세워놓고 하느님에 대한 이야기를 한다. 나는 처음 몇 마디는 들어주었다. 그러니 그 사람들은 자기 따라가면 좋은 곳에 간다며 나를 끌어당긴다. 나는 그래도 몇 번의 시행착오를 겪은 경험이 있어서 그들을 따라가지 않았다. 그들은 나를 설득하려고 집요하게 접근을 하고 있었다. 나는 빨리 그 상황을 벗어나고자 그들에게 말했다. "내 얼굴을 보고 말해라. 내 얼굴이 니 말을 듣게 생겼냐"고 하니 그제서야 더 말을 하지 않고 나를 놓아준다. 학원에 와서 이야기하니 학원 학생들이 하는 말이 그런 사람들은 사이비 종교라 나쁜 거라고 하면서 나를 보고 절대 따라가면 안 된다고 이야기해 주었다. 그렇게 몇 차례 안 좋은 일만 겪다 보니 어느 순간에 내 마음 속에 한국에 좋은 사람도 있고 나쁜 사람도 있는데 어찌 보면 나쁜 사람이 더 많을 것 같다는 생각을 했다.

나는 학원과 아르바이트를 병행하면서 살아갔다. 학원에만 있을 때는 잘 못 느꼈는데 사회에 나오니 탈북자들을 색다르게 보는 눈길이 내 피부를 통해 뼛속까지 스며들어왔다. 그러다 보니 내 처지를 아는 사람들과 대화를 할 때는 아무 일 없는데 내 신분을 모르는 사람과 대화를 하면 북한말을 안 하고 한국말만 하려고 신경을 쓰다 보니 말을 더듬는 증상이 생겼다.

미용실에서 있었던 일이다. 어느 날 여자 손님 머리를 하면서 이야기를 나누다가 손님이 나에게 고향이 어디냐고 물어본다. 나는 "강원도."라고 이야기했다. 여자 손님은 나를 보면서 "강원도 어디?" 하고 다시 물어본다. 나는 "강원도 철원요." 하고 말했다. 그러니 손님이 하는 말이 나도 "강원도 철원이 고향인데 그곳의 말투가 아니다."라고 하는 것이다. 순간 얼굴이 확 달아올랐다. 아뿔싸. 어쩌다 이곳에서 강원도 철원 사람을 만난단 말인가. 나는 부끄러웠다. 더 이상 거짓말을 하면 안 될 것 같아서 솔직하게 북한에서 왔다고 이야기했다.

그렇게 한국생활 3년차에 접어들었을 때 카롤라 수녀님이 우리 집에 방문하였다. 수녀님은 한국에서 생활하는 데 어려움이 있으면 언제든지 이야기하라고 말씀하셨다. 그러시면서 "이승희 씨 지금 살아 가면서 제일 어려운 것이 무엇이냐"고 물으신다. 나는 수녀님께 "수녀님, 저는 다른 것은 하나도 불편하거나 힘든 것이 없고 단지 밖에 나가면 나를 색다른 안경을 끼고 보는 것이 제일 싫어요."라고 말씀 드렸다. 수녀님은 조용히 나에게 "승희 씨는 항상 탈북자라는 생각을 하면서 살아야 한다. 승희 씨가 탈북자라는 신분을 잊어버리고 살아가면 그때는 남한 사회에서 낙오자로 살아갈 것이다. 그러니 탈북자라는 신분을 극복하고 그것을 이겨내야 남한 사회에서 성공하는 삶을 살아갈 것이다."라고 말해 주셨다. 그러시면서 그 예로 이스라엘 역사를 내게 이야기해주셨다.

이스라엘 사람들이 몇 백 년을 다른 나라의 노예로 살아가면서 지금의 이스라엘을 만들 수 있었던 것은 이스라엘 선조들이 역사를 후대들에게 가르쳐 주었기 때문이라고 말씀하셨다. 그렇다. 이스라엘이라는 나라는 작지만 지금은 세계에서 제일 많은 노벨상을 받는 나라이다. 노벨상 수상자의 약 4분의 1이 유대인이다. 유대인들은 태어나서 죽을 때까지 습관처럼 이스라엘 역사를 배운다.

수녀님의 말씀을 듣고 나는 생각을 바꾸었다. 그러니 차츰 말을 더듬는 증상도 나아져 갔다. 나는 어렵고 힘들 때마다 억울하게 돌아가신 아버님과 오빠 그리고 가슴 아픈 지난날을 생각하면서 꿈과 희망을 잃지 않고 하루하루 열심히 살아가고 있다.

북한이탈주민들은 대부분 북한에서 왔다는 사실이 알려지는 것을 싫어하고 있다. 자유롭고 안정된 생활을 꿈꾸며 목숨 걸고 북한을 탈출해 갖은 고생을 무릅쓰고 한국에 왔지만 막상 와서 보니 주위로부터 곱지 않은 시선을 받거나 무시를 당하면서 한국 사회에 적응해 나가기 어려워한다. 지금 한국 정부에서 현행 지원 제도가 체계적으로 북한이탈주민의 적응을 잘 돕기 위해 다양한 방향으로 변화하고 있다. 정부의 북한이탈주민을 위한 지원 체제도 중요하지만 더 중요한 것은 북한이탈주민들이 살아가야 할 이 땅^{대한민국}에서 본인들이 끊임없는 노력과 자기계발을 하여 자신의 가치를 높이는 것이 중요하다.

흔히 탈북민들은 먼저 나온 선배가 "어디가 월급 많이 주고 좋더라." 하면 그런 말을 듣고 직장을 자주 옮기는 현상이 주위에서 빈번히 발생한다. 정작 본인들의 가치는 높이지 않고 회사가 월급만 많이 주기를 바란다. 그러다 보니 한곳에 오래 못 있고 월급 많이 주는 곳을 쫓아다니는 데만 열을 올린다.

『가난한 리처드의 달력』에서 벤자민 프랭클린은 이렇게 말했다.

"자주 옮겨 심은 나무와 자주 이사 가는 가정은 꾸준히 제자리를 지킨 나무나 집안보다 절대 번성하지 못한다. 세 번의 이사는 한 번의 화재와 같다. 그러니 당신의 일터를 지켜라. 그러면 그 일터가 당신을 지켜줄 것이다."

얼마 전에 TV에서 탈북자들에 대한 뉴스를 보았다. 사회에 적응하기 힘들어 마약을 하며 티켓 다방에서 전전긍긍하면서 살아가는 뉴스를 보면서 나는 안타까웠다. 저들은 무엇이 부족해서 저렇게밖에 못 살아갈까 생각했다. 한편으로는 몇몇 탈북자들 때문에 대한민국에서 잘 살아가고 있는 탈북자들까지 욕되게 하는 것 같아 속상했다.

리오 버스칼리아가 쓴 『살며 사랑하며 배우며』 책에 이런 문구가 나온다.

신은 우리가 행복하게 살기를 원한다. 그렇기 때문에 자신의 재능을 살리지 못한 채 힘든 인생을 사는 것은, 남의 물건을 훔치고 타인을 고통스럽게 하는 것만큼이나 신에게 죄를 짓는 노릇이다. 그런데도 많은 사람들은 그 달란트를 찾을 생각조차 하지 않은 채 편한 길만 택한다. 그리고는 몇 십 년이 흐른 뒤 '내가 원했던 인생은 이게 아닌데……' 하면서 후회한다.

나뿐만 아니라 모든 탈북자들은 타국에서 수많은 시련과 역경을 이겨내고 북한보다 나은 삶을 찾아 남한에 왔다. 처음부터 좋은 것만 바라고 많은 월급을 바라지 말고 누구나 자기에게 꼭 맞는 일을 찾아 꾸준히 노력하다 보면 언젠가는 그 일에서 성공할 수 있을 것이다. 성공은 본인의 선택이다. 얼마나 노력하는가에 따라서 그 승패는 달라진다. 어떤 일도 시련이나 고난이 없는 일은 하나도 없다. 하지만 포기하지 않고 고난이나 시련을 이겨 나간다면 성공은 반드시 찾아온다. 어떤 성공도 시련이나 고난을 이기지 않고는 이룰 수 없다. 확실한 꿈과 희망을 가지고 희망의 끈을 놓지 않고 그 꿈을 향해 꾸준히 매진한다면 기회는 반드시 찾아온다. 탈북한 우리들보다도 더 어려운 상황에도 불구하고 희망을 품고 꿈을 가꿔나가는 사람들이 있다는 것을 잊지 말자. 너무 늦어서 못 할 일이란 없다. 진정으로 그 일을 하고 싶다면 아직 늦지 않았다. 게으른 매미가 되고 싶은가, 아니면 부지런한 개미가 되고 싶은가? 선택은 우리의 마음에 달려있다.

나는 꿈과 희망을 잃고 좌절하는 사람들에게 나의 작은 힘이나마 일조하여 그들이 꿈과 용기를 가지고 포기하지 않는 한 도전하면 반드시 성공할 수 있다는 것을 보여주고 싶었다. 희망에 목말라하고 꿈을 이루고자 하는 사람들에게 희망의 메시지를 전달하는 메신저가 되고 싶다. 그리고 절망과 두려움에 지친 당신에게 위로와 희망의 증거를 보여주고 싶었다. 거친 세상 속에서 꿈과 희망을 가지고 살아가도록 그들의 손을 잡아 주고 싶다. 어렵고 힘든 사람들에게 기쁨과 행복 그리고 희망을 안겨주고 싶다. 세상은 내가 원하는 대로 돌아가지 않으며 더욱이 나를 중심으로 돌아가지도 않는다. 하고 싶은 일이 있으면 주저하지 말고 시작하라.

국정원에서 나 자신과의 약속을 지키기 위해 2009년부터 봉사를 하고 있다. 아이를 봐줄 사람이 없어 돌도 안 된 아이를 업고 다니면서 봉사를 시작했다. 봉사를 하다 보니 지금은 6개 단체에서 봉사를 하고 있다. 처음 봉사단체를 대상으로 하던 강의였는데 지난해는 지인의 소개로 가톨릭대학에서도 강의를 하게 되었다. 강의를 하면서 느낀 것은 요즘 젊은 세대들이 북한에 대해 아는 것이 없었고 통일에 대한 생각도 별로 없다는 것이었다.

앞으로 더 나아가 한국의 젊은이들에게 북한의 실정을 알리고 싶다.

요즘 젊은 세대가 통일에 대해 회의적인 시각을 가지고 있다. 통일보다는 현재 상태가 좋다는 생각을 한다. 젊은 세대에게 통일에 대한 긍정적인 인식을 심고 통일의 필요성을 해결하기 위해서 통일의 주역이자 통일의 부담을 짊어져야 할 한국 대학생들과 북한이탈주민의 활발한 교류 활동에 앞장서고 싶다.

추천사

우리가 살아가는
하루하루가 기적이다

우리가 살아가는 하루하루가
기적임을 깨닫게 하는 책

최봉태
변호사

이 책은 한 인간의 증언록이자 분단시대를 고발하는 준엄한 죽비 소리이다.

우리는 분단이 얼마나 비정상적인 상황인지를 모른 채 하루하루를 살아간다. 이승희 씨의 『우리가 살아가는 하루하루가 기적이다』라는 글을 읽어보면 우리는 얼마나 주위의 고통에 무관심하게 살아가는 죄를 범하고 있는가를 깨닫게 해 준다.

이 글에 실명으로 등장하는 유일한 사람인 나는 현재 변호사로 일하고 있고, 현재 일제피해자들의 문제 해결에 집중하여 일을 하고 있다. 나는 새터민으로 법률상담을 하러 온 것을 계기로 필자를 알게

되었지만 필자의 개인사에 대해서는 잘 알지도 못하였는데 이번 글을 보고 필자가 그동안 얼마나 시련을 겪었음에도 이에 굴복하지 않고 불굴의 신념으로 살아 왔는지를 알게 되어 큰 감명을 받았다.

살아가는 하루하루가 기적이라고 느끼는 경지는 불교 용어로 '수처작주, 입처개진隨處作主, 立處皆眞'이다. 특히 입처개진의 부분이 그러하다.

이런 경지에 도달을 하려면 수많은 시련과 고행으로 하심下心이 되어야 한다. 필자가 북쪽과 중국에서 겪은 시련과 고통이 이런 하심의 거름이 된 것이라 생각한다.

나는 현재의 시점에서 이 책이 나온 것이 우연이 아닌 듯하다. 왜냐하면 현재 우리 사회는 '헬 조선'이란 젊은이들의 하소연에서 상징되듯 사회 양극화와 주위 이웃의 고통에 대한 공감부족에서 기인하는 여러가지 병리적 현상에 시달리고 있기 때문이다. 이러한 현상을 극복할 나침반이 이 책에 제시되어 있기 때문이다. 이 책은 필자의 겸손함으로 인하여 한국 사회의 부정적 부분은 대부분 누락이 되어 있다. 하지만 한국 사회도 일본군 위안부 피해자들의 25년이 넘어가고 있는 수요시위에서 보듯 정의로운 사회와는 거리가 멀다. 일본군 위안부 피해문제가 해결되지 않는 이유는 일본의 전범세력들이 과

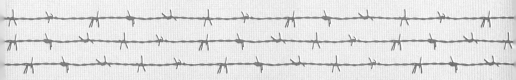

거를 반성하지 않는 것이 큰 원인이지만 피해자 할머니들의 고통에 공감하지 못한 채 남북이 분단이 되어 서로를 적대시하고 있는 우리의 잘못도 중요한 원인이다. 이 책에서 언급되고 있는 북쪽의 고통스런 상황에 대한 무지, 편견과 공감능력부족과 같은 뿌리라 생각된다.

남북 분단의 고통을 극복하고 정의로운 공동체를 만들기 위해서는 필자와 같은 불굴의 의지와 비판의식, 그리고 단호한 결단과 실천력을 배워야 한다. 즉 우리 모두가 자신이 서 있는 자리에서 진정한 주인이 되어야 한다.

이러한 주인이 되기 위한 겸손과 용기를 이 책은 가르쳐 주고 있다.

분단시대를 살아가는 동시대인의 필독서이자, 통일의 역사적 사명을 지고 있는 남북 젊은이들의 일독을 권유한다.

우리가 살아가는 하루하루가 기적이다

통일의 길라잡이가 되기를 바라며

김동원
시인

나는 이승희 씨를 대구 반야월행복한어린이도서관 아띠에서 처음 만났다. 아띠 도서관은 서부도서관이 운영하는 '시창작교실' 지원 프로그램을 제공받고 있었다. 그곳에서 나는 6개월 동안 주부들을 위한 시 쓰기와 시론 수업을 가르쳤다. 그때 이승희 씨는 내 수업을 듣던 학생이었다. 며칠이 지난 어느 수업 시간 나의 시 「오십천」에 얽힌 어머니에 대한 죽음을 이야기하던 중, 갑자기 그녀가 오열을 했다. 순간 나는 당황했지만, 그날 그 사건으로 그녀가 새터민임을 알게 되었다. 한참 후에서야 듣게 된 그녀의 생사를 건 탈북 이야기는 거짓말 같은 한 편의 영화 같았다. 지옥보다 더 처참한 북한의 현실은, 내게는 너무나 먼 나라의 이야기처럼 들렸다. 그만큼 나는 당면한 역사에 대해 무뢰한이었다. 심한 부끄러움과 함께 새로운 분단 현실에 눈을 뜨는 계기가 되었다. 그것이 인연이 되어 나는 그녀의 탈출기를 4시집『깍지(2016, 그루)』를 통해 서사시로 그렸다.

하여 나는, 이승희 씨의 이번 책이 북한체제에 대한 그녀의 뼈아픈 고백서이자 체험기임을 온몸으로 이해한다. 이 책은 95년 9월 11일 첫 탈북일에서부터 2003년 5월 25일 대한민국 품에 안길 때까지의, 한 개인이 9년간 겪은 참혹한 삶의 궤적이자 한 가족사의 비통한 역사이다. 짐승보다 못한 삶에서 벗어나기 위한 두 번의 탈북 시도는, 오로지 자유를 향한 그녀의 불굴의 신념에서 비롯되었다.

한평생 북한 세습체제에 충성을 다했지만, 갑작스런 당의 해고에 정신병자가 된 어머니의 병을 고치기 위해 탈북을 결심한 아버지, 오빠, 그리고 두 딸의 두만강 탈출 과정은 가슴을 뭉클하게 한다. 3일 만에 다시 중국 공안에 체포되어 북송되는 시련 및 정치범 수용소에서 겪는 이들 가족의 인권 유린과 굶주림은 참혹하다. 창태리에서 우연히 듣게 되는 오빠와 아버지의 비참한 죽음 장면 역시, 탈북자에 대한 북한 보위부의 무자비한 실상을 적나라하게 고발한다. 그녀가 겪은 두 번의 성폭행, 인신 매매단으로부터의 탈출은, 한 개인이 사회나 국가 폭력에 얼마나 위태로울 수 있는지를 깊이 성찰케 한다. 이런 죽음보다 못한 상황하에서의 그녀가 손목을 긋는 자살 사건은,

내 심장을 칼로 긋는 듯 아프게 했다.

　한편 나는 이런 불행을 딛고 다시 희망을 찾아가는 이승희 씨에게서 위대한 인간 승리를 느낀다. 그녀가 이 모든 역경을 딛고 인천공항에 도착했을 때의 광경에서, 나도 모르게 '자유 만세'라고 외쳤다. 나는 언젠가는 그녀가 그토록 꿈꾸던 교수가 되리라 믿는다. 모쪼록 그녀의 이번 책이 대한민국 독자들이 북한 실상을 구체적으로 이해하는 데 '통일의 길라잡이'가 되길 바란다.

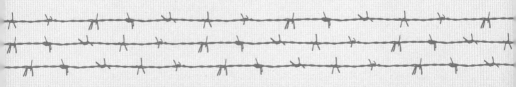

끝없는 희망치기

이상재(가스톨)
대구 수성구 만촌3동 성당 주임신부

'포세이돈 어드벤쳐'라는 재난 영화가 있었다. '타이타닉' 호는 배가 둘로 쪼개지지만, 이 영화는 배가 해일로 인해 뒤집어진다. 뒤집혀진 배에서 우선적인 선택은 오직 그나마 산소가 남아있는 배 밑창으로 올라가는 것이었다. 다행히 몇몇이 배 밑창까지 올라가는 데 성공했지만, 그러나… 쇠로 된 배에서 어디에도 출구는 없었다. 단지, 아까 죽은 사람들보다 몇 시간 더 살아있다는 것뿐. 절망의 한숨을 쉬고 있을 때 누군가가 쇠파이프로 배의 밑창, 즉 천장을 치기 시작했다. 시끄럽다고, 소용없다고 만류하는 동료에게 "살아있는 내가 지금 할 수 있는 것은 이것뿐! 이것이라도 해야지, 마냥 죽음을 기다릴 수는 없다"고 이야기하며 배 밑창 치기를 계속했다. 마치, 까뮈의

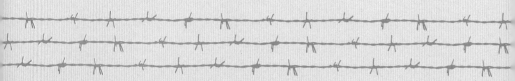

소설 '페스트'에서 의사 '리외'를 보는 것 같았다. 페스트라는 전염병으로 죽어가는 사람들을 치료하는 리외에게 '치료를 해도 어차피 죽을 것, 왜 이리 고단한 작업을 하느냐?' 하고 묻자 리외는 "치료의 성과가 있건 없건 내가 의사이고 내 앞에 환자가 있는데 어찌 가만 있을 수 있느냐? 나는 내가 할 수 있는 일을 할 뿐"이라고 응답하며 자신의 본분을 다했던 것이다.

두터운 쇠벽, 그 벽에 부딪히는 쇠파이프 소리, 댕 탱 탱 탕 탱 탕…

죽음 앞에서 소용없던 의사의 진료같던 배 밑창 치기는 '소용없지 않았다.' 절망 앞에서 희망의 몸짓은 응답을 받았다. 구조헬기가 그 희미한 희망의, 살아있음의 소리를 들은 것이다. 치-치-치-치 소리를 내며 산소용접기로 배 밑바닥을 자를 때 그 작은 틈새로 태양빛이 비쳐들고, 그 빛 사이로 "살았다!" 환호하는 생존자들의 눈빛은 언제나 감동으로 다가온다. 희망의 끈은 언제나 놓으면 안 된다는 준엄한 가르침으로 다가온다.

여기 이승희 씨의 『우리가 살아가는 하루하루가 기적이다』라는 책은 '끝없는 희망치기'의 결정판이자, 앞으로의 '희망치기 다짐 선언문'이다. 북한에서, 중국에서, 그리고 남한에서마저도 한 번도 '나무로 된 배'는 없었을 것이었다. '뒤집혀진, 쇠로 된 배' - 이 한 구절이

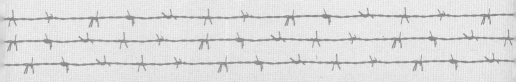

승희 씨의 인생의 환경이라면, 끝없는 배 밑창 치기, 소용없을 것 같은 치료 행위는 승희 씨의 희망의 몸짓이었다. 그 희망의 몸짓이 '책'이라는 구체적 모양새를 갖추고 우리 앞에 섰다. 우리 민족에게, 개인들에게 최고의 '희망 선생님'의 모습이다.

선생님께 그동안의 위로와 앞으로의 격려를 드리며, 제대로 된 희망 학생이 되기를 다짐합니다.

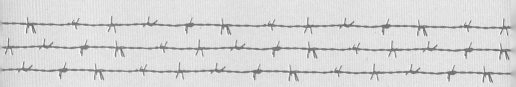

우리의 이웃이 된 이들을 생각하며

황진욱
대구동부경찰서 보안계장

따뜻한 대한민국의 품에 첫발을 밟기까지의 피맺힌 여정과 진정한 대한민국 국민으로 거듭나기 위한 이승희 님의 인동초 같은 삶에 마음이 숙연해집니다.

많은 분들이 이 책을 통해 북한의 실상을 바로 알고 우리 이웃으로 살아가는 북한이탈주민에 대해 관심을 가지고 배려할 수 있는 계기가 되었으면 합니다.

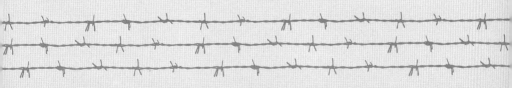

희망으로 일군 기적

이난숙(마리아고레띠)
천주교 대구대교구 민족화해위원회 후원회장

언젠가 하나원 교육생 숙박체험 마지막 날, 체험 소감 발표 중에 교육생 한분이 저를 부둥켜안고 끝없는 눈물을 쏟아내며 울던 일이 생각납니다. 서로 한마디 말은 나누지 않았지만 지난 세월 겪었던 수많은 고통과 이별의 온갖 역경들이 사무쳐 그냥 쏟아내는 눈물이라 생각했습니다. 그 눈물의 이야기를 이승희 씨의 자서전을 통해 영화를 보듯 생생하게 가슴으로 마음으로 헤아릴 수 있게 되었습니다. 목숨 걸고 탈북을 해야만 했던 이유와 감옥 같은 중국에서의 공포 속의 생활, 그 끝없는 절망 속에서도 마지막 끈을 놓지 않았기에 찾게 된 대한민국. 시련을 딛고 목숨과 바꾼 새 삶이기에 하루 하루가 희망이 되어 기적을 만들어 낸 이승희 씨. 그 기적이 또 다른 많은 기적을 만

들어 이 책을 읽는 북한 이탈 주민들에겐 새로운 꿈과 희망이 주어지고, 많은 국민들이 우리 동포애로 그들에게 따뜻한 이웃이 되어주며 우리나라 국민 가슴가슴마다에 통일을 향해 발걸음을 내딛는 계기가 되길 바라봅니다.

마음으로 만나는 책

조재희
대구하나센터장

'그리라 하면 그리겠습니다 / 개울물에 어리는 풀포기 하나 / 개
울 속에 빛나는 돌멩이 하나 / 그렇습니다 / 고향의 것이라면 무엇
하나도 빠뜨리지 않고 / 지금도 똑똑하게 틀리는 일 없이 / 얼마든지
그리겠습니다 /「뼈저린 꿈에서만」, 전봉건

　　대구하나센터에서 진행된 북한이탈주민을 위한 심리·정서안정지
원 프로그램에 참여하고 있던 이승희 씨가 낭송하던 시를 들으며 일
상 속에서 묻혀있던 저희 주민분들의 마음이 생생하게 살아왔습니
다. 센터에서 진행되고 있는 중국어수업에 누구보다 열심히 참여하
던 승희 씨가 점심때마다 사라지곤 했던 일도 떠오릅니다. 뒤늦게 알

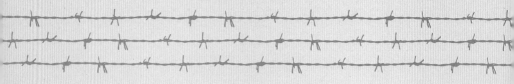

우리가 살아가는 하루하루가 기적이다

고 보니 점심시간을 이용해 서점에 들러 책을 읽고 온다는 것이었습니다. 주민분들과 포항 바닷가에 갔을 때 점심을 먹으며 나누었던 북한에서의 삶과 탈북, 입국과정의 이야기를 들었던 기억도 다시 떠오릅니다. 승희 씨가 하루하루의 일상을 성실하게 쌓아오면서 이렇게 책을 내게 되었다고 합니다.

전해진 원고를 보며 승희 씨의 책은 머리로 이해하는 책이 아니라 마음으로 만나는 책이구나 싶었습니다. 개인의 자기고백이지만 그것을 넘어 대한민국에서 우리의 이웃으로 살고 있는 북한이탈주민과 그분들의 아버지와 언니 오빠, 어머니와 자녀들을 만나게 하고, 여전히 현실로 남아있는 분단의 아픔을 만나게 하고, 잊고 있었던 통일이라는 과제를 만나게 할 것 같습니다. 그리고 무엇보다 이 책을 읽는 이들을 자기 자신과 만나는 자리로 이끌지 않을까 합니다. 하지만 그 자리에는 아픔의 현실만 있지 않습니다. 자신에게 처한 어려움과 고통을 넘어서는 과정, 인간의 가능성에 대한 믿음, 희망의 지경을 넓혀가는 노력과 의지가 함께 놓여져 있습니다. 그리고 그 힘겨운 과정에 함께하는 사회와 이웃들의 만남이 있습니다. 개인의 이야기이지만 우리의 이야기이며, 개인사이지만 분단의 역사인 승희 씨의 이야기가 우리들에게 단단한 희망과 정직한 화해의 경험을 선물로 가져다 줄 것 같습니다. 이 책을 통해 북한이탈주민들의 삶이 우

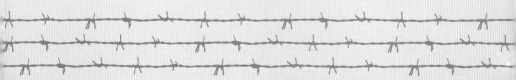

리 사회에 한걸음 더 다가오게 되기를 바랍니다. 또 이 책을 읽는 이들이 우리들의 이웃이 된 북한이탈주민에게 한걸음 더 다가서게 되기를 바랍니다.

인간은 판단이나 해석의 대상이 아니라 이해되어져야 할 존재입니다. 철학자 레비나스는 '얼굴이 있는 윤리'에 대해 말합니다. 얼굴과 얼굴을 마주하는 만남이 없이는 타인은 영원히 나와는 무관한 대상일 수밖에 없습니다. 그러한 점에서 승희 씨의 이 책은 이 땅에서 우리와 더불어 살아가고 있는 북한이탈주민의 '얼굴'입니다. 어느덧 10년을 훌쩍 넘기며 현장에서 북한이탈주민과 만나왔지만 이 책을 통해 다시 한 번 저희 주민분들의 얼굴을 마주하게 됨에 저 또한 이 글에 감사한 마음을 담습니다.

우리가 살아가는 하루하루가 기적이다

기적의 순간들을 응원합니다

오혜정 수녀
한국천주교주교회의 민족화해위원회 사무국장

이 책을 읽으면서, "우리 곁의 북한이탈주민! 나는 그들을 과연 얼마나 이해하고 있고, 이해하려 하는가?" 하는 질문을 던집니다. "우리가 살아가는 하루하루가 기적이다."임을 고백하는 저자. 이 책은 그녀가 흘린 땀과 눈물의 그 긴 고통의 시간들을 그토록 바랐던 "미용사"의 성취만이 아닌, 내면의 "미용사"가 될 수 있도록 이끌어 준 기적의 순간들이 담겨 있습니다.

하나원에서 처음 이승희 씨를 만났습니다. 동포라고 하기에는 너무나 낯설기만 한 남쪽 땅에서, "미용사"라는 목표를 향해 쉼 없이 달려온 그녀의 시간들. 최선을 다해 하루하루를 살아온 그녀를 기억합

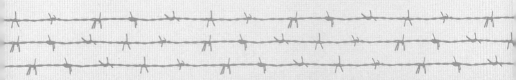

니다. 이 책은 고향과 가족에 대한 그리움을 마음에 품고, 오늘도 성실히 살아가는 이 땅의 북한이탈주민들을 대변하는 매우 감동적인 책입니다. 북한이탈주민 파이팅!

우리가 살아가는 하루하루가 기적이다

눈물겨운 인간 승리

김연희
반야월행복한어린이도서관 아띠 관장

작은 책상 하나를 사이에 두고 북한 탈출 경험담과 북한의 실상을 전해들은 것은 반 백년을 살아온 나에게도 커다란 충격이었다. "설마?" 하는 의구심에 종지부를 찍어 준 생생한 증언은 말 그대로 눈물과 인간 승리 그 자체였다. 이 책을 읽는 많은 분들이 북한의 실상 및 새터민의 눈물겨운 삶에 많은 관심을 가져주기를 바라봅니다.

꿈과 희망을 가지고
살아가는 이들에게는
반드시 기적이 찾아옵니다!

권선복 대표
도서출판 행복에너지 대표이사
한국정책학회 운영이사

우리나라는 세계 유일의 휴전국가이자 분단국가입니다. 어느새 분단된 지 70년이 훌쩍 넘었고, 통일에 대한 이야기는 늘 화두에 오르내리지만 이렇다 할 진전은 없습니다. 그런 가운데 우리나라에 살고 있는 탈북자 수가 3만 명에 육박한다고 합니다. 올해 안으로 3만 명을 넘길 거라는 예측도 나오고 있습니다.

텔레비전에서도 탈북자를 주인공으로 한 프로그램을 심심치 않게 접할 수 있습니다. 우리는 잘 알지 못하는 북한의 실상을 전해주기도 하고, 탈북 여정을 눈물과 함께 소개하기도 합니다. 그들은 어느새 우리 가까이로 성큼 다가와 이웃이 되어 살아가고 있습니다. 그러나

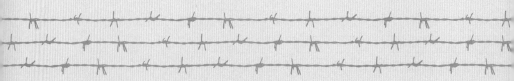

우리가 살아가는 하루하루가 기적이다

아직은 탈북자를 이방인으로 바라보는 시선이 더 많은 현실이 안타깝습니다.

책『우리가 살아가는 하루하루가 기적이다』의 이승희 저자도 우리의 이웃이 되어 살아가고 있는 많은 탈북자 중 한 사람입니다. 2003년에 탈북하여 10년 넘게 한국에서 생활하고 있는 저자는 이 책을 통해 험난한 탈북 여정과 한국 적응기를 생생하게 전하고 있습니다. 탈북 과정에서 몇 번이나 사기를 당해 좌절하기도 했었고, 누구보다도 사랑했던 가족도 잃었으며, 자살을 결심했을 정도로 시련이 많았습니다. 그러나 꿈과 희망을 잃지 않고 도전했기에 지금의 '기적' 같은 하루하루를 살아갈 수 있다고 말합니다. 또한 본인의 생생한 경험담을 토대로 하여 힘들게 살아가는 이들을 위로하며 손을 잡아주고, 또 희망을 전달할 수 있는 메신저가 되기를 꿈꿉니다.

누구에게나 포기하고 싶은 순간은 찾아옵니다. 모든 일에는 시련이 있다고 해도 과언이 아닙니다. 그러나 꿈과 희망을 잃지 않는 사람들에게는 반드시 '기적'이 보상으로 돌아오는 법입니다. 이 책이 현재 시련 앞에 놓인 이들에게 희망의 메시지를 전해주길 바라며, 모든 독자들의 삶에 행복과 긍정의 에너지가 팡팡팡 샘솟기를 기원드립니다.

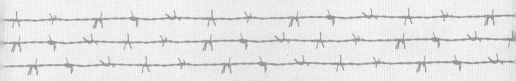

맛있는 삶의 레시피

이경서 지음 | 값 15,000원

책 『맛있는 삶의 레시피』는 암담한 현실을 이겨내게 하는 용기와 행복한 미래를 성취하게 하는 지혜를 독자에게 전한다. '맛있는 삶, 좋은 인간관계, 자신만의 꿈'이라는 커다란 주제 아래 마흔다섯 가지 에피소드를 다루고 있다. '행복한 삶은 무엇인가?'라는 화두를 독자들에게 던지고, 생생한 경험을 바탕으로 한 행복론論을 온기 가득한 문장으로 풀어낸다.

넘어진 후에야 비로소 나를 본다

김세미 지음 | 값 15,000원

『넘어진 후에야 비로소 나를 본다』는 실패와 좌절 후에 부족한 점은 무엇이었는지 점검하고 다시 도전할 수 있도록 독자를 독려한다. 현재 한국이미지리더십 연구소 대표이며 국가원로회의 전문위원으로 활동 중인 저자가, 20여 년 사회생활 경력을 토대로 전하는 위기관리 및 자기경영 노하우가 책 곳곳에서 빛을 발하고 있다.

포기하지마 넌 최고가 될 거야

권기헌 지음 | 값 15,000원

책 『포기하지 마! 넌 최고가 될 거야』는 본격적으로 험난한 인생길에 접어든 젊은이들에게 전하는 '격려와 조언'을 담고 있다. '자아, 지식, 열중, 긍정, 소통, 창의, 감성, 꿈'이라는 주요 키워드를 중심으로, 어떻게 하면 자신이 원하는 인생을 살아갈 수 있는지에 대해 따뜻한 목소리로 자세히 설명하고 있다. 취업과 경제적 사정 때문에 늘 고민이 많은 우리 청년들이 이 책을 통해 자신감을 얻고 밝은 미래를 위한 청사진을 구축하기를 기대해 본다.

범죄의 탄생

박상용 조정아 지음 | 값 15,000원

책 『범죄의 탄생』은 경찰서장 출신 변호사와 교도관 출신 작가가 대담對談 형식으로 풀어나가는 '범죄의 발생 원인과 해법'을 담고 있다. 대한민국을 떠들썩하게 했던 주요 사건들을 종류별로 면밀히 분석해 낸다. 이를 통해 우리 사회의 흉측한 민낯을 통렬히 고발함은 물론 적절한 대응방안과 해결책을 제시한다.

잘나가는 공무원은 어떻게 다른가

이보규 지음 | 값 15,000원

책 『잘나가는 공무원은 어떻게 다른가』는 36년간의 공직생활을 바탕으로 한, 행정의 달인이 밝히는 공무원의 세계가 상세히 소개되어 있다. 저자는 말단 동사무소 9급 공무원으로 출발하여 고위직 서울시 한강사업본부장으로 정년퇴직했다. 9급 말단에서 1급 고위공무원으로 나아가는 과정을 경험을 토대로 세세히 기술하고 다양한 자기계발 소스들을 중간중간에 삽입하여 재미와 실용이라는 두 마리 토끼를 한꺼번에 잡아내었다.

엔지니어와 인문학

김방헌 지음 | 값 15,000원

책 『엔지니어와 인문학』은 평범한 삶 속에서도 반드시 얻게 되는 깨달음들을 에세이 형식에 담고 있다. '삶은 무엇인가'라는 질문의 대답은 우리 일상 속에 있으며 우리 모두가 한 명의 위대한 철학자임을 다양한 에피소드를 통해 전한다. 인문학적 삶, 철학적 삶은 어려운 학문이나 연구가 아닌 우리의 일상 그 자체이며 아주 작은 사고의 전환만 있으면 얼마든지 일반 사람들도 향유할 수 있음을 이 책은 증명하고 있다.

가슴으로 피는 꽃

신영학, 위재천 지음 | 값 15,000원

책 『가슴으로 피는 꽃』은 하상 신영학 시인의 시와 도진 위재천 시인의 시가 이마 위에 쏟아지는 봄 햇살처럼 밝게 빛나는 시집이다. 사랑하는 사람에게 보낼 고백이 담긴 편지처럼, 정성스레 써 내려간 시편들은 우리네 삶의 평범하지만 온기 넘치는 광경을 고스란히 담고 있다.

인생 네 멋대로 그려라

이원종 지음 | 값 15,000원

『인생 네 멋대로 그려라』는 리더를 꿈꾸는 젊은이들이 꿈과 성공을 향해 나아갈 수 있도록 이정표를 제시한다. 희망, 성공, 행복, 인생, 리더, 조직이라는 여섯 키워드를 중심으로 21세기 성공리더의 필요조건을 나열한다. 제4회 행정고시를 거쳐 서울시장과 충청북도지사 등 주요 행정직을 역임한 이원종 現 비서실장의 삶과 열정, 리더의 모습을 엿볼 수 있다.

시간과 인간의 운명정체성

박요한 지음 | 값 15,000원

이 책은 우주적 진리성이 집약되어 있는 '인간, 시간, 관계, 운명, 정체성' 열한 글자 (11자)의 키워드를 통해 '진리와 깨우침'를 구하는 과정을 상세하게 담고 있다. 특히 "어찌할 바 모르고, 오늘 울며 이 땅을 걷는 청년들에게 영혼과 정신 그리고 오늘과 내일의 건강성을 일깨울 수 있는, 아프지만 살아 있는 영감과 통찰의 메시지"를 전한다.

제안왕의 비밀

김정진 지음 | 값 15,000원

『제안왕의 비밀』은 대한민국을 대표하는 14인의 제안왕 이야기를 담아내고 있다. 자신의 삶은 물론 몸담고 있는 조직까지 변화시키는 제안의 놀라운 비밀을 이야기한다. 제안 하나로 청소부, 경비원, 기능공에서 대기업 임원, 교수, CEO로 등극하는 드라마 같은 인생이 펼쳐진다. 또한 제안왕이 되기 위해 반드시 숙지해야 할 십계명과 비결 등을 공개한다.

둥지 위의 매미

정광섭 지음 | 값 15,000원

『태양과 그늘』이라는 베스트셀러를 낸 바 있는 '정광섭' 작가의 이번 소설은 혼돈과 불안의 시대를 살아가는 현대인들에게 한 줄기 위로와 감동의 메시지를 전한다. 시련 앞에서의 딸, 병마 앞에서의 딸, 그 모습을 바라만 볼 수밖에 없는 현실… 자식을 향한 부모의 사랑이 얼마나 위대한지를 독자 스스로 뒤돌아보게 한다.

명강사 25시 - 고려대 명강사 최고위과정 4기

김칠주 외 19인 지음 | 값 20,000원

책 『명강사 25시 – 고려대 명강사 최고위과정 4기』에는 고려대 명강사 최고위과정 4기 수료생 20명이 전하는 '자신만의 성공 노하우, 삶의 자세와 지혜, 밝은 미래를 위한 비전' 등이 담겨 있다. 기업 대표, 어린이집 원장, 연구소 소장 등 다양한 직업을 가진 이들의 다채로운 경험담과 자기계발 노하우는 각각 독특한 재미와 감동을 선사한다.

돌에도 꽃이 핀다

강현녀 지음 | 값 15,000원

책 『돌에도 꽃이 핀다』는 남성들도 버거워하는 석재사업을 30년째 이끌고 온 강현녀 사장의 성공 노하우와 인생 역정이 생생히 담겨 있다. 특히 남성의 전유물이라는 석재산업에서 편견을 깨고 성공을 거둠으로써, 현재 회사를 운영 중인 여성 사업가들에게 귀감이 되어 주고 있다. 이 책에 담긴 저자만의 사업 철학과 현장 경험은, 사업을 준비 중이거나 이제 막 사업을 시작한 이들에게 성공을 위한 하나의 이정표를 제시해 줄 것이다.

종잣돈 3천만 원으로 시작하는
부동산 투자 1년 2배의 법칙

송 순 지음 | 값 15,000원

부동산 투자의 암흑기인 2008년 이후에도 '5년 2배의 법칙' 및 '1년 2배의 법칙' 등을 통하여 꾸준히 수익을 올린 '리치Rich 샐러리맨'이 전하는 生生한 부동산 실전투자 성공 스토리

이것이 인성이다

최익용 지음 | 값 25,000원

저자는 오랜 시간 젊은이들과 함께 호흡하며 지낸 만큼 '대한민국의 미래를 짊어진 청년들에게 가장 필요한 것은 무엇일까?'에 대해 늘 고민했다. 그리고 "인성(人性)이 무너지면 나라의 미래는 없다"라는 결론 아래 '인성교육학-이것이 인성이다' 원고의 집필을 시작했으며 각고의 노력 끝에 마침내 '한국형 인성교육해법'을 제시하였다. 특히 이번 책은 평생의 경력과 연구결과를 집대성한 작품으로 21세기 대한민국 인성 교육서의 새로운 지평을 열어줄 것으로 기대한다.

7인 엄마의 병영일기

김용옥, 김혜옥, 류자, 백경숙, 조우옥, 최정애, 황원숙 지음 |
값 15,000원

책 『7인 엄마의 병영일기』는 소중한 아들을 군에 보낸 어머니들의 마음으로부터 시작된다. 저자인 7명의 어머니들은 아들을 군에 보낸 후 '군인'에 대해 그리고 군인이 하는 일에 대해 다시 한번 깊이 생각하게 된다. 또한 생각에 그치지 않고 군인들이 하는 일을 직접 체험하며 나라를 지키는 일이 얼마나 위대한지에 대해 가슴 깊이 깨닫는다. 이 책은 군에 대한 일반인들의 잘못된 고정관념을 타파하는 것은 물론, 수십 만 국군 장병들에게 뜨거운 응원의 함성으로 전달될 것이다.

하루 5분 나를 바꾸는 긍정훈련

행복에너지

'긍정훈련' 당신의 삶을 행복으로 인도할
최고의, 최후의 '멘토'

'행복에너지 권선복 대표이사'가 전하는
행복과 긍정의 에너지, 그 삶의 이야기!

권선복

도서출판 행복에너지 대표
대통령직속 지역발전위원회
문화복지 전문위원
새마을문고 서울시 강서구 호
한국정책학회 운영이사
영상고등학교 운영위원장
아주대학교 공공정책대학원
충남 논산 출생

국민 한 사람, 한 사람이 모여 큰 뜻을 이루고 그 뜻에 걸맞은 지혜
로운 대한민국이 되기 위한 긍정의 위력을 이 책에서 보았습니다.
이 책의 출간이 부디 사회 곳곳 '긍정하는 사람들'을 이끌고 나아
가 국민 전체의 앞날에 길잡이가 되어주길 기원합니다.

** **이원종** 대통령직속 지역발전위원회 위원장

'하루 5분 나를 바꾸는 긍정훈련'이라는 부제에서 알 수 있듯 이 책
은 귀감이 되는 사례를 전파하여 개인에게만 머무르지 않는, 사회 전
체의 시각에 입각한 '새로운 생활에의 초대'입니다. 독자 여러분께서
는 긍정으로 무장되어 가는 자신을 발견할 수 있을 것입니다.

** **최 광** 국민연금공단 이사장

권선복 지음 | 15,0